武汉大学经济发展研究中心学术丛书

"两型社会"视域下的产业低碳化发展
——以中部地区为例

刘传江　黄桂然　吴晗晗 等/著

科学出版社

北　京

内 容 简 介

本书基于生态文明的发展目标和资源节约型、环境友好型"两型社会"建设的导向要求，从理论层面探讨了支撑生态文明发展和"两型社会"建设的经济形态——低碳经济及其产业发展方向——产业低碳化的基本理论与核算模型，从实证层面系统地分析了中部地区六省产业碳排放量、产业低碳化进程、产业低碳化的影响因素及其战略对策。

本书可供关注中国生态文明发展、低碳产业发展特别是中部地区"两型社会"建设与产业低碳化发展的相关政府部门、学术界人士和研究生阅读参考。

图书在版编目（CIP）数据

"两型社会"视域下的产业低碳化发展：以中部地区为例/刘传江等著.
—北京：科学出版社，2017.9

（武汉大学经济发展研究中心学术丛书）

ISBN 978-7-03-054484-1

Ⅰ.①两… Ⅱ.①刘… Ⅲ.①节能-产业发展-研究-中国 Ⅳ.①F269.24

中国版本图书馆 CIP 数据核字（2017）第 223213 号

责任编辑：徐　倩 / 责任校对：贾伟娟
责任印制：吴兆东 / 封面设计：无极书装

科 学 出 版 社 出版

北京东黄城根北街 16 号
邮政编码：100717
http://www.sciencep.com

北京京华虎彩印刷有限公司 印刷
科学出版社发行　各地新华书店经销

*

2017 年 9 月第 一 版　开本：B5（720 × 1000）
2017 年 9 月第一次印刷　印张：13
字数：252 000

定价：78.00 元

（如有印装质量问题，我社负责调换）

总　序

经过改革开放后的经济高速增长，中国由一个农业国初步转变为工业国，进入中等收入国家的行列。这是中国经济发展进程中重要的里程碑。在新的发展阶段，发展环境、发展要素、发展问题都发生了显著的变化，我们面临新的挑战、新的发展目标和发展任务，需要新的发展动力。

新的实践呼唤新的发展理论。在现代经济学体系中，发展经济学是唯一专注于发展中国家经济增长与发展问题的分支学科。长期以来，武汉大学一直是中国发展经济学的研究重镇。改革开放之初，著名经济学家武汉大学教授谭崇台最早把发展经济学引入中国。1990年，谭崇台先生发起并创建了武汉大学经济发展研究中心。2000年，武汉大学经济发展研究中心被教育部确定为人文社会科学重点研究基地。

作为教育部人文社会科学重点研究基地中唯一以发展经济学理论与经济发展研究为己任的研究机构，武汉大学经济发展研究中心肩负着该领域的学术研究、学术交流、人才培养、咨询服务、思想传播等使命。我们计划从2017年开始陆续推出五个系列学术产品："武汉大学经济发展研究中心学术丛书"、《发展经济学研究》、《珞珈智库·经济观察》、《珞珈经济年度论坛》和《中国发展经济学年度发展报告》，并统一标识、统一装帧设计。

以发展经济学理论和方法研究中国经济实践，以中国经济发展的经验事实推动发展经济学的理论创新，是武汉大学经济发展研究中心的学术追求。策划出版"武汉大学经济发展研究中心学术丛书"，其目的不仅仅是多角度、多方位地展示和检阅本中心学者研究中国经济发展问题的学术成果，更重要的是，激励学者在全球经济的视野中把握中国经济，从中国经济增长与结构变迁的经验事实中探寻发展的逻辑，从中国发展故事中凝练具有普遍意义的发展经验与理论，在现代经济学的理论创新中注入中国元素，为开创发展经济学研究的中国时代，贡献我们的力量。

这是中国经济"摸着石头过河"之后千帆竞发的航海时代，这是中国经济学界贡献创新的黄金时期。前行中的每一片迷雾，每一座冰山，每一阵风暴，都考验中国人的勇气和智慧；航路上的每一次挫折，每一场惊险，每一个欢笑，也都是经济学研究难得的经验素材。生活在深刻变革的时代，研究中国经济增长与结构变迁，我们躬逢其时；与伟大的实践同行，推进经济学理论创新，我们责无旁贷！

武汉大学经济发展研究中心

2017 年 6 月 26 日

目　录

第1章　工业文明的发展困境与"两型社会"建设

随着我国工业化水平不断提高，经济社会开始面临资源枯竭、环境污染加剧、生态失衡程度日益严重等问题，建立在主要依靠化石燃料等不可再生资源基础上的传统工业文明模式及其工业化道路，受到前所未有的挑战。人们开始逐渐意识到经济发展过程中不仅要追求数量上的增长，更应该强调和追求质量的提升与结构的优化，注重生产要素的分配、投入、组合及结构优化。"两型社会"，是指资源节约型、环境友好型社会。建设"两型社会"是实现可持续发展的新模式，它不是一般意义上的节约资源、保护环境，而是必须坚持全面协调可持续发展，坚持生产发展、生活富裕、生态良好的文明发展道路，实现速度和结构、质量、效益相统一，经济发展与人口资源环境相协调，走出工业文明发展的困境，使人民在良好生态环境中生产生活，实现经济社会永续发展。

1.1　文明的演进及其发展范式

1.1.1　人类文明的发展历程

文明与野蛮是相对应的一对概念，是表征人类进步状况的所有自然行为和社会行为的集合，是人类脱离动物界后进一步远离原始野蛮状态的度量标准，它代表着人类社会发展的特殊阶段。受时间、地域、社会历史条件、社会发展阶段等因素的影响，文明的表现形式也各有不同。

从要素上看，文明的主体是人，体现为改造自然和反省自身，如物质文明和精神文明。人不仅是文明的创造者，同时也是文明的享有者。后者是创造文明的动机，而这一动机也使前者的行为有了动力，并由此推动了社会文明的进步。从时间上看，文明具有阶段性，如原始文明、农业文明、工业文明和生态文明。文明的阶段性反映了人与自然发展关系的变迁：蒙昧时代人类依附并初步利用自然；征服时代人类掠夺自然、破坏生态并导致了生态危机；生态时代人类从自然的主宰变为自然的伙伴，由征服、掠夺自然转为保护、建设自然，并与自然保持和谐统一。从空间上看，文明具有区域性和多元性，如古埃及文明、古希腊罗马文明、两河文明、印度文明、东亚文明、玛雅文明等。从社会形态上看，迄今为止人类已经经历了原始文明、奴隶文明、封建（中世纪）文明、资本主义文明和社会主义文明。

人类社会的历史就是人类文明与自然演化相互作用的历史。不同社会发展阶段的人类文明有着不同的内涵和特点。从纵向的历史发展来看，人类社会先后大致经历了原始文明、农业文明和工业文明三个发展阶段。原始文明时期是人类社会发展的早期阶段，在这一时期人与自然呈现出一种原始的和谐状态：人们生活的地区自然条件极佳、生态环境优越，生产活动主要以简单的采集、渔猎为主，生产工具主要是石器，生产力水平极度低下，人们必须依赖于部落和家庭等群体的力量才能生存，在大自然面前人类的力量显得十分渺小，因此必须被动地适应自然，而人类的生产生活对自然界的影响几乎可以忽略不计。到了农业文明阶段，社会生产力有了较大的提高，主要表现为以铁器的发明使用为标志的农业技术得到了广泛应用，产生了以耕种和驯养为主的生产方式，人类活动范围扩大，人口数量逐渐增长，人类从完全受自然的支配而神化和供奉自然的依附状态中解放出来，实现了社会经济发展从攫取性经济过渡到生产性经济。从此，人类开始了对大自然的利用与控制，过度开垦和砍伐的现象在局部地区时有发生，人类同自然界的关系也出现了阶段性的紧张。但是从整体来讲，全球生态环境的物质能量交换和自我修复能力并没有受到大的影响，人类与生物、环境之间依然处于一种自然有序的协同进化关系。工业文明时期始于18世纪中叶的英国，以蒸汽机的发明和使用为标志的工业革命，改变了人类历史的发展进程。先进的工业技术逐渐代替了农业文明时代的生产技术，实现了社会生产由工场手工业向机器大工业的转变，人类占用、掠夺自然资源的能力大为增强，生活方式有了根本性改变，生活范围空前扩大、人口数量大幅增长、人口寿命延长。这一时期人类对自然资源的消耗和占用逐渐接近或超过自然界的承载能力，人与自然的关系逐渐走向对立。而且，工业文明时代赖以发展的煤炭、石油等化石能源的大量消耗，造成了能源短缺和生态环境问题日益突出。

西方发达国家所经历的工业文明，是一条只顾当前发展而无视他国和后代利益的发展道路，或者说是一种先污染而后治理、先开发而后保护的发展之路，这一工业文明的发展模式具有其特殊的历史原因。进入20世纪以后，发展中国家因其经济和社会发展的需要逐渐走上工业化道路，一些高能耗、高污染、高排放的产业对全球资源和生态的破坏日益严重。人类开始重新思考和追求可持续发展，探索后工业化时代的新型文明——生态文明。

从全球范围来看，现在人类文明总体上处于从工业文明向生态文明过渡的阶段。但历史因素和现实条件等多方面原因导致世界经济发展不平衡，各国文明的发展也各有差异。发达国家工业化已经完成，正在向紧随工业文明进程而来的生态文明发展。而在绝大多数发展中国家，既有份额较大且比较落后的传统农业和农村社区，也有相对先进的城镇工业社区，还有一些可与发达国家相媲美的大都市，社会文明形态体现出显著的二元或多元化特征。农业文明时代、工业文明时代和生态文明时代的经济发展特点各异（表 1-1），目前来看，三者在空间维度上相互交错而又在时间维度上同时并存。

表 1-1　各经济发展阶段的基本特点

特点	农业文明时代	工业文明时代	生态文明时代
主导产业	农业	工业	服务业
技术特征	劳动密集型	资本密集型	知识密集型
生产方式	人与自然交流	人与机器互动	人与人互动
主要产品	天然产品	工业产品	服务产品
增长因素	土地资源、农业技术	资本量、资本运作	知识信息、创新能力

1.1.2　工业文明时期对环保和增长的思考

1. 环境危机和环保运动

自人类活动开始以来，其对环境就产生了一定的影响和破坏，只是受生产力发展水平的限制，人类对自然的影响力十分有限，环境问题表现并不突出。随着 20 世纪大规模环境破坏和工业污染相继出现，人类逐渐从自然界汲取越来越多的资源和能源，也排放越来越多的废物进入自然环境，工业化国家环境污染的公害事件层出不穷，尤其是轰动一时的"世界八大公害事件"向全人类敲响了危害公众生命健康和生存危机的警钟[①]。

恩格斯在《自然辩证法》中曾经指出："我们不要过分陶醉于我们对自然界的胜利，对于每一次这样的胜利自然界都报复了我们。"第二次世界大战以后，西方各国将主要精力放在恢复和发展经济上，对资源消耗和环境保护并没有给予足够的重视。1962 年，美国海洋生物学家蕾切尔·卡森出版了《寂静的春天》一书，这是一份关于使用杀虫剂造成污染危害情况的报告，作者描述了有机氯农药污染使得本来生机勃勃的春天陷入了可怕的"寂静"，从污染生态学的角度，阐述了人类同大气、海洋、河流、土壤、动植物之间的密切关系，初步揭示了环境污染对生态系统的影响，提出了现代生态学所面临的污染生态问题。《寂静的春天》一书出版后，立即引起世界各国人们的普遍关注，并很快被译成多种文字广为传播。

---

① "世界八大公害事件"分别是比利时马斯河谷污染事件、美国多诺拉污染事件、英国伦敦的烟雾事件、美国洛杉矶光化学烟雾事件、日本的水俣病事件、日本富山骨痛病事件、日本四日市哮喘病事件、日本爱知县的米糠油事件。

该书的出版对传统的"向自然开战""征服自然"等理念提出了挑战。

世界各地环境公害事件不断发生，范围和规模不断扩大，越来越多的人意识到自己正处在一种不安全、不健康的环境中，加上社会舆论的广泛宣传，公众环境意识的不断提高，人们已不再单纯满足于物质上的享受，而开始渴望更高的有利于身心健康的生活环境和生活方式。于是自 20 世纪 60 年代以来，先是在西方发达国家，成千上万的人走上街头，游行、示威、抗议并要求政府采取有效措施治理和控制环境污染，各类环保团体纷纷涌现，逐渐掀起了一场声势浩大的群众性反污染、反公害的"环境运动"。在这些环境运动中，影响较大的是 1970 年 4 月22 日在美国举行的"地球日"游行活动，约 2000 万人走上街头参加了这次规模空前的群众运动，他们高举受污染的地球模型、巨画、标语牌，高喊环境保护口号，进行游行、演讲、宣传以唤起人们对环境问题的注意。这次活动的影响很快扩大到全球，有力地推动了世界环保事业的发展，由此每年的 4 月 22 日也成了世界性的"地球日"。环境危机的到来和环保运动的兴起标志着人类的环境意识的觉醒，拉开了人类走向生态文明的帷幕。

2. 20 世纪 70 年代"环境的十年"

在环境危机和环保运动的压力下，20 世纪 70 年代西方各国纷纷设立专门的环境管理机构，大量投资于污染治理和环境保护中，大片的土地被划为自然保护区，各种环境保护法规和环境标准也纷纷出台，一些国家还出现了"绿党"。经过近十年的治理，到了 20 世纪 70 年代末，西方国家成功地解决了自己的产业污染问题，其国内环境质量有了明显的改善。与此同时，国际环境合作也逐步展开。1972 年6 月 5 日，"联合国人类环境会议"在瑞典首都斯德哥尔摩召开。会议研讨并总结了有关保护人类环境的理论和现实问题，制定了相关的对策和措施，提出了"只有一个地球"的口号，并呼吁各国政府和人民为维护和改善人类环境、造福全体人民和子孙后代而共同努力。会议的主要成果集中在两个文件中：《只有一个地球》和《人类环境宣言》。会议的另一成果是将每年的 6 月 5 日定为"世界环境日"。20 世纪70 年代环境运动取得了巨大的成功，这一时期被人们称为"环境的十年"。

3. 关于增长的讨论

关于增长极限的分析，最早见于约翰·穆勒对"静态经济"的分析。但穆勒呼吁的存在增长极限的"静态经济"不是受制于自然资源和环境条件，而是出于人们对闲暇、美好事物的渴望。现代人们讨论增长的极限是源于对自然资源和环境自净能力有限性的认识，马尔萨斯的《人口论》最早注意到土地的稀缺性对人口增长的限制问题。

1972 年，以丹尼斯·米都斯（Dennis L. Meadows）为首的美国、德国、挪威等的一批西方科学家组成的罗马俱乐部提出了关于世界趋势的研究报告《增长的极限》，该书认为人口、粮食生产、工业化、污染和不可再生资源的消耗呈指数增长。几乎所有人类活动，从化肥的使用到城市的扩大，都可以用指数增长曲线来表示。但地球资源是有限的，如果人类社会继续追求物质生产方面的既定目标，它最后会达到地球上的许多极限中的某一个极限，其后果将可能是人类社会的崩溃和毁灭。因此，作者在该书的最后部分提出"全球均衡状态"的设想。"全球均衡状态"的定义是人口和资本基本稳定，倾向于增加或者减少它们的力量也处于认真加以控制的平衡之中，即"零增长"。这一报告在全世界引起极大的反响，人们就此进行了广泛的争论。1980年美国发表的《公元2000年的地球》等报告也基本支持了《增长的极限》中的观点，《增长的极限》一度成为经济转型和环境保护的理论基础。

1.1.3　从经济增长方式转变到经济发展范式转型

经济增长方式转变，是指生产要素的分配、投入、组合及使用方式的转变，一般指由外延型、数量型、粗放型增长方式向内涵型、质量型、集约型增长方式的转变。1995年9月，中共十四届五中全会上明确提出了，未来15年中国改革与发展的奋斗目标是实现具有全局意义的"两个根本性转变"：一是经济体制将会从传统的经济体制向社会主义市场经济体制转轨；二是经济增长方式将会从粗放型向集约型转变。

经济发展方式转变，不仅包含经济增长方式的转变，即从主要依靠增加资源投入和消耗来实现经济增长的粗放型增长方式，转变为主要依靠提高资源利用效率来实现经济增长的集约型增长方式，而且包括结构、质量、效益等方面的转变。中共十七大报告将"实现经济增长方式转变"的提法改为"加快经济发展方式转变"，并明确提出加快经济发展方式"三个转变"的主要内容：在需求结构上，促进经济增长由主要依靠投资、出口拉动向依靠消费、投资、出口协调拉动转变；在产业结构上，促进经济增长由主要依靠第二产业带动向依靠第一、第二、第三产业协同带动转变；在要素投入上，促进经济增长由主要依靠增加物质资源消耗向主要依靠科技进步、劳动者素质提高、管理创新转变。从"转变经济增长方式"到"转变经济发展方式"这种官方提法的改变，反映了党和政府对经济发展规律认识的深化。中共十八大报告进一步提出加快形成新的经济发展方式，把推动发展的立足点转到提高质量和效益上来，着力激发各类市场主体发展新活力，着力增强创新驱动发展新动力，着力构建现代产业发展新体系，着力培育开放型经济发展新优势，使经济发展更多依靠内需特别是消费需求拉动，更多依靠现代服务业和战略性新兴产业带动，更多依靠科技进步、劳动者素质提高、管理创新驱动，更多依靠节约资源和循环经济推动，更多依靠城乡区域发展协调互动，不断增强长期发展后劲。

"范式"（paradigm）这一概念最早由美国科学家托马斯·库恩（Thomas Samuel Kuhn），在其1962年出版的著作《科学革命的结构》中提出并做出系统阐述。其最初是指一种观念、理论和规律，通常是某一科学集团对某一学科所具有的共同信念和遵从的行为模式，它规定了人们共同的基本理论、基本观点和基本方法。近年来，一些国内学者将"理论范式"延伸用于刻画基于某种理念和规律并具有某些特征的经济发展实践，提出了经济发展的"实践范式"及其相关的系列概念，如环保与经济发展的双赢范式、经济现代化范式、经济与社会发展范式、经济发展新范式、区域经济发展范式、循环经济范式、技术经济范式、产业范式、农业发展范式、消费范式等。国外也是如此，早在1982年多西（Dosi）将这个概念引入技术创新研究中，提出了技术范式的概念。佩雷兹（Perez）在1983年发表于《未来》杂志的论文《社会经济系统中的结构变迁与新技术吸收》中又提出了技术经济范式这一概念，从而将技术范式与经济增长直接联系了起来。1988年，著名技术创新经济学家弗里曼与佩雷兹又在合作发表的《结构调整危机：经济周期与投资行为》一文中，进一步丰富和发展了技术经济范式这一概念。日本京都大学著名经济学家植田和弘（Kazuhiro Ueta）2010年在西北大学举行的第二届中日经济·环境论坛演讲中也明确提出了发展范式（development paradigm）转换的概念。不仅如此，学术界还探讨了经济发展范式这一概念的具体内容，乔臣（2006）认为经济发展范式至少包括如下四个方面的内容：①经济发展范式的研究视角（perspective）或出发点（springboard），包括经济发展进程中研发人员的研究对象及理论基础；②经济发展范式研究的参照系（reference frame）或基准点（benchmark），包括对经济发展理论及经济发展范式的各种范例分析和系统表述；③经济发展范式的分析工具（analytical tools）或研究方法（analytical means）；④经济发展研究人员所持有的共同的理论信念（theoretical faith）。在经济发展的实践大大突破了已有理论框架和理论模型的时候，就需要通过对以往经济发展诸多范例的理论分析和探讨，从中提取经济发展中的一般规律性内涵和实质并加以吸收和应用，结合实践要求提出新的经济发展范式。经济发展范式转换和选择不仅是经济现代化发展的客观要求，同时也是助推经济现代化进程的必要保障（刘传江，2010a）。

1.1.4　生态文明的发展范式及其经济形态

根据中国现代化研究中心何传启研究员的两次现代化理论或文明发展理论，第一次现代化的目标是实现工业现代化，其发展范式即为工业文明发展范式，在该范式下经济发展的主要变化是从农业社会走向工业社会、从农业经济走向工业经济，主要特点是实现工业化、城市化、民主化、福利化、流动化、专业化，其产业特征是工业比重不断提升、产业结构高度化，制造产业发达，经济发展的核心指标是国民生产总值（gross national product，GNP）和人均国内生产总值（gross domestic product，GDP），该发展范式的最大负效应是在经济发展的同时，付出了资源大量消耗、环境破坏和生态退化的代价。第二次现代化的目标是实现生态现代化，其匹配的发展范式是生态文明发展范式，在该范式下经济发展的主要变化是从工业社会走向信息社会，从物质经济走向生态经济，主要特点是实现知识化、信息化、绿色化、生态化、全球化、多样化，其产业特征是产业生态化、物质减量化、能源去碳化、经济服务化，还原产业发达，经济发展的核心指标是生态效率（EEI=GDP/EFP）①和绿色 GDP（何传启，2002）。

现代文明的发展目标不再是工业现代化，而是德国社会学家约瑟夫·胡伯（Joseph Huber）在 20 世纪 80 年代提出的能够实现经济发展和环境保护双赢的生态现代化（ecological modernization）。因此，传统经济的现代化进程，仅仅实现工业文明"窗口"中的经济发展方式转变是不够的，还需要从工业文明"窗口"走向生态文明"窗口"，实现工业文明经济发展范式向生态文明发展范式的转型。中国过去近 20 年及未来经济发展转型的过程可以概括为如下三个阶段：①工业文明"窗口"中的早期转变阶段，即从外延型、数量型、粗放型增长方式转向内涵型、质量型、集约型的增长方式；②工业文明"窗口"中的后期转变阶段，即从注重生产要素的分配、投入、组合及使用方式，到经济要素配置组合和结构优化并重的经济发展方式转变；③从工业文明"窗口"走向生态文明"窗口"的转变阶段，也就是从工业文明发展范式到生态文明发展范式的转型。这三个阶段的变化可以从下面六个维度及其过程来描述：①经济体制，计划经济→传统市场经济→现代市场经济；②发展导向，追求产值→追求利润→追求可持续发展；③文明类型，农业文明→工业文明→生态文明；④支柱产业，黄色产业→黑色产业→绿色产业；⑤发展特征，粗放型经济→集约型经济→低碳型经济；⑥测度模型，产出（output）模型经济→投入-产出（input-output，IO）模型经济→投入-占用-产出-排放（input-occupancy-output-emission，IOOE）模型经济。

1.2 "两型社会"基本理论

1.2.1 "两型社会"提出的背景

20 世纪后半期以来，随着全球人口增长、经济发展和消费水平的提高，资源、能源短缺的约束性越来越突出，人口增长和经济发展对环境和生态的负面影响也

---

① EEI 表示生态效率指数，EFP 表示生态足迹。

越来越严重，如何实现可持续发展成为全世界共同关注的现实课题。节约资源、保护环境再度成为各国关注的热点。发达国家制定了一系列的应对措施，加快运用资源可持续开发利用的新技术，率先通过实施产业结构调整等措施来转变经济增长方式，并开始发展循环经济和低碳经济等新经济模式，以获取新的发展优势。自改革开放以来，我们在取得持续高经济增长的同时，资源环境的损耗代价太大。我国人口众多，人均资源占有量少，正处在工业化、城镇化、市场化、国际化程度不断提高的发展阶段，面临大范围生态退化和复合型环境污染的资源环境压力。提高资源可持续开发利用效率、缓解资源供给压力、改善生态环境质量的重要性日益凸显出来。因此，从资源环境的角度出发，建立"两型社会"，是克服资源短缺瓶颈、解决环境污染和生态破坏造成的矛盾与问题、实现经济规模与效益相平衡、经济发展与人口资源环境相协调、使人民在良好生态环境中生产生活的新的可持续发展模式和发展的出路。

2003 年，以胡锦涛为总书记的中央领导集体基于发展现实和长远战略考虑，提出了科学发展观。建设"两型社会"则是转变发展方式、践行科学发展观的行动方向。胡锦涛同志在中共十七大报告中指出，"前进中还面临不少困难和问题，突出的是：经济增长的资源环境代价过大……促进国民经济又好又快发展……坚持节约资源和保护环境的基本国策，关系人民群众切身利益和中华民族生存发展。必须把建设资源节约型、环境友好型社会放在工业化、现代化发展战略的突出位置，落实到每个单位、每个家庭。要完善有利于节约能源资源和保护生态环境的法律和政策，加快形成可持续发展体制机制"。建设资源节约型、环境友好型社会是实施可持续发展的新模式，它不是一般意义上的节约资源、保护环境，而是必须坚持全面协调可持续发展，坚持生产发展、生活富裕、生态良好的文明发展道路，实现速度和结构质量效益相统一、经济发展与人口资源环境相协调，使人民在良好生态环境中生产生活，实现经济社会永续发展。

1.2.2 "两型社会"的内涵

1. 资源节约型社会

相对于环境友好型社会，资源节约型社会一词更早地出现在政府和相关部门的文件中，并引起了公众、政府、学界和传媒的极大关注。资源节约型社会是指在生产、流通、消费等领域，采取法律、经济、技术、管理等综合性措施，提高资源利用效率，以最少的资源消耗获得最大的经济和社会收益，以满足人们不断增长的物质和文化需求的社会发展模式。资源节约型社会与过去强调的"勤俭建国"相比，内涵更广泛，发展的层次更高。这里的"节约"不仅指消费领域的节俭和其他经济活动中对人、财、物的节省或限制使用，还要求在经济运行中通过彻底转变现行的经济增长方式、技术革新、管理创新、结构布局等，实现以尽可能少的资源，创造尽可能多的财富，最大限度地回收利用各种废弃物。它是一种全新的社会发展模式，既要尽可能少地消耗资源，并且尽量循环利用，又要保证全社会较高的福利水平。

资源节约型社会，是一种以能源资源高效率利用的方式进行生产、以节约的方式进行消费为根本特征的社会。它不仅体现了经济增长方式的转变，更是一种全新的社会发展模式，它要求在生产、流通、消费的各个领域，在经济社会发展的各个方面，以节约使用能源资源和提高能源资源利用效率为核心，以节能、节水、节材、节地、资源综合利用为重点，以尽可能小的资源消耗，获得尽可能大的经济和社会效益，从而保障经济社会的可持续发展。

2. 环境友好型社会

环境友好型社会来源于20世纪80年代"环境友好型"技术概念。1992年，在里约热内卢召开的联合国环境与发展大会上通过的《21世纪议程》，正式提出了"环境友好"的理念。2002年，世界可持续发展首脑会议通过的"约翰内斯堡实施计划"，多次提及环境友好材料、产品与服务等概念，使世界范围内对"环境友好"的认同程度进一步提高，并已经上升到整个社会层面。2004年日本政府发表《环境保护白皮书》，明确提出建立环境友好型社会。

环境友好型社会是指以人与自然和谐为目标，以环境资源承载力为基础，以自然规律为准则，以可持续社会经济文化政策为手段，倡导环境文化和生态文明，追求经济社会环境协调发展的社会形态。环境友好型社会的核心目标是，将生产和消费活动规制在生态承载力、环境容量限度之内，通过生态环境要素的质态变化，形成对生产和消费活动进入有效调控的关键性反馈机制，特别是通过分析代谢废物流的产生和排放机理与途径，对生产和消费全过程进行有效监控，并采取多种措施降低污染产生量、实现污染无害化，最终降低社会经济系统对生态环境系统的不利影响。环境友好型社会是一种人与自然和谐共生的社会形态，其核心内涵是人类的生产和消费活动与自然生态系统协调可持续发展。

与资源节约型社会相比，环境友好型社会更为强调生产和消费活动对于自然生态环境的影响，强调人类必须将其生产和生活强度规范在生态环境的承载能力范围之内，强调综合运用技术、经济、管理等多种措施降低经济社会的环境影响。从外延看，资源节约是环境友好的一个主要组成部分；从层面看，环境友好比资源节约具有更深刻的内涵。在观念方面，资源节约关注社会经济活动中的资源效率，如节水、节能、节地等，但不能涵盖环境友好所包括的经济、社会、政治、文化和技术等要素，也达不到环境友好强调的人与自然和谐的哲学伦理层次，更不包括环境友好理念上生态文明的核心内容。在经济方面，资源节约可以提供"节流"措施，而环境友好可以从"开源"和"节流"两个方面统筹社会经济的综合发展。环境友好行为更为积极，如生态环境创新、生态产业发展等。在政治方面，环境友好比资源节约更多地强调综合运用技术、经济、法律、行政等多种措施降低环境成本，解决更为广泛的国计民生问题。在文化方面，环境友好比资源节约更为关注生产和消费对人类生活方式的影响，强调生活质量、生活内涵、生活意义的幸福指数，有很强的道德文化传承价值。

3. "两型社会"

把资源节约型社会和环境友好型社会并列，将建设"两型社会"作为经济社会发展的战略目标，最早是由中国提出的。2005年中共十六届五中全会通过的"十一五"规划建议中提出"建设资源节约型、环境友好型社会"的论述。2006年"十一五"规划明确提出"落实节约资源和保护环境基本国策，建设低投入、高产出、低消耗、少排放，能循环、可持续的国民经济体系和资源节约型、环境友好型社会"。2007年10月胡锦涛总书记在中共十七大报告中强调，"坚持节约资源和保护环境的基本国策……必须把建设资源节约型、环境友好型社会放在工业化、现代化发展战略的突出位置"。2007年12月，国家发展和改革委员会在我国中部设立了武汉城市圈和长株潭城市群两个"资源节约型、环境友好型社会建设"综合改革试验区。目前，环境友好理念正在我国全社会范围内蓬勃发展起来。

"两型社会"是为了破解我国经济社会发展过程中面临的资源与环境难题而提出的，囊括了资源节约型社会和环境友好型社会内容。资源节约型社会和环境友好型社会是实现人与自然和谐的两个不可缺少的基本条件，二者各有侧重、互为补充，完整涵盖了社会经济系统中物质流、能量流、废物流等物质代谢的全过程，其实质都是要做到人类的生产和消费与自然生态系统协调及可持续发展。"两型社会"的含义丰富，概括起来就是在社会生产和生活的各个领域，在经济和社会发展各个方面，切实保护和合理利用各种资源，提高资源利用率，同时将生产和消费活动规制在生态承载力、环境容量限度之内，降低社会经济系统对生态环境系统的不利影响，以尽可能少的资源消耗和环境为代价，获得最大的经济效益和社会效益，实现人与自然和谐发展、经济社会可持续发展的社会发展模式和社会形态。具体可以从以下四个方面来认识：①"两型社会"是在对传统经济发展模式反思的基础上建立的，是解决资源与环境问题的一种有利于资源节约和环境友好的新型经济社会发展模式；②"两型社会"是以资源节约和环境友好为特征的社会发展形态，其最终目的是促进人类自身及经济社会的可持续发展，实现人与自然的和谐发展；③"两型社会"分为资源节约型社会和环境友好型社会两个渐进的层次，环境友好型社会比资源节约型社会具有更广泛的外延和更深刻的内涵，只有实现资源节约，才能促进环境友好；④"两型社会"是一条全面协调的可持续发展之路，要求经济社会发展的各方面符合生态规律，需要依靠社会各领域、各环节的共同努力。

1.2.3　"两型社会"的基本架构

"两型社会"是一个复杂的系统，它涉及了经济社会活动的各个方面。其主要构成包括"两型"技术、"两型"产品、"两型"企业、"两型"产业、"两型"社区、"两型"政府等。具体来说就是有利于环境的生产和消费方式，无污染或低污染的技术、工艺和产品，对环境和人体健康无不利影响的各种开发建设活动，符合生态条件的生产力布局，少污染与低损耗的产业结构，可持续发展的绿色产业，人人关爱环境的社会风尚和文化氛围等。从宏观层面讲，"两型社会"的经济基础是低碳经济和循环经济。低碳经济符合可持续发展理念，注重资源节约和环境保护，实质是使传统的高消耗、高污染、低产出的经济增长模式向低消耗、低污染、高产出的经济增长模式转变。低碳经济概念提出时间虽短，其理念与"两型社会"的内涵相一致，是推动"两型社会"建设的新的经济发展模式；循环经济是建设"两型社会"的有效途径。"两型社会"需要生产、流通、分配、消费等环节与其相适应，具体体现在产业结构调整中，"两型社会"通过产业生态化和发展"两型"产业建立相应的、合理的产业结构，同时倡导"两型"消费方式。

"两型社会"的主体主要包括政府、企业和个人（或家庭），每一级主体都是"两型社会"中相互关联、相互影响的重要组成部分。其中，从事经济活动较多的企业是指，既追求企业自身的生产成本节约又兼顾企业生产的社会成本节约，既考虑企业自身效益又兼顾社会效益与生态效益，既考虑企业当前利益又兼顾长远利益，是能使企业自身效益与社会效益之和达到最大值，使企业生产成本和社会因企业生产而必须支付的社会成本之和达到最小值的企业。建设"两型社会"需要社会各界的广泛参与和集体行动，建立运行机制并调动参与主体的积极性，加强宣传，树立资源节约和环境友好观念，建立激励约束机制，加快制度创新和技术创新。

1.2.4　"两型社会"评价体系

随着"两型社会"概念的逐渐明确，相关研究开始关注"两型社会"指标评价体系，以了解"两型社会"的实现程度和进展情况，客观评价整个经济社会的发展。国内对于"两型社会"综合评价方法的研究，一般是从"两型社会"的含义出发，主要集中在综合指数、指标体系和目标值三个方面，目前采用的评价方法有主成分分析法、加权计算设立期望值方法、模糊综合评判模型、熵值法等。

在关注"两型社会"之前，有一些学者试图构建资源节约型社会评价指标体系。资源节约型社会评价指标体系的研究，大都是从经济、社会、资源、环境和科技支持方面划分为四个或五个层次。李桂香（2008）建立的资源节约型社会评价指标体系，包括经济节约指数、社会节约指数、科技支持指数、环境支持指数等共 30 个指标。随后在之前研究基础上又扩展到 33 个指标，运用二级模糊综合评判模型得到我国山东省 2005 年资源节约型社会发展水平。刘晓洁和沈镭（2006）建立的资源节约型社会综合评价指标体系，有资源节约指数、经济发展指数、社会进步指数、技术支持指数、环境保护指数等五个一级指标，包括共 39 个具体指标。李岩和郭秀珍（2007）构建了经济发展、资源节约、产能消耗、消费消耗、科技支持、环境支持等六大类指数、22 个指标的资源节约型社会指标体系和评价体系框架。张淑琴和张东光（2007）建立资源节约型社会评价指标，由资源消耗支持系统、经济发展支持系统、社会发展支持系统、生态环境支持系统、科技发展支持系统组成，具体包括 38 个子指标。许俊杰和宋仁霞（2008）通过由经济节约、社会节约、环境支持、科技支持四大类、25 个指标构成的资源节约型社会评价指标体系，采用主成分分析法计算我国 30 个省（自治区、直辖市）资源节约型社会的发展水平。李宝瑜和李丽（2008）借鉴我国股票市场价格指数形式，设计资源节约型社会进程指数来反映资源节约变动程度。该体系包含五大类、20 个指标，分别从资源消耗减量、资源利用效率、损失与浪费、资源利用潜力和社会与环境效应等方面来评价资源节约型社会进程。这些研究与"两型社会"评价研究相关，更多的是分别从可持续发展、资源节约、环境友好等单方面进行的，对"两型社会"指标体系构建有一定的借鉴作用。

目前对"两型社会"评价指标体系的研究，最大的不同在于因对"两型社会"内涵理解的差异，在选取指标时的侧重点会有不同。叶庆红和江宁（2009）认为，指标选取应坚持科学性和实用性原则、动态性和稳定性原则、全面性和层次性原则、可比性和可靠性原则，包括经济指标、资源指标和生态环境指标。曾翔旻等（2008）将指标体系分为经济水平、创新能力、资源利用、环境保护、城市魅力五个方面。"'两型'社会建设指标体系研究"课题组（2009）将"两型社会"提炼为经济、社会和制度三个方面，指标体系设计为三个要素八个子要素，其中经济要素包括经济发展水平、经济发展方式和经济发展途径三个子要素；社会要素包括城乡一体化、环境保护和生态城市三个子要素；制度要素包括政府运作效能和社会责任与安全两个子要素。他们进一步提出指标体系应以标准的国际对比、前瞻性和统计推算为原则。简新华和叶林（2009）建立了一个综合指数，并将综合指数分为资源节约指数和环境友好指数。资源节约指数又包括资源消耗总量指标、资源消耗发展指标、资源节约潜力指标；环境友好指数又包括环境影响总量指标、环境影响发展指标和环境保护潜力指标。此外，周栋良和刘茂松（2009）认为中国农村具有自身特点，不能完全沿用城市"两型社会"建设的做法。他们在研究中通过对比社会主义新农村、和谐社会、农村全面小康社会的内涵，构建了农村地区"两型社会"建设综合评价指标体系，用于分析农村地区"两型社会"建设的差距和问题。指标主要涉及经济发展、社会发展、科技进步、资源利用、环境保护五个方面。

建设"两型社会"，就是要解决经济增长中的资源消耗和环境污染问题，实现经济社会的可持续发展。其评价指标体系的建立，既要反映经济社会发展的规模、速度、水平，更要反映社会在节约资源和保护环境方面的现状、努力程度和发展潜力；既要反映经济社会发展各个方面的实际状况，也要反映相对状况；既要反映静态情况，更要反映动态发展。整个指标体系必须遵循客观性、可行性、综合性、动态性、简明性和合理性的原则，并能较为全面准确地衡量经济社会发展中资源节约和环境友好的程度。指标体系应包括资源利用、环境保护、经济发展、社会发展、科技创新五个方面。其中资源利用指标和环境保护指标是"两型社会"的核心指标，经济发展指标和科技创新指标是基础指标，这两个指标的内容是建设"两型社会"的物质基础和推动力量；社会发展指标可视为效果指标，能反映"两型社会"建设的成绩。

1.2.5　"两型社会"的国际共识

1. 从"牧童经济"到"宇宙飞船经济"

这两个观点是由美国经济学家肯尼思·艾瓦特·博尔丁（Kenneth Ewart Boulding）在 20 世纪 60 年代末提出的。"牧童经济"是指对地球上的资源无所顾忌地进行开发，就像牧童在辽阔的草原上无限制地放牧那样，只管放牧而不顾草原破坏的现象，意喻掠夺式资源开发、破坏式环境利用的经济发展模式。这种经济发展模式不能持续发展，"牧童经济"将会被"宇宙飞船经济"所替代。

博尔丁认为，科学家在设计宇宙飞船时，非常珍惜飞船的空间和它所携带的装备及生活必需品，在飞船中，几乎没有废物，即使乘客的排泄物也经过处理、净化，变成乘客必需的氧气、水和盐回收，再给乘客使用。如此循环，构成一个宇宙飞船中的良性生态系统。"宇宙飞船经济"也是根据这一生态系统思想而提出的。它把地球看成一个巨大的宇宙飞船，除了能量要依靠太阳供给外，人类的一切物质需要靠完善的循环来得到满足。"宇宙飞船经济"就是把这一生态学观念应用于人类社会的经济模式，要求人类按照生态学原理建造一个自给自足的、不产生污染的经济或生产体系，它将是一种封闭的经济体系，其内部具有极完善的物质循环和更新的性能。"宇宙飞船经济"要求人类改变将自己看成自然界的征服者和占有者的态度,而是把人和自然环境视为有机联系的系统,即人-自然系统。

"宇宙飞船经济"要求人类必须改变过去那种"增长型"的经济,采取"储备型"的经济;改变传统的"消耗型"经济,代之以"休养生息"的经济;实行"福利量"的经济,不能像过去只着重于"生产量"的经济;放弃过去的"单程式经济",而建立起一种既不会使资源枯竭,又不会造成环境污染、生态破坏的,能循环使用各种物质的"循环式经济"体系。

2. 从新古典经济学到环境经济学

新古典经济学研究有限或稀缺资源在不同的有竞争性的目的之间的配置问题,资源的有效配置或如何实现帕累托有效配置(Pareto efficient allocation)及福利最大化是核心。人类在经济活动中配置和消耗自然资源的同时,产生了各类废弃物,带来环境的负外部性。当人类活动排放的废弃物超过环境容量时,为保证环境质量就必须投入大量的物化劳动和活劳动,这部分劳动已越来越成为社会生产中的必要劳动。同时,为了保障环境资源的永续利用,也必须改变对环境资源无偿使用的状况,对环境资源进行计量,实行有偿使用,使社会不经济性内在化,使经济活动的环境效应能以经济信息的形式反馈到国民经济计划和核算体系中,保证经济决策既考虑直接的近期效果,又考虑间接的长远效果。于是就产生了环境经济学,它弥补了新古典经济学忽视生态服务系统和污染市场的不足,采用了大量的技术和分析模型,为生态服务系统和污染赋予市场价值并将这些融入市场框架。与此同时,环境经济学理论依然十分钟情于资源配置效率。因此,环境经济学实际上是新古典经济学的拓展性分支学科。然而,关注生态环境问题,并不意味着其理论就能够从根本上解决工业化带来的生态环境危机。如果把我们人类赖以生存的地球看成一艘航行于"宇宙海洋"中的船舶,新古典经济学关注的是如何充分利用船舶的能量配置提高其装载量,环境经济学更进一步主张采用必要的计价方法和收费政策避免船舶各部位的装载能力受到损害,从而保持乃至提升船舶的装载效率。环境经济学则认为,船舶有效装载货物固然重要,但是确保船舶在各种风浪气候下的航行中不超载、不翻船更为重要。经济增长应该是基于"通量"或"吞吐量"(throughput)的增长,即通过经济体从环境而来,又以废弃物的形式返回环境的自然流量,它有一个极限值,因此不能够无限增长。不过,这并不意味着发展的终结。发展意味着定性的变化、潜力的实现及向优化(但不是更大的)结构和系统的演化,也就是某一给定通量提供的商品和服务在质量上的提升(Daly and Farley,2004)。

3.《里约宣言》的指导原则

1992 年 6 月 14 日联合国环境与发展大会的最后一天通过了《里约环境与发

展宣言》(以下简称《里约宣言》),《里约宣言》旨在为各国在环境与发展领域采取行动和开展国际合作提供指导原则,规定一般义务。《里约宣言》由序言和 27 项原则所组成。序言说明了联合国环境与发展大会举行的时间、地点和通过该宣言的目的等。原则 1~3 宣布了人类享有环境权,各国享有自然资源的主权和发展权;原则 4~21 分别规定了国际社会和各个国家在保护环境及实现可持续发展方面应采取的各项措施;原则 22~23 是关于土著居民及受压迫、统治和占领的人民,环境权益要加以特殊保护的规定;原则 24~26 是关于战争、和平与环境和发展关系的规定;原则 27 呼吁各国和人民应诚意地本着伙伴精神,合作实现本宣言所体现的各项原则,并促进可持续发展方面国际法的进一步发展。

《里约宣言》是继《联合国人类环境会议宣言》和《内罗毕宣言》以后,又一个有关环境保护的世界性宣言,它不仅重申了前两个宣言所规定的国际性环境保护的一系列原则、制度和措施,而且有了新的发展。该宣言体现了冷战后新的国际关系下各国对于环境与发展问题的新认识,反映了世界各国携手保护人类环境的共同愿望,是国际环境保护史上一个新的里程碑。

4.《京都议定书》的三个灵活机制

1997 年 12 月由 160 个国家在日本京都召开的联合国气候变化框架公约第三次缔约方大会上通过的《京都议定书》是在国际社会影响比较广泛的公约。《京都议定书》遵循《联合国气候变化框架公约》的"共同但有区别的责任",要求温室气体排放大的发达国家采取具体措施限制温室气体排放,而发展中国家不承担有法律约束力的温室气体限制排放义务。《京都议定书》设置了三种灵活机制:第一,联合履约(joint implementation,JI)机制,这主要是在发达国家与经济转轨国家之间展开。基本模式是来自发达国家的公司或其他组织提供资金和先进技术,与另一个来自发展中国家或者经济转轨国家的有关合作伙伴开展合作,以达到提高能源效率、减少温室气体排放的目的。第二,清洁发展机制(clean development mechanism,CDM),是发达国家与发展中国家以项目为基础的排放贸易,以南北合作为核心的灵活机制。发达国家从中获得温室气体减排量,发展中国家获得资金和技术。这一机制是建立在"成本效益"原则基础上,鼓励全球范围内用最低成本实现最高效率的温室气体排放。第三,国际排放贸易(international emissions trading,IET)机制,这是发达国家之间的一种排放额度市场交易的合作机制。此机制也是遵循"成本效益"原则,允许边际减排成本较高国家通过花钱购买减排成本较低国家的排放权完成规定的目标。

2005 年 2 月 16 日,《京都议定书》正式生效,先后有 170 多个国家批准该议定。美国作为唯一没有参加该议定书的工业化国家,在 2009 年奥巴马总统上台后也声明不加入该议定书是错误的,由此可见参与国际性的国际环境合作是作为一个大国在国际社会的必然之举，在这种环境合作趋势日益加强的国际环境下，我国发展资源节约型社会、环境友好型社会更离不开国际合作。

5. "巴厘岛路线图"形成

为遏制全球气候不断变化，国际社会在不断努力。2007 年联合国在印度尼西亚巴厘岛举行的气候变化大会上诞生了"巴厘岛路线图"。这为 2012 年《京都议定书》承诺到期后的温室气体减排奠定了基础。此项谈判困难重重，但是最终还是达成了统一，主要有以下三点共识：第一，强调国际合作。大会最后文件指出"共同但有区别的责任"原则，考虑社会、经济条件及其他相关因素，与会各方同意长期合作并采取共同行动，以实现《联合国气候变化框架公约》为最终目标。第二，美国参与。美国 2001 年以会损害美国经济为理由退出《京都议定书》，国际社会对美国如何履行发达国家减排义务一直存在疑问，"巴厘岛路线图"明确规定《联合国气候变化框架公约》的所有发达国家缔约方都要履行可测量、可报告、可核实的温室气体减排责任。第三，文件还强调了另外三个以前忽视的问题：适应气候变化问题、技术开发和转让问题及资金问题。

6.《巴黎协定》

2015 年 12 月，在法国巴黎举行的《联合国气候变化框架公约》缔约方大会圆满完成了德班平台谈判授权，达成了《巴黎协定》这一里程碑式的重要成果，为全球应对气候变化多边进程注入了新的活力。《巴黎协定》于 2015 年 12 月 12 日在巴黎气候变化大会上通过，2016 年 4 月 22 日 160 多个国家领导人齐聚联合国，见证这份全球性的气候新协议的签署。2016 年 9 月 3 日，中国全国人大常委会批准中国加入《巴黎协定》，成为第 23 个完成了批准协定的缔约方。

《巴黎协定》的长远目标是确保全球平均气温较工业化前水平升高控制在 2℃之内，并为把升温控制在 1.5℃之内"付出努力"。签署各方承诺将尽快实现温室气体排放不再继续增加；到 2050 年后的某个时间点，使人为碳排放量降至森林和海洋能够吸收的水平，并同意每隔五年重新设定各自的减排目标。目前已有 180 多个国家和地区提交了从 2020 年起始的五年期限内减排目标。各个国家和地区希望能够在可再生能源更廉价、更有效的前提下加大减排力度。

《巴黎协定》的积极意义在于，把世界各国的碳减排行为及其博弈尽量框定在一个全球治理的共同体系内，避免出现新的恶性竞争，避免失去各国发展权、发展利益之间的"失衡"。但作为一个具有法律约束力的国际条约，其实施还需要各方的积极推动，为促成《巴黎协定》在 2020 年前及时生效，还需要应对诸多挑战。

从以上理论和国际合作实践来看，大部分国家尤其是发达国家已经充分意识到环境和资源对人类发展、社会发展、经济发展的重要性，单一追求经济发展已经不再符合和谐发展的要求了。转换经济增长方式和消费模式、调整产业结构和建设生态产业网络、开发可持续发展的新技术与机制及参与国际合作，都是我国现阶段建设"两型社会"可借鉴的经验。

1.3　"两型社会"建设的经济基础

1.3.1　循环经济与"两型社会"建设

循环经济起源于美国经济学家博尔丁的"宇宙飞船理论"，相关研究大体上经历了绿色经济、清洁生产、"3R"和生态经济三个阶段。目前我国国内对循环经济的认识大体可分为两种。第一种是狭义的循环经济的含义，即循环经济是一种新的经济发展模式，是对原有线性经济模式的变革，是物质闭环流动型经济的简称。第二种是广义的循环经济含义，即循环经济是一种新的经济形态，其本质上是一种生态经济。概括来讲，循环经济是以资源高效利用和循环利用为核心，以实现经济发展与生态环境保护双赢为目标，以生产过程中的资源消耗减量化（reduce）、消费和使用过程中的产品再利用（reuse）、废弃后的废物资源再循环（recycle）的"3R"为实践原则，以低消耗、低排放、高效率为特征，是对"大量生产、大量消费、大量废弃"的传统经济增长模式的根本变革，其本质是实现人与自然的和谐发展。

虽然学者认为循环经济是一种符合可持续发展理念的经济发展模式，应属于"两型社会"的经济发展实现形态，但是从目前国内外循环经济实践来看，并没有将其提升到经济发展模式这样一个高度，仅仅是把它作为解决环境问题的一个有效途径。循环经济可以作为"两型社会"建设的突破口，但由于其自身的局限性，它难以支撑"两型"产业体系和"两型"经济。循环经济是"两型社会"建设的有效途径，却不能成为"两型社会"的经济基础。

循环经济包括"点"（企业）、"线"（园区）、"面"（区域）三个层次，层次越高，经济效益和生态效益越好，但循环难度也越大。一般意义上的企业内循环是指实行清洁生产；园区层次的循环是一种新型的工业组织形式，旨在通过模拟自然生态系统来设计工业园区的物流、能流和信息流；而区域循环是循环经济的更高层次和更广范围的发展模式，它要求实现区域内各大产业之间的循环、企业生产与家庭消费之间的循环。三个层次的范围由小及大，对实践要求也越来越高，使得循环经济很难在大范围开展。

循环经济发展可能面临规模不经济、循环不经济、循环不环保、循环不节约等问题（沈满洪，2006；沈满洪等，2007）。首先，循环经济的前提是规模经济，小企业无力承担资源循环利用的较高成本，循环经济适合在较大规模的企业中进行，否则会出现规模不经济问题。其次，循环经济要满足技术可行性、经济合理性、政策合法性三个前提，缺一个就不能称为成功的循环经济。例如，在发展产业工业网络和生态工业园区中，如果只重视发展循环经济的技术特征，忽视经济合理性和可行性，就会出现循环不经济现象。再次，循环不环保是指企业在某个生产环节中已经做到"3R"原则，但在生产过程中仍然存在严重的环境污染，主要表现在废弃物的资源化处理过程中不能做到无害化，以及废弃物资源化利用过程中存在着环境污染问题，出现源头循环而末端不环保的局面。最后，由于技术水平的限制，一些生产环节对一种废弃物进行再利用或为了节约某种资源，可能意味着需要另外其他多种资源的投入，如果后者的投入大于前者，就会造成资源循环不节约的现象产生。

1.3.2 低碳经济与"两型社会"建设

1. 低碳经济的概念

低碳经济是为了应对全球气候变暖给人类生存环境带来的巨大挑战，由英国于 2003 年率先提出的。虽然英国提出了低碳经济的概念，并明确了自身实现低碳经济的目标和时间表，但英国没有界定低碳经济的概念，也没有给出可以在国际上进行比较的指标体系。要明确低碳经济的内涵，首先应明确"低碳"指什么。"碳"狭义上指造成当前全球气候变暖的 CO_2 气体，特别是由化石能源燃烧所产生的 CO_2，广义上包括《京都议定书》中所提出的六种温室气体。"低"是指针对当前高度依赖化石燃料的能源生产消费体系所导致的"高"的碳强度及其相应"低"的碳生产率，最终要使碳强度降低到自然资源和环境容量能够有效配置与利用的程度。而"经济"涵盖了整个国民经济和社会发展的方方面面。在这种意义上，低碳经济是指在保持社会经济发展的同时，降低能源消耗强度和温室气体排放强度。

历史经验表明，经济发展与碳排放之间存在密切联系，随着经济发展碳排放量呈现先增加后逐渐下降的趋势（倒 U 形曲线）。具体来看，经济发展与碳排放关系的演化依次遵循三个倒 U 形曲线规律，即碳排放强度倒 U 形曲线、人均碳排放量倒 U 形曲线和碳排放总量倒 U 形曲线规律。该过程意味着经济发展与碳排放关系需要实现三次方向性的转变：从碳排放强度不断上升向碳排放强度稳定下降方向转变；从人均碳排放量不断上升向人均碳排放量稳定下降方向转变；从碳排放总量不断上升向碳排放总量稳定下降方向转变（图 1-1）。

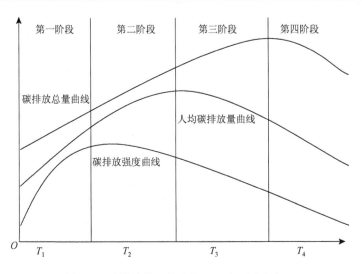

图 1-1　碳排放的一般路径：三个"过山车"

资料来源：刘传江（2010b）

于是，根据三个倒 U 形曲线依次出现的规律，可以将一个国家或地区经济发展与碳排放的演化关系划分为四个阶段：①碳排放强度高峰前阶段（碳排放强度不断上升阶段）；②碳排放强度高峰到人均碳排放量高峰阶段；③人均碳排放量高峰到碳排放总量高峰阶段；④碳排放总量稳定下降阶段。一般而言，第一阶段的跨越相对于第二阶段、第三阶段比较容易实现，第四阶段即实现经济发展与碳排放的强脱钩是低碳经济努力的方向和目标。经济发展与碳排放的三个倒 U 形曲线规律意味着，应对气候变化或者发展低碳经济不能脱离一个国家的发展阶段和基本国情，必须循序渐进地往前推进。同时人口、经济增长和技术进步是影响碳排放的三大因子，而不同碳排放演化阶段的驱动因子的影响和贡献是不同的。第一阶段的碳排放增长主要由能源和碳密集型技术进步推动；第二阶段主要由经济增长驱动；第三阶段主要由碳减排技术进步推动；当碳减排技术进步持久地占据绝对主导地位则进入第四阶段。因此，发展低碳经济要注重技术创新、制度安排和政策调控对温室气体减排的积极促进作用。

随着实践的进展，低碳经济的内涵不断得到拓展，目前大多数学者认同低碳经济是一种新的经济发展模式，其以高能效、低能耗、低碳排放为主要特征，实现以较少的温室气体排放获得较大产出。例如，英国国际司环境产业顾问组成员保罗·鲁宾斯认为，"低碳经济"是一种正在兴起的经济模式，其核心是在市场机制基础上，通过制度框架和政策措施的制定与创新，推动提高能效技术、节约能源技术、可再生能源技术和温室气体减排技术的开发与运用，促进整个社会经济向高能效、低能耗和低碳排放的模式转型。鲍健强等（2008）更认为，表面上看低碳经济是为了减少温室气体排放所做努力的结果，但实质上低碳经济是经济发展方式、能源消费方式、人类生活方式的一次新变革，它将全方位地改造建立在化石燃料（能源）基础上的现代工业文明，转向生态经济和生态文明。付允等（2008）提出低碳经济的发展模式，就是在实践中运用低碳经济理论组织经济活动，将传统经济发展模式改造成低碳型的新经济发展模式。具体来说，低碳经济发展模式就是以低能耗、低污染、低排放和高效能、高效率、高效益（三低三高）为基础，以低碳发展为发展方向，以节能减排为发展方式，以碳中和技术为发展方法的绿色经济发展模式。庄贵阳（2007）认为，低碳经济的实质是能源效率和清洁能源结构问题，核心是能源技术创新和制度创新，目标是减缓气候变化和促进人类的可持续发展，即依靠技术创新和政策措施，实施一场能源革命，建立一种较少排放温室气体的经济发展模式，减缓气候变化。方时姣（2010，2012）将低碳经济解释为一种生态系统自调节能力强，同时以最低社会经济成本为代价的生态型经济，它强调的是经济发展过程中可持续性的低碳化和生态化。

　　2. 低碳经济是"两型社会"建设的新经济发展模式

　　低碳经济发展模式是在保障能源安全和应对气候变化方面保持高度统一，在保障经济发展与保护全球环境方面相互结合的战略性发展模式。发展低碳经济，实质上是通过技术创新和制度安排来提高能源效率并逐步摆脱对化石燃料的依赖，达到低能源消耗、低碳排放及促进经济发展的目标，实现经济社会的可持续发展。作为新的经济发展模式，低碳经济与我国所提倡的资源节约型、环境友好型社会建设及转变经济发展方式的要求相一致，与节能减排和循环经济发展联系密切。由相关研究分析可知，低碳经济不是一个简单的技术或经济问题，而是一个涉及经济、社会、环境系统的多层次、综合性的问题。首先，低碳经济意味着经济发展与温室气体排放之间关系的"脱钩"；其次，低碳经济所确立的是一种在促进发展的前提下解决气候变化问题的基本思路，与单纯的节能减排思路不同，它强调发展与减排的结合，重点在低碳，目的在发展，通过改善经济发展方式和消费方式来减少能源需求与排放，而不是以降低生活质量和经济增长为代价实现低碳目的。从长远看，低碳经济要求对能源消费方式、经济发展方式和人类生活方式进行全新变革，是人类调整自身活动、适应地球生态系统的长期战略性选择，而非一时的权宜之计。发展低碳经济可以打破经济增长与环境的不可兼得性，在促进"两型社会"建设的同时还能为整个社会经济带来新的经济增长点，创造新的就业岗位和国家经济竞争力。因此一些学者将低碳经济与"两型社会"相提并论，认为我国经济社会发展应是资源节约型、环境友好型及低碳导向型。低碳经济是"两型社会"建设的一种新的经济发展模式。

　　低碳经济符合可持续发展的要求，现已成为国际经济社会发展的新趋势。面对当前国际上强烈呼吁应对全球变暖、中国国内大力提倡生态文明的最新形势，中国发展低碳经济是理性的、双赢的选择。第一，中国目前正处于工业化、城市化快速发展的阶段，人口增长、消费结构升级和城市基础设施建设，使得对能源的需求和温室气体的排放不断增长，能源的大量需求和快速增长一时难以改变。第二，长期以来，中国经济发展呈现粗放式的特点，对能源和资源依赖度较高，且 "富煤、贫油、少气" 的能源结构，决定了中国以煤为主的能源生产和消费格局将长期存在，低碳能源的选择有限。第三，中国目前在全球贸易体系中仍处于低端位置，在产业技术含量、附加值和竞争力等方面均与发达国家有较大落差。在国际贸易中，中国出口的商品相当一部分为高能耗、高度依赖于原料加工的劳动密集型和资源密集型商品，并且在新一轮国际产业结构调整过程中，中国承接了相当一部分劳动和资本密集型、高消耗、高污染的产业，中国在成为 "世界制造业基地" 的同时，也直接或间接地出口了大量能源资源，并付出了巨大的环境代价。第四，还存在锁定效应，即能源基础设施所采用的技术、设备一旦投入使用，将对温室气体排放产生长期影响。中国正处于快速工业化进程之中，需要较大的温室气体排放空间，同时也有保护全球气候的责任与政治意愿，因此在发展中寻求减排，走低碳经济发展道路是十分紧迫和必要的。

主要的发达国家正逐渐就走低碳发展道路达成共识，并已开始采取一系列实际行动向低碳经济转型。虽然发达国家支持低碳经济发展的具体措施并不相同，多从法律规范、税收优惠、金融投资、财政补贴、技术创新等方面出发来制定相应的政策。"低碳经济" 概念引入我国的时间不长，其发展也刚刚起步，同时面临着一些挑战和限制，总结低碳经济发展的国际趋势和实践经验，并结合实际情况分析低碳经济如何在我国发展成为研究重点，可以总结为以下几点：第一，由国内外的经验看，目前发展低碳经济是一个自上而下的过程，政府是推动低碳经济的主要力量，在社会宣传引导和制度创新方面发挥重大作用。我国应制定全国性的发展战略，明确碳排放标准衡量体系和奖惩机制，为低碳经济发展提供政策和法规支持。第二，发展低碳经济也离不开市场机制的作用，需要运用一些市场手段、制定优惠措施，建立企业的约束激励机制，推动资金投入和技术创新，而资金和技术则是影响发展中国家实现低碳经济的主要因素。第三，发展低碳经济在注重转变生产模式的同时，还应注重消费模式的变革。我国正处于资本密集型工业化和城市化阶段，在国际贸易分工的大格局下，正在成为 "世界加工厂"，投资规模在我国乃至世界历史上几乎都是前所未有的，且以高碳为主的能源结构一时难以改变，因此生产模式实现转变需要很长一段时间。而关注生活方式、消费模式向低能耗、低排放转变可以为向低碳经济模式过渡提供时间保障，具有现实性和实施潜力。第四，在目前情况下，我们可以采取先行试点办法，选取一些大型企业或产业建立低碳经济示范区及推动建设低碳城市等，总结经验再加以推广。

那么在当前形势下，我国发展低碳经济的实现途径包括：提高能源效率，调整能源结构，调整产业结构，发展低碳经济并增加碳汇，加强低碳技术创新和低碳产品开发，推行低碳价值理念转变生活方式、消费方式等。

1.4 "两型社会"建设的制度创新及发展机制

1.4.1 制度创新

人类的经济活动是资源消耗的过程，这种经济活动是在一定的制度框架下进行的。制度创新是新经济模式发展的重要前提，只有依靠制度才能将人力资源、环境资源、资本、技术等很好地结合起来，发挥出最大的整体力量和规模效应。建设"两型社会"需要一系列的依托于环境、资源的制度引导，而有学者认为目前我国经济发展模式的转变正面临着体制障碍，因此加强相关制度创新显得尤为重要。

1. 排污权交易

排污权交易是建立在罗纳德·科斯的交易费用理论上的一种环境经济管理手段，它充分发挥了市场机制配置资源的作用，并作为一种低成本的污染控制手段及环境容量管理方案走入学者们的研究视野。排污权交易是指在一定区域内，在污染物排放总量不超过允许排放总量的前提下，环境内部各污染源之间通过货币交换的方式相互调剂排污量，从而达到减少排污量、保护环境的目的。作为一种可以在市场上交易的财产权，排污权的理论基础在于承认环境是一种资源，并且这种环境资源具有价值和商品性；排污权交易的实质是环境容量使用权的交易。环境容量和目标的确定、排污权交易的立法、排污权的初始分配、排污权交易市场的建立及排污权交易的监管等五大环节，是排污权交易发挥其资源配置效率必不可少的环节。排污权交易在 20 世纪 70 年代首先被美国国家环境保护局用于大气污染和河流污染管理，并在削减 SO_2 排放总量方面取得显著成效，随后德国、澳大利亚、英国、加拿大等国家相继在大气污染和水污染防治领域进行了排污权交易实践。我国也从 20 世纪 80 年代后期开始排污权交易的理论探索和试点实践工作。

排污权交易这种主要依靠市场行为结合政府调控的环境经济手段，在环境效果和经济效益等方面都具有一定的优越性。排污权交易充分利用了市场机制这只"看不见的手"的调节作用，使价格在环境治理和经济行为中发挥基础性作用，最优化环境管制成本。排污权的有偿转让不仅有利于激励企业降低排污量，促进粗放型产业转型，还有利于合理、充分利用环境容量资源，确保环境容量承载力在合理范围内。实施排污权交易将巨大的信息成本负担分散、转嫁到各个污染源上，合理分配了环境管理的责任，大大降低了环境部门管理成本，并有利于政府部门对环境水平进行调控。

排污权交易作为创建"两型社会"的一种制度创新，在经济层面上，以环境容量限度为前提协调社会经济的综合发展；在政治层面上，运用技术和法律等多种措施降低环境成本，不失为一种有效率、有效益的环境经济手段。排污权交易的实质是环境容量使用权的交易，手段是排污权在市场上的交易。成立环境资源交易机构，是推行环境资源有偿使用和交易、用市场经济手段解决环境问题的有益探索，是环境保护和污染减排工作的一项重大改革创新。这个制度创新有利于调动排污单位的环保积极性，激励排污单位的生产行为，增强全社会的环保意识。

我国从 20 世纪 80 年代后期开始排污权交易的理论探索和试点实践工作，现在已进入大规模试点推广及制度设计阶段，并建立了排污权交易中心，开始形成初步的交易体制和交易平台。尽管排污权交易存在很多优越性，但是由于排污权交易制度要以健全的市场秩序为保证，在试点过程中难以形成一套系统的、完善的市场规则，同时我国也处于计划经济向市场经济的转型阶段，以至于大部分排污权交易都是由政府部门安排，企业的自主性不足，交易缺少应有的市场元素，实施的效果并不是很理想。不过随着我国市场经济改革的深入和一些制度的创新，排污权交易将逐渐完善，并体现出市场性。

2. 碳交易

碳交易作为排污权交易的一种特殊形式是实现碳减排的重要途径之一，也在很大程度上有利于低碳经济的实现。1992 年联合国通过了《联合国气候变化框架公约》（1994 年生效），这是世界上第一个为全面控制 CO_2 等温室气体排放、应对全球气候变暖给人类经济和社会带来不利影响的国际公约，也是国际社会在应对全球气候变化问题上进行国际合作的一个基本框架；其目标在于减少温室气体排放，减少人为活动对气候系统的危害，减缓气候变化，增强生态系统对气候变化的适应性，确保粮食生产和经济可持续发展。1997 年签订《联合国气候变化框架公约》的各国签订了《京都议定书》（2005 年生效），它是第一个具有法律约束力的、旨在减少全球温室气体排放的条约，被公认为是国际环境变化的里程碑。它对签约国排放的 CO_2 等六种温室气体的削减量做出了明确的规定[①]，并同时对其进行法律约束。

---

① 六种温室气体包括二氧化碳（CO_2）、甲烷（CH_4）、氧化亚氮（N_2O）、氢氟碳化物（HFCs）、全氟碳化合物（PFCs）、六氟化硫（SF_6）。

碳交易是指在碳排放总量受到限制而导致碳排放权稀缺和碳排放地与碳减排地可替代的条件下，碳排放权的所有者将部分或全部碳排放权有偿转让（出售）的一种经济活动。碳交易可以在不同国家间进行，也可以在一国内部不同地区和企业间进行。在国际上，各国通过协商获得一定的碳排放权，超额完成减排计划的国家可以通过向其他碳排放权稀缺的国家出售其剩余排放权实现权益。在国内，国家制定碳排放限额，将其以适当比例分配给各个商业领域，允许各商业领域产生或排放限额以内的温室气体量。排放许可必须由监管权威机构分配，初次分配后各个企业可以在透明的市场上进行排放许可交易。碳交易的实质就是对环境容量使用权的获取。目前国际市场上的碳交易主要分为两大类：一类是基于配额的交易，即买家在"限量与贸易"体制下购买由管理者制定、分配（或拍卖）的减排配额，如《京都议定书》及碳交易体系制定的排放配额。这类碳交易在国际碳交易市场上较为活跃，主要通过发达国家之间买卖碳排放配额来实现。另一类是基于项目的碳交易，买主向可证实减低温室气体排放的项目购买减排额，联合履行机制和清洁发展机制是典型的基于项目的交易形式，主要通过发达国家购买具有减排收益的项目来实现。发展中国家的碳交易主要通过清洁发展机制的形式得以实现。

我国碳交易的主要类型是基于项目的碳交易，以清洁发展机制为基础参与碳交易。作为发展中国家，我国是一个最大的减排市场提供者。面对我国巨大的清洁发展机制市场，越来越多的西方国家看到了合作的潜力和契机。通过清洁发展机制项目进行国际合作，有助于我国借鉴世界的先进技术方法加快碳交易市场和排污权交易市场的构建。参与国际碳排放交易的项目合作对于促进我国国内排污权交易市场的形成、推动我国排污交易制度建设、提高我国资源使用效率，进而促进我国的可持续发展有着重要意义。2008年8月5日中国第一家国家级环境交易平台——北京环境交易所正式挂牌，目前已经推出清洁发展机制信息平台，以实现碳交易的公平化和高效化，这都表明我国正在向国际碳交易平台迈进。由于我国开展碳交易的时间较短，碳交易市场建设尚处于初级阶段，在交易中面临着一些问题与挑战。无论今后国际碳交易市场如何变化，我们必须抓住现在的机遇，积极建立并完善我国碳交易市场，辅以相关法律法规，引导金融机构参与碳交易，逐步提高我国企业和中介机构的碳交易议价能力，并建立相关风险评估和防范机制，形成完善的排污权交易和碳交易体系，促进低碳经济发展，向"两型社会"迈进。

3. 生态补偿机制

建设"两型社会"的根本点是实现社会经济发展与人口、资源、环境相协调，核心是实现生态环境与社会经济的协调发展。建立生态补偿机制要求把生态环境资源作为资产来管理，由生态环境受益者对生态环境保护者付出的代价进行经济补偿，使破坏生态环境、浪费资源的行为得到应有的处罚，保护生态环境、节约资源的行为得到相应补偿。这有利于促进生态环境保护、管理、恢复、重建，遏制破坏生态和污染环境的行为，还有利于用经济激励手段调动人们从事生态环境保护的积极性，强化生态保护的责任感，摒弃"先污染、后治理，先破坏、后重建"的传统发展模式，坚持资源开发与环境保护并重，确保自然资源的开发利用建立在生态环境系统自我恢复能力可承受的范围之内，促进社会经济和生态环境保护协调与可持续发展。

所谓生态补偿，是一种为保护生态环境和维护、改善或恢复生态系统的服务功能，调整相关利益者因保护或破坏生态环境活动产生的环境利益及其经济利益分配关系，内化相关活动产生的外部成本，具有经济激励作用的制度安排。在形式上，表现为消费自然资源和使用生态系统服务功能的受益人，在有关法规和制度的约束下，向提供上述服务的地区、机构或个人支付费用的行为。生态补偿主要建立在资源与环境作为公共物品，负外部性和生态资本化的理论基础上，因此生态补偿机制就是指促进补偿活动、调动生态保护积极性的各种规则、激励和协调的制度安排。其实质就是通过一定的政策手段实行生态保护外部性的内部化，让生态保护的受益者支付相应的费用，使生态建设和保护者得到补偿，通过制度创新解决好生态投资者的回报问题，激励人们从事生态保护投资，并使生态资本增值。建立完善的生态补偿机制，是解决生态产品和服务有效供给的重要途径。依据不同的对象和划分标准，可对生态补偿进行不同的分类。从补偿发生的地理范围看，可分为全球生态补偿、国家生态补偿和区域生态补偿。从补偿对象来看，可分为对生态保护贡献者的补偿、对生态破坏受损者的补偿和对减少生态破坏者的补偿。从政府介入程度来看，可分为通过政府转移支付实施的"强干预"补偿和在政府引导下实现生态保护者与生态受益者之间自愿协商的"弱干预"补偿。从生态领域来看，可分为森林生态系统、农业相关生态服务、流域生态环境和矿产资源开发的生态补偿。

目前，生态补偿在我国仍处于探索阶段，并没有统一的法规和制度要求，不同地区、不同企业的操作模式差别很大。《中华人民共和国国民经济和社会发展第十一个五年规划纲要》明确提出"按照谁开发谁保护、谁破坏谁治理、谁受益谁补偿的原则，加快建立生态补偿机制"，将建立生态补偿机制列为"十一五"时期的重要任务。在生态补偿的具体实践上，尚存在一些亟待解决的问题，主要包括生态补偿的理论还不成熟、生态补偿的观念和意识还比较淡薄、生态补偿的相关法律还不完善、生态补偿的机制还不健全。上述问题导致补偿不能完全依理、依法进行，出现了补偿受益者与需要补偿者相脱节的问题。我国生态补偿体系需要进一步完善政府补偿机制，完善政府财政转移支付制度，拓宽生态补偿资金筹措渠道，发挥社会补偿作用；大力推进市场补偿机制，完善环境资源产权制度、定价机制和管理体制；完善关于生态补偿机制的法律法规体系，加强政府的监管工作，建立生态环境与自然资源价值评估制度；大力发展环保技术和环保产业，增强公众的生态补偿意识。

4. 绿色金融

绿色金融追求可持续发展与金融市场的双赢，即在降低环境风险和减少污染的同时也要保持一定的盈利激励。绿色金融作为环境经济政策的调控手段，应不断创新、运用多样化的金融产品来促进"两型社会"建设。目前绿色金融的实践模式主要有绿色信贷、绿色证券、绿色保险及风险投资。

1）绿色信贷

绿色信贷是指金融机构在信贷审核和决策过程中，将环境因素作为发放贷款的重要参考因素，在保证信贷资产安全性，提高信贷资产使用效益的同时，以严格信贷管理支持环境保护，加强对企业环境违法行为的经济制约和监督，促进社会经济的可持续发展。自"赤道原则"实行以来，世界各国金融机构和银行都非常重视采取绿色信贷机制保护环境和合理利用资源。例如，德国复兴信贷银行作为政策性金融机构，在环保领域积极发挥作用。该银行要求贷款项目款条件能够提高能耗使用效率，使用可再生能源，用循环经济的方法处理垃圾、减少废水产生、排放要达标。对符合要求的项目给予低息贷款，其特点是利息低、时间长，最初几年可以免利息，项目还可以与其他项目组合实施。对于个人使用可再生能源的项目，还款期限还可灵活，利率也可以浮动。2007 年 7 月，国家环境保护总局、中国人民银行、中国银行业监督管理委员会联合发布了《关于落实环保政策法规防范信贷风险的意见》，标志着绿色信贷在我国的全面实施。《关于落实环保政策法规防范信贷风险的意见》要求我国金融机构与环境部门联动，对不符合产业政策和环境违法的企业与项目进行信贷控制，以绿色信贷机制制约高耗能、高污染产业的盲目扩张；进一步加强对循环经济、环境保护和节能减排技术改造项目的信贷支持力度，优先为符合条件的项目提供融资服务，努力改变"守法成本高、违法成本低"的不公平现象。与国外相比，我国绿色信贷还应逐步实施利率浮动、还款期限灵活等方式对生态产业融资提供优惠支持。

2）绿色证券

绿色证券主要包括股票、债券、基金三种方式，这些方式可以帮助企业在社会上更广泛地筹集生态生产所需资金。绿色证券政策也将环境因素作为考核企业的因素之一，引导企业加强自身生态化改造。

（1）股票。绿色证券鼓励环境友好型或从事生态产业的企业通过发行股票融资，为企业生产经营筹措资金。绿色证券政策对企业上市融资加强环境要求，将环境因素作为企业上市审核的内容，对于不符合国家或地方环境保护办法的企业可以拒绝予以上市。2008年2月22日国家环境保护总局发布的《关于加强上市公司环保监管工作的指导意见》，对已经上市的公司实行环保核查工作制度和环境信息披露制度，通过调控社会募集资金投向，遏制高能耗、高污染企业过度扩张，防范资本风险，并促进上市公司持续改进环境表现。

（2）债券。债券按照发行主体不同分为政府债券、公司债券和金融债券。政府债券的发行主体是政府，包括中央政府、政府机构和地方政府。中央政府发行的债权就是国债，国债一直是我国筹措环保投资资金的重要来源。发行政府债券也是发达国家投资城市环境基础设施建设的重要做法，不仅可以直接为城市环境基础设施建设融通社会资金，而且产生了一定的引导和挤入效应，可以吸引更多的社会资金投入到投资回报高，或回报不高但利润稳定可靠的城市环境基础设施项目中。今后我国在进一步加大国债发行的同时，也鼓励各级政府采用债券形式为环境保护事业融资。相对于国债，公司债券和金融债券的融资方式更主动、融资成本更低。"两型"企业在政府产业支持下，具有良好的发展前景，它们进行债券融资也具有巨大潜力。因此，对于经济效益好、实力雄厚的"两型"企业，国家可以允许它们发行债券，满足企业资金的需求。金融债券比公司债券风险小、发行更方便，是较为理想的筹集长期资金的工具。发行绿色金融债券可以吸收相对稳定的中长期资金，并通过贷款的方式将资金投入到社会效益较好的环保项目和生态工程项目中去。

（3）基金。在发达国家，环境基金是一项重要的环境保护金融手段。1988年，英国就率先推出了第一只生态基金：Merlin生态基金。这类基金产品把投资者对社会及环境的关注和他们的金融投资目标结合在一起，使其投资目标的选择更加合理，总体投资收益从长期来看可能高于一般的投资基金。同时一些发展中国家通过环境资源立法，建立环境基金来处理环境问题的做法值得我国借鉴。这些基金的来源包括政府的预算拨款、从产生污染的企业或对环境有害的活动收缴的税费和罚款及国际捐款，主要用于环境保护系统的基础建设及处理环境事故等方面。1992年由泰国《国家环境质量促进和保护法》建立的环境基金，其资金来源包括石油燃料基金的资助、政府预算、服务费及罚款，基金主要用于公共污染处理系统、废物处置系统、大气污染治理设备的投资和运行，也可贷款给那些有污染处理义务的私营企业。目前，我国相关基金有中华环境保护基金会、中国全球环境基金等，在生态经济投资过程中，可充分发挥这些基金的优势，在此基础上可设立生态经济投资专项基金，通过政府参股方式提供一定的财政支持引导民间投资。

3）绿色保险

目前绿色保险形式主要是环境污染责任保险，它是以企业发生污染事故对第三者造成损害依法应承担的赔偿责任为标的的保险。目前，西方发达国家常见的环境污染责任保险主要有：一般污染责任保险、担保与赔偿环境保险、建筑商污染责任保险等。环境污染责任保险最先在美国实行，发展得比较完备。1966～1973 年，公众责任保险开始承保因持续或逐渐性污染所引起的环境责任；1973 年后，公众责任保险将故意造成的环境污染，以及逐渐性污染引起的环境责任排除于保险责任范围之外；1988 年美国成立专业的环境保护保险公司，承保被保险人遭遇到的缓慢发生、突然爆发、意外出现的污染责任事故及引起第三者损害的责任保险。1991 年德国颁布《环境责任法》，开始强制实行环境损害保险，规定特定设施的所有人必须采取一定的预防保障措施，包括签订损害赔偿责任保险合同，或由州、联邦政府、金融机构提供财务担保。如有违反，可以全部或部分禁止该设施的运行，有人还可能被处以一年以下有期徒刑或罚金。2007 年 12 月 4 日国家环境保护总局和中国保险监督管理委员会联合颁布《关于环境污染责任保险工作的指导意见》，说明我国已经着手建立环境污染责任保险制度。

4）风险投资

风险投资是把资金投入蕴藏着失败风险的高新技术及其产品的研究开发领域，旨在促使新技术成果尽快商品化，以取得高资本收益的一种投资行为。绿色风险投资就是把资金投向蕴藏着较大市场风险的生态性高新技术开发领域，以期成功后取得高资本收益的一种商业投资行为。我国"两型"产业具有良好的发展潜力、创新及市场空间，在国内资本有限的情况下，可以发挥风险投资融资方式的作用，如广泛开辟风险资本的来源、大力引进国外风险资本、培养优秀的投资者、规范风险资本运作等。

1.4.2　发展机制

发展机制是指在人类社会有规律的运动中，影响这种运动的各种因素的结构、功能及其相互关系，以及这些因素产生影响、发挥功能的作用过程和作用原理及其运行方式。发展机制是引导和制约决策并与人、财、物相关的各项活动的基本准则及相应制度，是决定行为的内外因素及相互关系的总称。由于各种因素相互联系、相互作用，要保证社会各项工作的目标和任务真正实现，必须建立一套协调、灵活、高效的运行机制。因此，建设"两型社会"需要新的发展机制。这一新的发展机制需要能够有力地引导每一个单位，把追求微观经济效益建立在资源节约和环境保护的基础上，以实现微观经济效益和宏观效益的统一，实现经济效益、社会效益和生态效益的统一。构建"两型社会"的发展机制就是明确"两型社会"建设中相互依赖、相互制约的各种因素，通过建立与完善有效率的规章制度，使运动过程中的每个因素都以生态环境目标为轴心而运行，从而推动"两型社会"的发展。

1. 政府机制

政府机制是指国家行政机构根据相关的法律、法规和标准，对经济活动主体（企业或个人）的经济活动加以约束和限制，从而直接影响经济主体的行为决策。政府机制是一种刚性约束机制，其前提是制定一些相关的法律、法规和标准。在政府进行"两型社会"建设的目标要求下，如果经济主体违反相关法律、法规和标准，将会受到法律或经济惩罚，经济主体必须选择不破坏生态环境的行为。这种机制的运行主要依靠法律手段和行政手段，在"两型社会"建设中，政府机制运行的目标是建设"两型"政府。

1）调整政绩考核机制

构建"两型社会"亟须推动政府职能从经济建设型向公共服务型转换，也需要调整经济建设型政府下"GDP至上"的政绩考核机制。各级政府应该加强对"两型社会"建设重要性的认识，能够意识到通过"两型社会"建设可以使社会收益与个体收益统一起来。政府通过行政管理制度改革，改变片面追求GDP增长观念，建立以绿色GDP为核心的政府考核体系。这一指标要综合反映经济发展、社会进步、资源利用、环境保护等内容，并将"两型社会"建设情况纳入干部考核体系中。同时建立科学合理的决策责任追究机制，消除盲目扩张的冲动和片面追求经济增长的倾向，对违反"两型社会"目标的领导采取"一票否决制"。

2）制定综合决策机制

"两型社会"建设需要政府发挥社会管理职能，建立综合决策机制，协调社会各方利益。通过设计能源、资源审计制度，与现行的资源环境评价制度共同构成"两型社会"的管理框架，建立协调一致的行政管理机构，解决各自为政、政出多门的问题，制定统一的试验规划和政策，实行统一的科学管理，提高政策实施效应。对区域内的"两型社会"建设需要建立区域协调机制，注重进行统一规划和合理布局，提高资源利用效率。同时综合决策意味着建立经济与环境综合决策机制，使政府在决策中能够综合考虑经济效益与环境效益的协调发展。同时，在社会主义市场经济条件下，编制和实施规划对实现国家战略目标、弥补市场失灵、有效配置公共资源具有十分重要的意义和作用。制订中长期规划和区域规划也是完善政府综合决策机制的重要内容。"两型社会"建设中的发展规划编制，应以资源节约和环境友好为原则，建立相应的指标体系。通过规划的制订和实施，促进"两型社会"建设。

3）完善法规和评价标准

制定和完善法律、法规及标准是政府机制运行的前提，也是政府服务于市场，为市场价值创造良好有序的宏观运行环境的需要。在"两型社会"建设中，政府需要制定与完善节约资源和保护生态环境的法律、法规、评价标准及科学的资源环境政策，以实施有效的管理和规制。关于"两型社会"的法律法规框架，沈满洪（2001）将其分为三个层次：第一层是促进"两型社会"建设的基本法；第二层是综合性法律，如固体废弃物管理和公共清洁管理，促进资源有效利用和环境保护方面；第三层是根据各种产品的性质制定的法律法规，如绿色消费、绿色采购、废弃物回收等方面。简新华和叶林（2009）指出，改革创新相关法律制度是要科学合理地制定和实施资源开发利用、节约、替代定价等方面的制度与法律法规，环境保护与优化、污染防治与治理等方面的制度、法律法规等。制定和完善法律制度不仅强制性规定了经济主体的行为导向，也为市场机制界定了生态边界，为市场机制中产权和价格制度、财政制度及金融体系的完善提供了保障。

4）推动技术创新

"两型社会"建设需要依靠技术进步，不断提高科技创新能力，转变经济增长方式。然而，技术创新是"公共品"，且具有投入大、时期长、风险大的特点，需要政府发挥引导作用。政府通过财政直接投入、税收优惠等手段，增强对技术创新的支持力度，为技术创新树立资源节约和环境友好导向，重点在于支持市场机制不能有效解决的基础研究、前沿技术研究、社会公益研究等公共科技活动。政府在直接投资参与生态技术研究推广的同时，也通过创造良好的制度环境，强化企业在技术创新中的主体作用。

2. 市场机制

市场机制就是通过向经济主体提供直接或间接的利益作为驱动，来实现既定的政策目标，通过市场信号使经济主体做出行为决策，而不是制定明确的控制水平或方法来规范人们的行动，如果它们被很好地设计并加以实施的话，将促成企业和个人在追求自身利益的同时，客观上促进节约资源、降低污染的目标实现。市场机制是一种柔性激励制度，经济主体有多种选择，在给定的制度约束下，可以根据自己的技术条件和其他因素做出最有效率的选择，通过市场这一"看不见的手"来引导，可以实施政府设定的目标，把资源节约转化为发展动力，使有利于"两型社会"建设的个体在市场竞争中获得更多的利益和机会，使浪费资源、破坏环境的个体付出更大的成本和代价，从而实现经济或社会主体"自选择"，主动选择生态化的生产和生活方式。市场机制主要是经济手段，在"两型社会"建设中的主要内容体现在以下三个方面。

1）建立资源产权制度

明晰产权是解决外部性问题的有效途径。界定产权、建立产权制度可以将成本或收益的外部效应内部化，调整经济主体承担的成本或获得的收益，来引导经济主体做出正确的行为决策。建立健全资源产权制度，有助于人们从利益角度合理利用资源和保护环境，增加经济主体有效利用资源的动力，提高资源利用效率。

资源产权制度涉及国有土地资源、矿产资源、水资源、森林资源、海洋资源等，是包括产权界定、产权配置、产权流转、产权保护等一整套环节的现代产权制度。汤尚颖（2008）认为，加快完善自然资源产权制度的基本方向是，明晰和强化资源的所有者及其各级代理人之间的权利与义务，避免所有权主体虚设；尽快建立和完善资源使用权的初级市场，严格按市场化运作，恢复资源使用权的经济激励作用；有序开放和完善资源产权的二级市场，解除资源产权流转限制，如逐步建立水权交易制度和完善排污权交易制度。

2）建立资源价格机制

价格是市场机制的核心，正确反映供求关系的价格是长期促进资源优化配置的内在机制。要实现资源的优化配置就要建立起灵活、合理反映资源稀缺程度的定价机制，推进以节约为导向的资源产品价格改革，加强对短缺资源的价格干预，建立起促进资源合理利用、优化配置的价格调控机制和资源价格体系。首先，与资源紧缺相对应，通过逐步提高资源价格，有效地节约资源使用量；通过建立灵活的定价机制，建立资源使用的成本约束，优化资源配置，提高资源使用效率。其次，实施环保型价格政策，在考虑资源补偿和环境补偿的基础上，科学确立资源费征收标准，同时制定减少污染排放的价格约束机制，帮助生态保护补偿机制建立。最后，理顺水、电、煤、矿石、土地等与其他产品的比价关系，在生产、销售等环节建立竞争性的市场结构，利用市场机制中价格对消费的杠杆作用。

3）健全财政金融政策

财政和金融方式是重要的经济手段，是"两型社会"建设中有效的激励和约束手段。建立、健全有利于"两型社会"建设的财政、金融等政策体系，为"两型社会"建设中的经济活动提供资金支持，也可以通过财政税收优惠和补贴调节产业结构，引导经济活动向生态化转变。例如，按照资源有偿使用原则，开征资源利用补偿税，这是一种惩罚性的激励机制。通过使负外部性成本内在化，改变企业的支付函数，达到激励企业节约资源、提高资源利用效率，从而达到保护环境的目的。相应地对节约资源、废物循环利用、排放量小的项目和行为给予必要的税收、信贷和价格优惠，可以扩大当事人的经济收益，鼓励其正确行为，调整产业结构。

3. 公众参与机制

公众参与机制主要是指通过伦理道德的软约束，激发人们内心理念来实施一定的经济行为，从而达到一定的目标。这种机制强调道德教育对人们价值取向的影响和增强人们经济行为的自我约束。教育强化效应使得人们从事外部不经济行为时感到不安，降低自身整体福利水平，从而尽量减少产生外部不经济效应的事务。建设"两型社会"，需要每个公民养成节约的习惯，形成人与自然和谐相处的观念。只有全社会达成共识，全民一致行动才能取得成效，为"两型社会"建设营造良好的社会风尚和道德环境。

　　通过学校教育和社会教育，使公众充分认识到资源短缺和环境破坏的严重性，培养、提高公众的资源环境素质。政府利用报纸、广播、电视、网站等媒体，进行深入持久的宣传，强化人们的节约意识和环境意识，培育"两型社会"的人文环境，提高全民参与建设的自觉性。积极开展环保宣传理应成为政府工作的重心之一，然而宣传工作仅仅依靠政府推动是不够的，还需要大力扶植各类非政府环保组织，鼓励公众建立和发展非政府的致力于资源节约与环境保护的社团，并鼓励和引导民间组织、社会组织就资源节约与环境保护参与决策、进行监督。通过适度惩戒措施，遏制过度消费的浪费现象。加强绿色标志管理，促进企业加快绿色产品的研发，并引导商品生产与流通企业在科学定价、合理营销、适度包装方面通力合作。引导和鼓励公众使用资源节约型产品，抵制过度包装等资源浪费的行为。通过上述努力，最终形成节约资源和保护环境的生活方式与消费模式。

第2章 低碳经济："两型社会"建设的动力与核心

就经济转型形态看，计划经济体制下的粗放型经济因其只计产出不计投入，肯定是不可持续发展的经济增长方式；传统市场经济体制下的集约型经济只关心企业利润而不考虑企业生产活动产生的负外部效应，因而也是不可持续发展的经济增长方式。只有同时考虑经济效益、社会效益和生态效益的低碳经济，才是支撑现代市场经济发展的可持续型经济。应当说，以"3R"为特征的循环经济相对于"资源-产品-污染排放"为特征的单向线性经济，是更接近于低碳化要求的产业形态和发展方向，是新型工业化和"资源节约型、环境友好型"共存的"两型社会"建设的突破口与手段之一。事实上，前文已经讲到了循环经济发展中通常面临规模不经济、循环不经济、循环不环保、循环不节约"四大问题"阻碍，因此单一的循环经济发展模式支撑不起一个国家或地球整个面上的低碳产业体系和生态文明。

低碳经济是源头控制、过程控制、目标控制相结合的经济发展范式，这种"立体式"的技术经济范式体系是对循环经济的改进、深化和创新。发展低碳经济是基于人类社会对农业文明时期、工业文明时期经济发展模式的反思和创新，它是追求以低能耗、低排放、低污染为基础的，提高能源利用效率、创建清洁能源结构的一种创新型、高层次的经济发展模式。发展低碳经济不仅是为了应对气候变化，也是经济发展范式的创新，是世界经济发展低碳化趋势的客观要求和世界新一轮经济增长的核心驱动力。低碳经济包括低碳生产、低碳流通、低碳消费三个方面，它是比绿色经济、循环经济要求更高的生态化经济发展方式，是解决经济发展与能源危机之间矛盾及平衡能源、经济社会发展和生态环境之间关系的根本途径。换言之，低碳经济是支撑和实现生态文明的经济形态，是中国"两型社会"的核心追求和具体表达。

2.1 低碳经济的基本内涵

2.1.1 低碳经济发展的路径演变

发展低碳经济旨在降低经济社会发展进程中温室气体的排放。但国别与地区内部层面存在差异性，这样就会导致诸如经济、社会、文化、制度、技术等因素对低碳经济发展的制约也有所差别，这种差异主要表现在对发展低碳经济的影响方式与影响程度方面。对于发展中国家而言，接受发达国家资金和技术上的援助固然可以缩小本国在经济发展阶段上的差距，但由于低碳经济本质上的内源性与来自发达国家援助有限性的制约，不同发展水平和阶段的国家发展低碳经济的起点之间的落差依然显著。此外，工业化、城镇化是众多发展中国家的发展基调，与此同时又要背负节能减排这一相矛盾的任务，使得其发展低碳经济的制约因素及影响方式与程度必然迥异于发达国家，从而决定了发展中国家的碳减排路径不能等同于发达国家。

本书第 1 章中已经提到经济发展与碳排放关系呈现出规律性的演化趋势，即三个倒 U 形曲线的规律：碳排放的变化依次经历碳排放强度、人均碳排放量和碳排放总量三个"过山车"。该演变过程意味着低碳经济的发展，通过碳排放的三种计量方式和方法的变化演进得以体现。碳排放强度、人均碳排放量和碳排放总量三条曲线都是先上升后下降，只是变化的阶段不同：低碳经济发展的初始阶段，碳排放强度先于也较易于其他两种碳排放量下降；低碳经济发展中期阶段，人均碳排放量也开始下降，经过第二个过山车，碳排放总量的下降出现；低碳经济发展的后期阶段，碳排放总量也趋于低水平的稳定状态，换言之，这一阶段人类社会真正迎来低碳经济时代。

通常情况下，跨越低碳经济发展的第一阶段要比第二阶段、第三阶段相对容易些，进入第四阶段意味着经济发展与碳排放总量的绝对脱钩，是低碳经济发展的方向和最终目标。在整个经济低碳化的演进过程中，碳排放在各个演进阶段所呈现出的不同变化特征源自不同阶段的驱动和影响因素的不同：第一阶段中，传统化石能源在能源消费结构中持续占绝对比重及碳密集型技术占主导，是碳排放增加的主要因素；区域经济的持续增长是第二阶段的碳排放增加的主要驱动力；第三阶段中，碳减排技术开始广泛应用于生产和消费领域，人均碳排放量得以下降，但碳排放总量仍呈上升趋势；进入到第四阶段时，碳减排领域在技术方面取得重大进步并持续占据绝对主导地位，体现在增量变化，即产业低碳化转型；同时在产业方面，新生的低碳产业不断发展壮大，并在国民经济体系中占有重要地位和绝对比重；最终，碳排放总量趋于下降并稳定在较低水平上。因此，根据经济低碳化发展的三个倒 U 形曲线规律，任何国家和地区在应对气候变化或实施低碳化发展时，都必须考虑自身发展阶段和自身国情，有步骤、有重点地推进经济低碳化发展。而对于中国来说，更应认清与发达国家在发展经济阶段上的差距，在实现低碳发展目标、推进碳减排的进程中，应坚持"共同但有区别的责任"这一原则。

经济低碳化发展的态势和规律，有助于我们从不同层面理解和诠释低碳经济的四种含义：一是碳排放增速低于 GDP 的增速；二是人均碳排放量持续降低；三是碳排放总量的绝对下降；四是实现区域内的碳排放的零增长。如果从动态的视角来理解这四种低碳经济情形演化过程和路径，经济低碳化发展便是该过程的总称。"共同但有区别的责任"这一原则意味着，发达国家的目标应该是绝对的低碳经济；而对于众多发展中国家而言，相对的低碳发展才是近期的目标。

2.1.2 低碳经济发展的阶段演进

经济低碳化发展的四个阶段，可以看成人类文明从工业文明两个阶段（早期工业文明和后期工业文明）向生态文明两个阶段（初级生态文明和高级生态文明）的转变，各阶段的发展范式、经济类型、转变性质等见表 2-1。从各个阶段的划分来看，工业文明发展到现阶段，已经实现了经济发展类型从粗放型向集约型的转变，只是这种转变性质还停留在工业文明视角的发展方式转变。生态文明则建立在低碳经济上，想要实现高级生态文明还需要发展零碳型经济，即氢基型经济和生态型经济。这种从低碳型经济向零碳型经济的转变与演进，是生态文明视角下发展范式的转型。不同于工业文明视角的发展方式转变，生态文明视角下的经济类型转变，实质上是经济发展范式的转型。

表 2-1 经济发展阶段演进历程

发展范式	早期工业文明范式	后期工业文明范式	初级生态文明范式	高级生态文明范式
经济类型	粗放型经济	集约型经济	低碳型经济	零碳型（氢基型、生态型）经济
转变性质	工业文明视角的发展方式转变		生态文明视角的发展范式转型	
三条倒 U 形曲线	碳排放强度↑ 人均碳排放量↑ 碳排放总量↑	碳排放强度↓ 人均碳排放量↑ 碳排放总量↑	碳排放强度↓ 人均碳排放量↓ 碳排放总量↑	碳排放强度↓ 人均碳排放量↓ 碳排放总量↓
碳基经济所处阶段	HCE 高碳型经济	LCE1 初级低碳型经济	LCE2 高级低碳型经济	LCE3 成熟低碳型经济

资料来源：刘传江（2013）

对于生态文明发展范式的理解可以从三个层面来说明：第一层面是反映生产方式与生态环境关系的社会生产；第二层面是如何建立一种社会制度及该制度如何协调自然资源的使用和分配，在这种制度中人们的关系如何，对社会生产又将产生怎样的影响及影响的渠道有哪些；第三层面是社会伦理，在生态文明制度安排的强约束下，生产技术走向何方，社会的价值取向是否又将上升到一个新的台阶。由此可见，发展范式转型相较于发展方式转变，跳出了"工业文明窗口"，站在更高的"生态文明窗口"上，通过发展低碳经济，逐步实现 CO_2 排放量与经济产出之间的脱钩，从高碳经济向低碳经济转变，依次降低碳排放强度、人均碳排放量和碳排放总量，实现在最少的资源消耗、碳排放和环境污染的情况下，获得最大的经济总产出和社会总收益。

2.1.3 低碳背景下的产业分类

对产业进行分类是为了透彻分析国民经济各个产业部门的活动、相互关系及变动状况，从而考察产业结构系统的各产业间数量比例和素质关联关系。三次产业划分理论是产业结构理论的基础，同时也是世界各国所公认的产业分类和统计方法，已成为各国确定产业地位和制定产业政策的主要依据。而随着工业化和城镇化发展进程的加快，经济高速发展所产生的负面影响开始显现，资源和环境危机成为世界各国面临的难题，为此人们提出了绿色发展、循环发展、低碳发展等可持续发展的理念。那么在追求生态文明的道路上，如何选择和发展符合可持续发展理念的产业成为世界的主题，而原有的产业分类理论已不能准确体现生态文明时期产业转型和结构升级的发展趋势，亟待新理论的突破来顺应当下的形势。

1. 传统三次产业分类模式

1）三次产业分类的内涵

三次产业分类法是由新西兰经济学家罗纳德·艾尔默·费希尔（R. A. Fisher）在 1935 年所著的《安全与进步的冲突》中首次提出的。他将人类的经济活动分为三个阶段：人类初级生产阶段、以工业生产大规模迅速发展为标志的生产阶段、大量资本和劳动力流入非物质生产部门的生产阶段。费希尔把这三个生产阶段的产业分别称为第一次产业、第二次产业和第三次产业。英国经济学家、统计学家科林·克拉克（Colin G. Clark），在费希尔的理论基础上对三次产业的分类做出局部的调整并进行了实证研究，以经济活动与消费者的关系为依据，明确地将国民经济产业结构划分为三大产业：向自然界直接取得初级产品的第一产业、将初级产品进行再加工以适合人类需要的第二产业、为人类生产和消费提供各种服务的第三产业。

2）三次产业分类的局限性

费希尔和克拉克的三次产业分类折射出发达国家经济发展阶段的演进过程，也反映了产业结构演进是经济发展的核心内容。三次产业活动都在不同程度和不同方式上体现了人与资源环境的关系，这种关系表现为各种物质和能量在二者之间的转移与流动。经济发展和社会进步需要人类从自然界获取资源，开发和利用自然资源必然会对资源环境造成一定的影响，打破生态平衡，其后果是自然界对人类社会的强烈报复：资源过度开发使资源趋于枯竭，限制了经济发展；生态环境恶化不仅对经济发展产生了难以度量的副作用,而且威胁到人类的生活质量甚至是生存安全。在产业活动未超出环境承载能力时,即人类的生态足迹小于生态承载力时,大生态安全是稳定的;但当人类向自然界索取资源的广度和深度超越了生态系统的自我调节与恢复能力时,生态系统的稳定性必然会遭到破坏,大生态安全出现危机,必然导致社会经济发展的不可持续性。

从社会需求结构的变动来看,传统的三次产业分类法指导下的经济活动以人的需求为根本宗旨,人类的需求重心由初始的粮食需求到工业品需求再到服务需求,需求结构发生了巨大的变化,这个变动过程正好反映了人类社会由农业文明到工业文明的转变。但是随着资源日益枯竭、环境急剧恶化等问题的出现,人类社会的发展亟须再一次转变,即由工业文明向生态文明过渡。传统三次产业虽然能为人类社会提供物质产品与相关服务,却不能准确地界定生态文明视角下的社会需求,换言之,舒适的环境质量、生态平衡稳定所带来了正效应等生态服务无法得以体现。这种产业分类不能对生态环境需求予以足够的重视,也就无法准确反映出可持续发展趋势下产业发展的重点和方向。因此,生态文明呼唤发展范式转型的同时,也亟须有相应的产业分类理论为其发展提供必要的支撑。

2. 基于循环经济产业分类模式

1)基于循环经济产业分类的内容

循环经济是物质闭环流动型经济,以资源的高效利用和循环利用目标,以"减量化、再利用、再循环"(3R)为原则,以物质闭路循环和能量梯次使用为特征,按照自然生态系统物质循环和能量流动方式运行。循环经济强调物质和能量的循环与持续利用,因此,它是在可持续发展思想指导下的生产消费方式,是对传统经济运行方式的根本性变革。

在新的经济运行方式下,产业结构和活动特征应该被赋予全新的解释。赵涛和周志刚(2010)根据循环经济的物质流动过程和产业功能特点,对三次产业分类方法进行了拓展,即在第一产业前端添加"第零产业"、在第三产业后端添加"第四产业",从而形成基于循环经济的五次产业分类方法。

关于"第零产业"和"第四产业",赵涛和周志刚是这样解释的:由于人类一切生产活动所需的物质和能量来源于自然界,有一类产业以发现自然资源并进行开发、再生产为职能,可以称为资源产业,按照经济活动的先后顺序,这类产业是社会与自然资源发生直接关系的产业,是生产和消费的源头,因此称为"第零产业"。"第四产业"是环境产业,功能是污染控制、环境治理,相当于生态系统中的还原者,位于三次产业之后,是生产消费活动的延伸,因此称为"第四产业"。

传统经济的单向线性物质流动,即"资源-产品-污染排放",对资源消耗和环境治理重视不够，而循环经济将其升级为双向线性物质流动，即"资源-产品-废弃物-再生资源"。这种流动方式使得物质和能源在经济循环运行中得到重复利用和再增值，并且对资源环境的保护予以较多的重视。在循环经济发展方式下，开发和利用自然资源由"第零产业"单独专门进行，并向第一、第二、第三次产业提供物质产品和支持；原三次产业活动在追求利润的同时也注重资源利用效率的提高；"第四产业"有两方面职能，其一是回收、处理、再加工由其他产业产生的废弃物，将其转变为各层次产业可再重复利用的物质和能量，并将自身产生的不可再利用的废弃物降到最低；其二是修复各种人类活动对生态环境造成的损害，保护自然资源的再生再造能力。

2）基于循环经济产业分类的局限性

相较于传统的三次产业分类，上述基于循环经济的五次产业分类则强调了资源的循环利用和对排放废弃物的处理，并对资源的保育和再生给予了更多的关注，体现了经济系统与资源系统、环境系统之间的相互作用关系和过程。这种产业分类模式仅仅是添加了"第零产业"和"第四产业"，把经济活动的物质流的首尾连接起来，产业关联仍然是线性的结构，这种结构形态在一个产业园区尚可实现，但对于整个经济系统来说，现实意义不强。更重要的是，循环经济改善了"资源-产品-污染排放"型经济的物质和能量的单线性流动，在一定程度上节约了资源，提高了资源利用率，更加接近于可持续发展要求的产业发展方向，为新型工业化道路和"两型社会"建设提供了切入点和可采用的方式手段。但这种看似有效率的改善只是表面现象而已，实际过程中为实现循环经济背后所做出的努力及花费的成本，却远远高于循环再利用带来的表面上的资源节约，其原因有三个方面：一是循环经济由企业、产业、产业园（工业园）三个层次构成，经济和生态效益随着层次提高而提高，但物质循环的难度和成本在加强；二是循环经济要求技术条件、经济合理性及制度保障三个条件同时满足才能够有效地推行，这对于技术条件不成熟、社会经济不发达、制度保障上存在空缺的大多数地区来说是不现实的，或者说其实现条件苛刻程度高，或者说仅仅在个别试验区尚能实践；三是循环经济的"3R"原则仅仅是表征该经济发展的形式和手段，而不必然具有资源节约和环境友好的结果。这种经济形态忽视源头和过程，只注重末端治理，有其片面性，而且循环经济为了实现资源循环利用甚至不惜代价地耗费大量的人力、物力和财力，为了循环而循环，结果可能面临规模不经济、循环不经济、循环不环保、循环不节约"四大问题"，因此又有一定的局限性。

3. 低碳经济发展的产业分类模式

1）产业分类依据及内涵

低碳经济是与生态文明相对应的经济形态，与循环经济相比，它侧重于提高碳生产率，强调降低温室气体排放。低碳经济在强调经济活动末端治理的同时更重视过程和源头的控制，即整个经济活动的每一环节都强调能源节约和排放减低。作为一种生态文明范畴内的经济发展模式，低碳经济下的产业分类模式应该有别于基于工业文明视角的三次产业分类模式，更不能照搬循环经济，而是要打破传统产业分类模式，重构人与资源环境的关系。由于任何产业活动与资源环境都存在直接或间接的联系，并根据产业自身的职能不同，笔者将产业活动分为四个层面。

第一层面：资源环境为人类服务的产业层面。主要包括资源发现、开发等产业。在这一层面，人类从资源环境中探索并获取物质和能量，并在此过程中对资源环境产生影响（消耗和污染）。

第二层面：广义的从事生产活动的产业层面（农业、工业）。这一层面的产业活动提供人类生存的必需品及满足人类生活和生产的次级产品，并且伴随着各项生产活动直接或间接（通过第一层面的产业）影响资源环境。

第三层面：广义的从事服务活动的产业层面（服务业、高新知识技术产业）。这一层面的经济活动联结人类产业活动的各个环节，联结生产与消费，并在该过程中对资源环境产生直接或间接的影响。

第四层面：经济活动为资源环境服务的产业层面，可以把它称为最宽泛的低碳产业。这里的服务定义为降低污染排放、对环境资源的培育维护，即通过人类对环境资源的反哺，增加环境承载力，提高资源的基础能力。低碳产业是利用新技术节能、节物并综合利用资源、减少碳排放和生态损耗，以最少的资源消耗和环境代价获得最大的社会经济效益的产业体系。在这一层面，产业活动的宗旨是保持经济发展的同时又服务于资源环境，维护生态平衡。其主要的经济活动是直接服务于环境，或通过为其他三个层面产业提供技术、产品及服务，间接地降低对资源环境的损耗，从而达到节能减排与保护生态环境的目的。

2）四层面产业关系模型构建

无论是传统的三次产业分类还是循环经济的产业分类模式，其产业间的关系均是平面型的链式结构，都不能真正体现资源环境是一切产业活动的基础，也不能够诠释生态文明时代下产业结构和经济发展范式的转型。基于上文分析，四个层面的产业活动均与资源环境有关联，我们考虑构建产业的立体空间关系模型（图 2-1）。

该模型在几何学中称为三棱锥或四

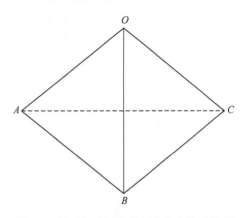

图 2-1　基于低碳经济的四大产业关系模型

面体，它有三个侧面和一个底面，下面分别解释它们所代表的含义。

该四面体模型可以看成整个经济社会，其内部空间代表人类产业活动赖以生存和发展的资源环境。侧面△OBC代表第一层面的产业领域，它所进行的产业活动主要是从模型内部空间索取资源（物质和能量），并且在索取过程中会向内部空间（资源环境）排放温室气体和其他污染物。同样的道理，侧面△OAB和△OAC分别代表第二层面和第三层面的产业领域，同第一产业层面一样，在从事各种经济活动过程中向内部空间（资源环境）排放温室气体和其他污染物。底面△ABC代表第四产业层面即低碳产业，其功能和宗旨是支撑低碳经济的发展，为资源环境服务，降低能源消耗和碳排放，并且担负着维护生态平衡，实现人与资源环境的协调和可持续发展的主要职责。

三条棱分别代表前三层面产业之间的产业关联与产业交叉：棱OB反映了第一产业、第二产业层面之间的供给和需求；棱OA反映了第二产业、第三产业层面的供给和需求；棱OC反映了第一产业、第三产业层面的供给和需求。这种供需在形态上呈现多样化，包括物质流、能量流、技术流、信息流和服务流等多种表现形式。底面△ABC三条边反映了第四产业层面（低碳产业）与其他三个产业层面的产业关联，这种关联以各种形态对其他产业层面的产业进行低碳化改造，使产业结构向低碳经济的发展模式方向转型。

低碳经济的建设不仅需要全新发展理念的低碳产业支撑，更离不开传统产业，如农业、工业、服务业低碳化升级改造。产业的发展是由市场需求拉动的，同样产业低碳化的进程也需要人们的消费需求趋于低碳导向，这里的需求不仅是区域性的，更应该是国家范围和世界范围性质的，即产业低碳化的进程就是市场需求的低碳化。关于如何建立低碳消费导向拉动产业低碳化进程及低碳产业的发展，不属于本书讨论的重点。

3）基于低碳经济的产业分类的合理性

生态文明呼唤经济发展范式的转型，即走低碳经济的道路，这种转型以低碳产业的建设和传统产业的低碳化改造为切入点。将整个经济系统分为三个侧面所代表的传统产业和底面所代表的低碳产业，从产业层面为经济的低碳转型指明了方向。传统三次产业分类强调的是如何从自然界获取资源和资源的配置问题，而基于低碳经济的产业分类模式除了重视原有的基本问题之外，更加注重如何保护资源环境、服务于资源环境，强调资源的永续供给和利用，以及人与资源环境的协调，体现了经济社会发展的可持续性，也说明了低碳产业将成为低碳经济时代经济社会发展的物质基础，也预示着低碳产业将成为未来国民经济重要的战略性产业。如果将人类开发、利用、损耗自然界的能力称为"取"，将人类服务自然界的能力称为"予"，那么低碳经济时代就是要求人类与自然界的关系从原先的"以取为主"转变为"取予结合""取予互补""以取增予""以予养取"，这也正是可持续发展理念的实践性运用。

基于低碳经济的立体式产业分类模式体现了各个产业层面的立体式关系，共生共存、共同发展，说明了资源环境是人类赖以生存的基础，更是经济社会发展的根基。根据几何学的观点，这种结构关系——四面体结构是稳定性最强的空间结构。将产业活动划分为上述四个层面，是为了说明建立了此种产业活动关系的经济社会是稳定发展的社会，这一点恰好符合人类社会发展的目标。而低碳经济其实就是要达到一种人与资源环境的和谐，达到一种稳定和可持续的发展状态。

由资源日益枯竭和环境逐渐恶化所导致的全球气候变化，给人类的生存和发展带来了挑战，发展低碳经济是世界各国根本解决该难题的共同选择。面对资源和环境的约束，传统的三次产业分类理论已不能满足经济可持续发展的需要，而推行循环经济又具有实现的空间局限。因此，基于低碳经济的产业分类模式，既反映了生态文明视角下各个产业活动的立体关系及低碳产业的基础性作用，为国家主导产业选择和发展指明了方向，又体现了低碳经济的根本宗旨和要义，为低碳经济的发展奠定了理论基础。

2.1.4　低碳进程中的产业发展

早期工业文明发展阶段属于碳基型经济，即经济社会发展绝对依赖于化石能源的利用，且生产方式粗放，发展的重心偏向于经济增长，忽视经济发展的质量和效率，对自然生态环境的关注极其缺乏。伴随着人们的各种经济活动，生态环境的恶化反过来对经济社会的负面影响受到了普遍关注，人们开始重视经济发展的质量和效率问题，提出通过转变经济发展方式来提高经济发展的质量和效率，并同时减少对生态环境的损耗。但这种转变依旧是碳基型经济范畴内的改良，并未契合于可持续发展的理念。根据碳排放路径和经济发展阶段的分析，推动经济低碳化发展，实施低碳减排最终可划分为三步走，即低碳型经济的初级、高级和成熟阶段。那么如何迈出第一步及在未来的发展中如何持续地维持低碳发展，最终应落脚于低碳产业的发展上，而产业低碳化又是发展低碳产业的动态优化过程。

在低碳型经济的初级阶段，碳排放强度开始下降的原动力来自生产方式的集约化转变，节能减排虽未在经济增长中得到足够的重视，但经济增长的质量和效益得到了提高，使得经济增长与碳排放相对脱钩。由于碳排放的人均量和总量依然显示出上升态势，该阶段只是初级的低碳型经济，但经济发展方式的转变可以为低碳产业的催生和建立奠定坚实的经济基础，并为发展范式转型创造了良好的开端。

在低碳型经济的高级阶段，碳排放强度继续下降，人均碳排放量则开始下降。这意味着低碳产业已开始蓬勃发展，并在国民经济中处于重要地位，节能减排技术已广泛应用于各个生产领域，同时传统的高碳排放产业的低碳化改造也是该阶段的重要特征。然而，碳排放总量仍在上升，这与人们的消费方式关系密切。

在低碳型经济的成熟阶段，跨越了碳排放总量的高峰之后，碳排放的三项指标都趋于下降。低碳产业已成为国民经济的主导产业，节能减排技术不断得到突破与创新并持续占据主导地位，产业低碳化进程即将结束，低碳的消费观也已在人们心中形成并扎根，人们进入真正的低碳时代。

伴随着低碳产业的建立、成长和成熟，低碳经济的发展由初级到高级最后走向成熟，因此发展低碳产业是经济发展方式转型及低碳经济发展的根基。低碳产业之所以能成为低碳发展的物质基础，是由其自身本质所决定的。

2.2　低碳经济的理论基础

2.2.1　低碳经济发展的必要性——生态足迹理论

1. 生态足迹及其基本概念

1）生态足迹

生态足迹（ecological footprint）又被称为生态占用、生态痕迹和生态脚印等。生态足迹理论是1992年由加拿大生态经济学家Rees和Wackernagel在《我们的生态足迹——减轻人类对地球的冲击》中提出的，该理论对分析人与自然之间的关系具有重要意义。Rees等提出这一概念时将其定义为，生产已知人口消费的物质和能量所需的生物生产土地面积及吸纳这些人口产生的废弃物所需的生物生产面积的总和。1996年其又对该内涵进行了丰富，指出生态足迹是分析一个已知人口数量或经济规模的资源消费或吸纳废弃物的工具，该工具是用生态生产性土地面积来表示的。1999年Wackernagel等对生态足迹的概念又进行了重新界定，认为生态足迹是指能够提供相应人口所消费的所有资源和吸纳所产生的废弃物所需要的生态生产性土地面积。

因此，生态足迹指的是在给定人口和经济条件下，维持资源消耗和吸纳废弃物所需的生物生产性土地面积，是一种资源利用的分析工具，用生态空间的大小来表示人类对自然资源的消费及自然系统能够提供的生态服务功能。基本思想是通过将人类消费所需要的生态足迹与生态承载力的比较，来判断人类是否对自然资源构成过度使用的情况。该理论有六个假设前提：可获得每年的资源消耗量和所产生的废弃物量、资源消费量和产生的废弃物量可以折算成生物生产性土地面积、可将各种不同类型的土地面积转换成标准单位、各种土地面积的总需求可通过各种资源利用与废物吸收的面积加总得到、人类活动占用的利息与自然提供的利息具有可直接对比性和总需求可超过总供给。

2）生态承载力

这是与生态足迹相对应的概念，生态承载力（ecological carrying capacity）又被称为生态容量或生态足迹供给，是指一定区域内各种类型的生态生产性土地面积的总和。体现为该区域内为当地人口提供生物产品和吸纳废弃物能力的大小。Hardin（1991）从生态系统本身的角度对生态承载力概念进行了界定，认为其是在不损害有关生态系统生产力和功能完整的前提下，该地区所能可持续利用的最大资源量和废物产生率。

3）生态赤字/生态盈余

生态赤字/生态盈余（ecological deficit/ecological remainder）是通过生态足迹和生态承载力相比较得到的。当生态足迹与生态承载力相减后的差为正值时称为生态赤字，表示该地区人均资源占有量超过了生态承载力，该地区处于不可持续发展状态；当差值为负值时称为生态盈余，表示人均资源占有量没有超过生态承载力，该地区处于可持续发展的状态，该地区的自然资源足以支持人口的生产和消费方式。

4）生态生产性面积

生态生产性面积（ecologically productive area）是生态足迹理论为不同类型自然资本提供的统一度量基础。生态足迹分析法计算所需要的所有指标都是基于这一概念。生态生产也被称为生物生产，是指在生态系统中生物必须吸收外界环境中的物质与能量，并把这些物质与能量转化为维持生物生命所需的新物质，也就是实现物质与能量积累的过程。在生态足迹理论中，自然资源消纳污染物的作用也属于生态生产力，表示自然资本生命支持能力的大小。

根据不同土地生产力之间的差异，在计算生态足迹时将生态生产性土地划分为六类，即耕地、草地、林地、水域、化石能源用地和建筑用地（Wackernagel and Yount，1998）。其中耕地是这些土地中生产力最高的，维持人类生存的食物大多来自耕地，生态生产力用单位面积产量表示；草地主要是为人类提供牧副产品，生态生产力用单位面积承载的牛羊数及肉奶产量表示；林地的作用包括生产木材、净化空气、保护物种多样性等，其生态生产力主要是指其所提供的木材量；水域的生态生产力主要是用单位面积鱼类产量表示；化石能源用地是指吸收化石燃料燃烧过程中所排放的 CO_2 需要的林地面积；建筑用地是指人类生活所需的基础建设占用的土地，是人类生存必需的场所。

5）均衡因子/产量因子

单位面积的六类生态生产性土地的生态生产力各不相同，为了将不同类型的空间合计为统一的生态足迹和生态承载力，需要将不同类型的生态生产性土地面积转化为具有相同生态生产力的土地面积，因而引入均衡因子，将不同生态生产力的生物生产性土地进行汇总。计算公式为：均衡因子=全球该类型生态生产性土地的平均生态生产力/全球所有各类生态生产性土地的平均生态生产力。

不同国家或地区资源禀赋的差异，使得单位面积的六类生态生产性土地的生态生产力也不同，不同国家和地区相同类型的生态生产性土地面积便不能进行直接对比，为了解决这一问题，需要引入产量因子的概念，从而使得不同国家或地区同类型的生态生产性土地的生产力具有直接可比性。产量因子是一个能将不同国家或地区同类型的生态生产性土地面积转化为可比面积的参数，计算公式为：产量因子=某一国家或地区某种类型土地的平均生产力/世界同类平均生产力。

2. 生态足迹计算方法

生态足迹的计算步骤为：第一步，划分消费类型并计算各主要消费类型的消费总量；第二步，将各种消费总量统一折算为生物生产性土地面积；第三步，通过均衡因子将各类生态生产性土地面积转换后进行汇总，并计算出生态足迹的大小；第四步，通过产量因子计算出生态承载力并与生态足迹相比较，从而分析出可持续发展的程度。计算公式如下（Hardi and Barg，1997）：

$$EF = Nef = N\sum_{i=1}^{n} aa_i = N\sum_{i=1}^{n}(c_i / p_i) \tag{2-1}$$

其中，i 为所消费商品和投入的类型；n 为消费的项目数；p_i 为第 i 种消费商品的平均生产力；c_i 为第 i 种商品的人均消费量；aa_i 为第 i 种交易商品所折算的生态生产面积；N 为人口数；ef 为人均生态足迹；EF 为总生态足迹。

2.2.2　低碳经济发展的可能性——脱钩理论

1. 脱钩理论的提出

脱钩这一概念源于物理学领域，是指具有相应关系的两个或多个物理量之间的相互依存关系不存在。随着西方国家工业化进程的发展，20 世纪七八十年代在工业化进程中出现了经济增长与物质消耗相背离的现象，大量学者对这一现象进行关注并做了大量研究工作，一些学者就提出了"脱钩"（decoupling）的理论，并对其概念进行了界定和探讨。

国内外学者从不同角度对脱钩进行了界定，包括较早时期的 Laby 和 Waddell（1989）、Bernardini 和 Galli（1993）对去物质化的探讨，但应用较多的概念是经济合作与发展组织（Organization for Economic Co-operation and Development，OECD）于 2002 年在报告 *Indicators to Measure Decoupling of Environmental Pressure and Economic Growth* 中提出的，即通过度量经济发展、物质消耗投入和生态环境之间的压力状况来衡量经济发展模式的可持续性，打破环境危害和经济增长之间的联系，当环境压力的增长率小于经济驱动力的增长率时产生脱钩。认为在经济增长过程中存在弱去物质化和强去物质化两种不同的物质化类型,因而脱钩也有强脱钩和弱脱钩之分。强脱钩是指随着时间的推移,总物质消耗在逐步减少,弱脱钩指的是物质使用密度的减少大于经济增长速度。

2. 脱钩的评价指标

随着脱钩理论的发展,评价脱钩的方法也有不少,主要有脱钩指数法、弹性分析法、变化量综合分析法、IPAT 模型法和差分回归系统法等。但国内外学者在做研究时使用最多的为 OECD 于 2002 年提出的脱钩指数法和 Tapio(2005)提出的弹性分析法。

1)脱钩指数法

OECD 于 2002 年提出的脱钩指数法描述的是同一时期内环境压力和驱动力变化的关系及衍生政策拟定的问题。以经济增长和环境压力的相对变化率来判断环境压力和经济增长是否发生了脱钩,当环境压力的增长率小于经济驱动力的增长率时就进入了脱钩状态。根据环境压力的增长率与经济增长的增长率之间的关系,将脱钩分为两类情况:绝对脱钩和相对脱钩。绝对脱钩是指当环境压力减少或稳定而经济驱动增长时的状态;相对脱钩是指当环境压力的增长率高于经济驱动的增长率时的状态。

OECD 于 2002 年提出的脱钩指数法为准确度量经济驱动力与环境压力的脱钩状态,采用脱钩指数和脱钩因子进行测度,该指标反映的是环境压力与经济驱动力两个变量之间的相对变化率,它将环境压力作为分子,经济驱动力作为分母,当变量环境压力的增长率小于经济驱动力的增长率时便产生脱钩,脱钩指数和脱钩因子的公式如下:

$$脱钩指数=(EP/DF)末期/(EP/DF)基期 \tag{2-2}$$

$$脱钩因子=1-脱钩指数 \tag{2-3}$$

其中,EP 为变量环境压力值;DF 为变量经济驱动力值。选定某一年作为基准年,如以 1990 年为基期年份,令其指数为 100,以 2000 年为终期年份,通过计算终期年份相对于基期年份的脱钩因子变化值就可以看出两者的关系是绝对脱钩还是相对脱钩。当脱钩因子为正且其结果值接近于 1 时为绝对脱钩;当脱钩因子为正但结果值接近于 0 时为相对脱钩;当脱钩因子小于 0 或等于 0 时则两者呈现的是无脱钩状态。

需要注意的是,OECD 于 2002 年提出的该脱钩指数和脱钩因子对于基期年份的选择非常敏感,选定的基期年份不同结果也将大不相同。

2)弹性分析法

该指数是由 Tapio 于 2005 年研究 1970~2001 年欧洲 EU15 的 GDP、交通运输量和 CO_2 排放时提出的,Tapio 在该篇论文中提出了脱钩的理论框架,并定义了脱钩、耦合和负脱钩的区别，同时提出了弱脱钩、强脱钩和扩张/衰退脱钩的概念。在引入脱钩指标时，将脱钩定义为交通运量与经济增长之间的弹性值小于 1 时的状态。在特定时期内，当 GDP 变动一个百分点时，交通运输量的变化百分比程度及交通运输量所产生的 CO_2 排放量之间的脱钩弹性公式如下：

$$交通运输量的 GDP 弹性 = dlnVOL/dlnGDP \qquad (2-4)$$

$$CO_2 排放的交通运输量弹性 = dlnCO_2/dlnVOL \qquad (2-5)$$

将式（2-4）和式（2-5）相乘便得到 CO_2 排放的 GDP 弹性，也就是一般的脱钩指标公式：

$$交通运输量 CO_2 排放的 GDP 弹性 = \%\Delta CO_2/\%\Delta GDP \qquad (2-6)$$

其中，VOL 表示交通运输量，式（2-4）也被称为非物质化质量增长和结构变化，式（2-5）也被称为去物质化、生态效率或技术发展。另外，Tapio 根据脱钩弹性值的大小定义了共八种脱钩状态（表 2-2）。负脱钩根据弹性值的大小又分为增长负脱钩、强负脱钩和弱负脱钩；脱钩分为弱脱钩、强脱钩和衰退脱钩；联结分为增长联结和衰退联结两种状态。

表 2-2　Tapio（2005）脱钩状态与弹性值对照表

类型	状态	ΔCO_2	ΔGDP	弹性 e
负脱钩	增长负脱钩	>0	>0	$e>1.2$
	强负脱钩	>0	<0	$e<0$
	弱负脱钩	<0	<0	$0<e<0.8$
脱钩	弱脱钩	>0	>0	$0<e<0.8$
	强脱钩	<0	>0	$e<0$
	衰退脱钩	<0	<0	$e>1.2$
联结	增长联结	>0	>0	$0.8<e<1.2$
	衰退联结	<0	<0	$0.8<e<1.2$

资料来源：Tapio（2005）

通过以上分析可以看出，Tapio 脱钩指标与 OECD 脱钩指标相比较具有一定的优势。第一，Tapio 脱钩指标不受样本点时间的限制，研究基期和终期的选择对研究结果没有影响，而 OECD 脱钩指标对基期年份的选择非常敏感。第二，Tapio 脱钩指标分析法本质上是一种弹性分析法，而这种弹性分析法是不受统计量纲变化影响的。第三，Tapio 脱钩指标分析法分类更为详细，可以更精确地反映不同地区，或同一区域内部不同时间段两个变量之间的脱钩情况。

3. 脱钩的评价模式

目前关于脱钩的评价模式有很多种，但是主要评价模式有两种：物质消耗总量与经济增长总量关系研究和物质消耗强度的 IU 曲线研究。

物质消耗总量与经济增长总量关系研究是在同一时期内，将经济总量的变化方向和幅度与物质消耗总量变化之间的关系进行比较，然后通过比较这两个变量变化的特点来判断是否出现脱钩或耦合，以此来反映经济增长过程中对物质消耗依赖程度的大小。Janicke 等（1997）利用该方法，对以德国为代表的工业化水平较高的西方发达国家物质消耗与经济增长关系进行了研究，同时通过与比利时等国家的对比研究得出结论，认为工业化基本完成国家的物质消耗与经济增长正在逐步进入脱钩状态。

物质消耗强度的 IU 曲线研究方法，表述的是创造单位财富的物质消耗量的多少，反映的是资源利用效率，本质问题在于资源利用效率的提高，而不是人类资源和环境压力的下降。IU 是指物质利用强度，该词是从会计学领域演化而来的，用来计算物质消耗强度中物质消耗量与附加值的比值，以此来评估生产和服务过程中单位经济产出与所消耗物质量之间的关系。

2.2.3　低碳经济发展的态势——环境库兹涅茨曲线理论

1. 环境库兹涅茨曲线理论的提出和含义

环境库兹涅茨曲线（environmental Kuznets curve，EKC）的概念源于库兹涅茨曲线，由美国著名经济学家库兹涅茨 1955 年在其著作《经济发展与收入不平等》中，研究收入分配状况与经济发展过程时所提出。它是一条收入分配随着经济发展而变化的曲线，揭示了收入分配情况随经济发展水平的提高先恶化后改善的规律。也就是说，在经济发展早期，尤其是在国民人均收入从最低水平上升到中等水平时，收入分配状况会先逐渐趋于恶化，但随着经济进一步发展，收入分配状况又会呈现出不断改善的状态。之后这一概念被用于许多领域的研究，包括宏观领域的区域经济差异及微观领域的民营企业成长轨迹。之后 20 世纪 90 年代初，这一概念被引入到环境问题领域中。Grossman 和 Krueger（1992）在针对北美自由贸易区谈判中，由于担心自由贸易会导致墨西哥环境恶化进而影响美国本土环境，从而对环境质量与人均收入的关系进行了实证分析，研究结果指出在收入水平较低时，污染随人均 GDP 的增加而恶化，但当收入水平较高时，污染会随着人均 GDP 的增长而改善。1992 年世界银行在其以"发展与环境"为主题的《世界发展报告》中，也使用了环境库兹涅茨曲线的分析方法，从而进一步扩大了环境质量与收入关系这一研究的影响。Panayotou 在 1993 年研究收入与环境质量问题时，首次提出环境库兹涅茨曲线。

环境库兹涅茨曲线的含义是：在经济发展的早期，由于经济发展水平较低，环境污染的程度也较低。而在经济以较高速度发展的阶段，经济发展对资源需求量大幅增加，这种需求量逐渐超过了资源的承载力，再加上工业技术水平较低，此时环境质量会随着经济的增长而不断恶化。但在经济发展处于较高水平时，经济结构得到进一步优化，消耗资源较少的第三产业发展迅速，占总体经济的比重增加，技术进步对产业发展的贡献度也提高，此时人们越来越愿意为高质量的环境支付成本，环境污染治理的力度也将加大，因此环境状况会逐步得到改善，这样就形成了一个倒 U 形曲线。

2. 环境库兹涅茨曲线的理论解释

自从环境库兹涅茨曲线提出后，国内外学者从不同方面和角度对该曲线的形成机理进行了研究，包括经济结构、市场机制、国际贸易、国家政策等。

（1）经济结构。这种理论解释主要是以 Grossman 和 Krueger（1995）、Panayotou（1993）等为代表，他们主要是从规模效应、结构效应和技术效应展开分析，认为环境库兹涅茨曲线所呈现的关系是经济规模和经济结构两种效应演进的结果。经济的发展在需要投入更多资源的同时，也会带来更多负面的产出，即环境污染。另外，收入水平提高后经济产出结构和投入结构也会发生变化，经济结构会从以能源密集型产业为主，向低污染、低消耗的服务业和知识密集型产业转变，即结构效应。

（2）市场机制。主要表现在随着经济的发展和市场机制的不断完善，人们对环境质量的要求越来越高，经济产出的副产品，如环境污染逐渐会被纳入市场体系而转化为内部成本。随着经济水平的提高，许多原本可以无限制使用的资源变得稀缺，以至于自然资源价格上涨，使得企业不得不通过提高资源使用效率来降低成本。同时，随着经济的发展，市场参与者，如企业和公众对环境质量的要求不断提高。

（3）国际贸易。从这种角度进行解释的主要代表为 Lopez（1994）、Copeland 和 Taylor（1994）、Suri 和 Chapman（1998）等，他们从贸易的角度研究环境库兹涅茨曲线，认为国际贸易在环境库兹涅茨曲线研究中起到重要作用。他们认为污染会通过国际贸易和外商直接投资两种途径，从高收入国家转移到低收入国家，从而使发达国家的环境质量得到改善，进入到倒 U 形曲线的下降阶段，而转入国家即发展中国家的环境质量恶化，处于倒 U 形曲线的上升阶段。

（4）国家政策。一般而言，当经济发展到一定水平时，政府将加大环境投资并强化环境监管，这将会产生使环境质量得到改善的政策效应。从这个视角对环境库兹涅茨曲线进行理论解释的学者认为，环境库兹涅茨曲线下降阶段的出现不是收入增加的结果，而是由政府环境政策实施造成的。Torras 和 Boyce（1998）通过研究发现，一些发展中国家对制定的政策是否对环境友好给予较少的考虑，而相比之下发达国家更倾向于制定和实施对环境友好的政策。

3. 环境库兹涅茨曲线的表现形式

自从环境库兹涅茨曲线提出以来，关于这方面的研究可谓汗牛充栋。学者们对环境库兹涅茨曲线的表现形式、理论解释、影响因素、环境库兹涅茨曲线研究中存在的问题与缺陷等方面展开了大量和深入的研究，但其中以对环境库兹涅茨曲线的表现形式研究居多，研究结果表明经济增长和环境污染之间除了倒 U 形关系以外还有 U 形关系、N 形关系和同步关系。

（1）U 形关系。这类研究认为，环境污染指标随着人均收入的增加呈现出先下降到一定水平而后逐渐升高的状态，即环境污染和经济增长之间呈现一种 U 形关系。例如，Stern 等（1996）、Kaufmann 等（1998）的研究均证实这一观点。他们认为出现这种情况的原因主要有两个：一是特殊指标的选取。例如，Stern 等（1996）对环境库兹涅茨曲线进行研究时选取了造林和森林采伐率为环境污染指标，结果表明这两种指标与人均收入呈现的都是 U 形关系而不是倒 U 形关系，这是由于森林采伐率在研究期间内呈现的是先下降后上升的趋势。二是受经济活动与政策的影响。Kaufmann 等（1998）选取了 SO_2 浓度和人均收入两个指标研究环境库兹涅茨曲线时，发现 SO_2 浓度与人均收入呈 U 形关系，但与经济活动空间强度呈倒 U 形关系，他认为这主要是经济活动空间强度与环境压力分离的原因所致。

（2）N 形关系。这类研究认为，经济增长与环境压力之间呈现的是 N 形关系，这是属于"重组假说"所描述的情况。重组假说认为经济增长与环境压力之间的分离状态不会长期持续下去，当经济发展到一定水平后两者会重新组合，从长期来看两者呈现的是一种 N 形关系而不是倒 U 形关系。Bruyn 和 Opschoor（1997）通过对环境库兹涅茨曲线的理论和实证分析时发现了这种重组的可能性，认为经济增长率的提高很可能可以抵消物质强度的减少，从而可以出现环境压力与经济增长重新组合的可能性。Friedl 和 Getzner（2003）通过对小型开放经济体的研究也证实了这一观点。Taskin 和 Zaim（2000）、Martínez-Zarzoso 和 Bengochea-Morancho（2004）选取了环境效率和 CO_2 为污染指标对环境库兹涅茨曲线的研究也支持这一观点。

（3）同步关系。这类研究认为，在经济增长的过程中，环境污染并没有出现先恶化后改善的情况，而是与经济增长同步增加的。Roca 等（2001）在研究西班牙经济增长与大气污染时指出，经济增长只会带来环境压力使大气污染状况更糟糕，不能解决环境问题，因而大气污染和经济增长不会出现分离的情况。Stern 等（1996）以硫磺为环境污染指标研究与经济增长的关系时认为，环境库兹涅茨曲线理论只适用于单个国家的环境污染与经济增长分析，而不适用于全球所有国家的分析。Ansuategi 和 Escapa（2002）以经济增长和温室气体排放为研究对象时也支持这一观点。此外，York 等（2003）、Khanna 和 Plassmann（2004）认为出现这种情况是由于经济尚未发展到出现分离的阶段，也未到达出现转折点的阶段。环境库兹涅茨曲线在碳排放方面的演变轨迹与整个环境污染类似，具体体现为 U 形关系、N 形关系或同步关系的碳排放库兹涅茨曲线（carbon Kuznets curve，CKC）。

2.3　低碳经济约束下的产业增长模型

由于低碳产业是低碳经济发展战略的物质载体和实施路径，那么我们就以低碳条件下的经济增长作为研究的起点和基础。

发展和进步是人类社会永恒的主题，经济增长作为社会发展的主要内容和物质基础，是世界各国极力追求的目标。以往我们靠增加资本、劳动、技术及自然资源等生产要素的投入来推动经济增长，然而随之带来的是资源枯竭和环境的恶化，给人类生存与发展带来了挑战。经济增长不仅需要自然资源的投入，环境也可被视为经济增长的一种投入要素，且环境质量与经济增长存在一种相互作用的关系。正因为我们并未意识到资源环境同样是影响经济增长乃至社会发展进步的要素之一，在工业生产中过多注重经济总量的增加却忽略了资源节约和环境保护，进而造成了工业化进程中"先污染、后治理"或"边污染、边治理"的状况。

资源环境不仅是推动经济增长的重要因素，而且很可能成为制约和束缚经济增长的重要因素。进入 21 世纪以来，全球气候变暖成为人类生存新的威胁与挑战，工业文明视角下的经济发展范式亟待向低碳转型，世界性的低碳发展俨然成为一场波及生产方式、消费方式、竞争方式及价值理念的全新革命，在低碳的理念下发展经济已在世界范围内达成共识。因此，对经济增长予以低碳条件的约束是资源环境约束的新体现，也是当下生态文明时代资源环境约束的新内容和新要求。

2.3.1　模型构建

1. 基本模型

Nelson 和 Romer（1996）以索罗经济增长模型为基础，建立了一个存在自然资源约束的经济增长模型，用于分析自然资源对经济增长的影响。尽管该模型是建立在新古典经济增长模型基础之上，但模型简单明了，又符合经济研究中的"简单原则"，因此我们借鉴该基本模型来构建存在低碳约束的经济增长模型。

基本的索罗经济增长模型中包含变量：产出（Y）、资本投入（K）、劳动投入（L）、技术投入（A）。那么在低碳约束下，我们对其进行扩展，增加能源资源消耗（R）、碳排放量（C）两个变量，并将二者作为投入要素处理，并且这里的碳排放不仅是 CO_2 的排放。因此，在考察期内的任何时间点上的经济增长可以表现为资本、劳动、技术、能源资源、碳排放五个基本要素组合生产的产出。

那么，该基本模型的表达式为

$$Y(t) = F(K(t), A(t), L(t), R(t), C(t)) \qquad (2-7)$$

其中，t 代表时间。

2. 假设条件

（1）模型形式采用柯布-道格拉斯生产函数形式。根据前面提到的经济增长的五个基本要素理论，该函数的形式为

$$Y(t) = K(t)^{\alpha} R(t)^{\beta} C(t)^{\gamma} \left[A(t) L(t) \right]^{\lambda}, \alpha > 0, \beta > 0, \gamma > 0, \lambda > 0 \qquad (2-8)$$

由于碳排放对经济增长的环境产生的是负面影响，所以在将碳排放作为经济增长的一种投入要素时，其实它是一种负投入，即增加碳排放这种要素投入时，产出是下降的，这样也符合环境质量恶化对经济增长的负效应这一事实。因此，我们将上式改写为

$$Y(t) = K(t)^{\alpha} R(t)^{\beta} C(t)^{-\gamma} \left[A(t) L(t) \right]^{\lambda}, \alpha > 0, \beta > 0, \gamma > 0, \lambda > 0 \qquad (2-9)$$

其中，$C(t)^{-\gamma}$ 表示碳排放这种要素是负投入要素；R 表示生产所利用的资源，资本、劳动与技术的动态有效性与索罗经济增长模型一致：

$$\dot{K}(t) = sY(t) - \delta K(t), \quad \dot{L}(t) = nL(t), \quad \dot{A}(t) = gA(t) \qquad (2-10)$$

其中，s 和 δ 分别表示社会储蓄率和资本折旧率；n 和 g 分别表示劳动和技术增长率。

（2）假设资源要素为能源资源，且该能源资源不可再生，其消耗率为 b，那么，随着时间变化，能源资源 R 的变化为

$$\dot{R}(t) = -bR(t), \quad b > 0 \qquad (2-11)$$

（3）假设碳排放的年下降率为 d，则碳排放随时间的变化为

$$\dot{C}(t) = -dC(t), \quad d > 0 \qquad (2-12)$$

3. 模型建立

由于模型引入了能源资源与碳排放，我们考虑存在能源资源与碳排放约束，即在低碳约束下，产出增长是否平稳。根据公式，资本的增长率为

$$\frac{\dot{K}(t)}{K(t)} = s \frac{Y(t)}{K(t)} - \delta \qquad (2-13)$$

根据模型假设，如要确保资本增长率不变，则要求 Y/K 的值不变，即产出与资本拥有相同的增长率。基于此，我们对式（2-9）两边取对数：

$$\ln Y(t) = \alpha \ln K(t) + \beta \ln R(t) - \gamma \ln C(t) + \lambda [\ln A(t) + \ln L(t)] \qquad (2-14)$$

上式两边对时间 t 求导，可得

$$g_Y(t) = \alpha g_K(t) + \beta g_R(t) - \gamma g_C(t) + \lambda[g_A(t) + g_L(t)] \qquad (2\text{-}15)$$

进一步将公式带入，变形得

$g_Y(t) = \alpha g_K(t) - \beta b + \gamma d + \lambda(n + g)$，由于要求 $g_Y(t) = g_K(t)$，则：

$$g_y^{bdgp} = \frac{\lambda(n + g) + \gamma d - \beta b}{1 - \alpha} \qquad (2\text{-}16)$$

其中，g_y^{bdgp} 正是经济体在存在低碳约束下的均衡增长率。

4. 均衡解分析

根据均衡解 g_y^{bdgp} 的表达式我们可以得出，对于经济的产出总量而言，能源对经济增长存在阻碍作用，其大小为 $\frac{\beta b}{1 - \alpha}$，能源消耗率越大，能源资源对经济增长的约束越大。换言之，能源消耗率越大，则说明经济增长对能源的依赖程度越高，即能源资源对经济增长的约束程度越高。

碳排放对经济增长的作用力为 $\frac{\gamma d}{1 - \alpha}$，根据 $d > 0$ 的假设，该值为正，即说明当对经济予以低碳约束时，碳排放年下降率越大，对经济增长的贡献越大；反之，若不对经济予以低碳约束，碳排放量呈逐年上升趋势，即 $d < 0$，违反假设，那么碳排放量越大，对经济增长的阻碍作用越大。

人口增长与技术进步对经济增长起到推动作用，其值分别为 $\frac{\lambda n}{1 - \alpha}$ 和 $\frac{\lambda g}{1 - \alpha}$。在其他条件不变的前提下，技术进步会提高经济增长率，同样，人口增长也将推动经济总产出的增长。

式（2-16）意味着经济增长率 g_y^{bdgp} 的符号是不确定的，其值可正亦可负。在低碳约束条件下，经济增长状况取决于技术进步、人口增长、碳排放的减排程度（碳排放年下降率）三者的推动力量与能源资源的阻碍力量作用的效果。

2.3.2 低碳效率与经济增长

经济增长不仅要考虑经济效益，环境效益也同样要予以重视，生态效率就是一种在考虑经济效益的同时兼顾环境效益的概念。低碳发展是当前全球气候变化背景下基于生态文明的发展理念，低碳效率问题则成为生态效率中关注环境效益的新内容。

我们借用前面的低碳约束下的经济增长模型，来解释经济增长的效率问题。将式（2-14）两边关于时间 t 求导，可得

$$\frac{\dot{Y}(t)}{Y(t)} = \alpha \frac{\dot{K}(t)}{K(t)} + \beta \frac{\dot{R}(t)}{R(t)} + \lambda \frac{\dot{A}(t)}{A(t)} + \lambda \frac{\dot{L}(t)}{L(t)} - \gamma \frac{\dot{C}(t)}{C(t)} \qquad (2\text{-}17)$$

　　我们可以看出式（2-17）是式（2-15）的原始形式。将式（2-17）两端同时除以左端，可得

$$\alpha \frac{\dot{K}(t)/K(t)}{\dot{Y}(t)/Y(t)} + \lambda \frac{\dot{A}(t)/A(t)}{\dot{Y}(t)/Y(t)} + \lambda \frac{\dot{L}(t)/L(t)}{\dot{Y}(t)/Y(t)} + \beta \frac{\dot{R}(t)/R(t)}{\dot{Y}(t)/Y(t)} - \gamma \frac{\dot{C}(t)/C(t)}{\dot{Y}(t)/Y(t)} = 1 \quad (2\text{-}18)$$

其中，R 表示能源资源；C 表示碳排放量，$\alpha > 0$，$\beta > 0$，$\gamma > 0$，$\lambda > 0$。令

$$\Phi_K = \alpha \frac{\dot{K}(t)/K(t)}{\dot{Y}(t)/Y(t)}, \quad \Phi_A = \lambda \frac{\dot{A}(t)/A(t)}{\dot{Y}(t)/Y(t)}, \quad \Phi_L = \lambda \frac{\dot{L}(t)/L(t)}{\dot{Y}(t)/Y(t)},$$

$$\Phi_R = \beta \frac{\dot{R}(t)/R(t)}{\dot{Y}(t)/Y(t)}, \quad \Phi_C = -\gamma \frac{\dot{C}(t)/C(t)}{\dot{Y}(t)/Y(t)}$$

则式（2-18）可转化为

$$\Phi_K + \Phi_A + \Phi_L + \Phi_R + \Phi_C = 1 \qquad (2\text{-}19)$$

其中，我们将 Φ_K、Φ_A、Φ_L、Φ_R 和 Φ_C 分别称为资本效率、技术效率、劳动效率，节能效率和碳减排效率；Φ_R 与 Φ_C 合称为低碳效率。

　　传统的效率解释为从某种稀缺资源中所获得的最大收益，实质上是一种投入产出比，属于静态分析或比较静态分析。然而我们这里所界定的效率与以往传统的解释不同，从式（2-18）中可以很明显地看出，随时间变动，它是一个动态的弹性值。假设经济总量处于正增长，即经济总产出的变动大于零，提高要素的效率就是要使得要素投入变动的百分比小于总产出变动的百分比，反之则违背了式（2-19）。在经济增长的情况下，要素变动的比率有无可能为负，这一点值得进一步讨论。资本、劳动、技术三要素是经济增长的原动力，我们很难通过减少这些要素的投入来推动经济的高速增长，特别是对于尚未完成工业化的中国而言，这几乎不可能。而对于能源和碳排放，在经济总产出增长的同时，尽可能地减少包括工业生产等在内的一系列产业活动的能源消耗和碳排放，实现经济增长与能源消耗及碳排放的脱钩。根据 Tapio 脱钩状态与弹性值的对应情况（以经济总量为正增长为前提），脱钩意味着弹性值较小或为负，对于式（2-18）中的节能效率及碳减排效率来说，较高的效率意味着弹性值较小甚至为负，低碳效率为节能效率与碳减排效率之和。碳减排效率表达式中的负号说明当经济增长与碳排放呈强脱钩时，该效率值为正。根据式（2-19），低碳效率与推动经济增长的传统要素效率一样，对经济增长有着显著的贡献。但传统工业文明下的经济系统，更多地倾向于从资本、劳动和技术要素中挖掘生产效率，从中获得最大可能的利润，却忽略了资源与环境，尤其是环境这一当下生态文明时代经济增长的重要参与要素。而资源与环境两个要素，对于承接工业文明主导下的经济发展范式转型和推行基于生态文明的低碳发展至关重要。

　　中国环境资源需要实现环境功能的可持续性，即追求经济增长与能源消耗及碳

排放的脱钩，就要最大限度地利用进入经济系统的物质资源，特别是不可再生的能源资源，提高资源利用率、最大限度地减少污染物排放。在低碳发展的世界性趋势下，就是要力求实现能源消耗增长缓慢、零增长甚至达到负增长的同时，保证经济总产出有增无减，由最初的碳排放强度下降阶段逐步过渡到人均碳排放量下降阶段，再到碳排放总量下降阶段。该进程的实施路径就是从产业层面进行低碳转型，其内容是发展新型低碳产业和传统产业的低碳化。产业低碳转型的核心要求是低碳效率问题，即节能与碳减排。

2.3.3 低碳产业的模型解释

前面我们分析了低碳条件下的经济增长及其效率问题，研究的对象是经济总量即经济总产出，现在考虑中观层面上的产业问题。对于产业来说，低碳约束实际上是要求各产业的经济活动以低碳为宗旨，换言之，就是实施以革新技术为主要手段，以政策制度为有力保障，以提高能源效率为根本途径，以降低碳排放为目标的产业发展战略。根据前文低碳产业的定义，低碳产业符合低碳约束的发展要求，正是低碳约束下的产业发展新模式。因此，低碳产业产出的增长情况，可以借用前文所构建的低碳约束下的经济增长模型来进行描述和解释。

低碳产业的产业增长模型如下：

$$Y_i(t) = K_i(t)^\alpha R_i(t)^\beta C_i(t)^{-\gamma} \left[A_i(t) L_i(t) \right]^\lambda, \quad \alpha > 0, \beta > 0, \gamma > 0, \lambda > 0 \quad (2\text{-}20)$$

其中，Y_i、K_i、R_i、C_i、A_i、L_i 分别代表第 i 产业的产出、资本投入、能源资源消耗、碳排放量、技术投入和劳动力投入。该模型的均衡解为

$$g_{yi}^{bdgp} = \frac{\lambda(n+g) + \gamma d - \beta b}{1-\alpha} \quad (2\text{-}21)$$

从均衡解的表达式可以得出，低碳产业的产业增长模型与低碳约束下的经济增长模型一样，其产出增长取决于人口增长、技术进步、能源消耗及碳排放四个因素的综合作用。其中前两个因素对低碳产业的产出增长起正向推动作用；碳排放的影响作用取决于自身的变化率，碳排放下降率越大对产出增加的贡献越大，对应的是产业碳排放强度下降的过程；而能源消耗率越大则对产出增加约束越大，因此采用新技术可以使能源的利用情况得到改善，即提高能源效率将有利于低碳产业的产出增加，同时也说明了在低碳条件下追求产业产出最大化是低碳产业的最终目的。

第3章 产业低碳化："两型社会"建设的主要支撑

"两型社会"的建设，旨在社会生产和生活的各个领域，在经济和社会发展各个方面，切实保护和合理利用各种资源，提高资源利用率，同时将生产和消费活动规制在生态承载力、环境容量限度之内，降低社会经济系统对生态环境系统的不利影响，以尽可能少的资源消耗和环境代价，获得最大的经济效益和社会效益，实现人与自然和谐发展、经济社会可持续发展的社会发展模式和社会形态。结合经济低碳化发展分析，可以看出，"两型社会"建设实际上是自然资源与经济发展逐渐走向和谐的过程，要实现"两型社会"的建设目标，就要走一条从低碳经济的初级阶段向高级阶段转变，最终走向成熟阶段的路。那么如何实现这样一条道路，最终应落脚于低碳产业的发展上，即产业低碳化。

3.1 "两型社会"建设的产业发展

3.1.1 "两型社会"建设与"两型产业"

产业是经济和社会可持续发展的基础，当产业结构及其变化规律适应经济发展的要求时会促进经济增长，而当产业结构不合理时会阻碍经济实现持续增长。产业同时联系着经济系统和生态系统，从生产角度来看，产业是一个"资源配置器"；从环境保护角度来看，它又是资源消耗和污染物产生的"控制体"。不同的产业类型、产业结构和生产方式所消耗的资源和产生的污染物种类及数量不同，对生态系统的影响也不同。

"两型社会"是在可持续发展的理念指导下，为解决我国经济社会发展与资源环境困境而提出来的，目标是实现经济系统与生态系统的和谐发展。因此，"两型社会"建设需要改变传统的产业发展模式，建立与"两型社会"目标相一致的产业体系，即资源节约型和环境友好型的产业体系。"两型产业"体系可以理解为以资源环境可承载能力为基础，主动选择资源节约型和环境友好型经济发展方式，实现产业发展与生态系统相协调的产业体系。具体表现为选择资源消耗低、环境影响小甚至节约资源、保护和优化环境的产业类型和生产方式。这一产业发展目标和生产方式的调整是"两型社会"建设在生产领域的体现，也是"两型社会"走新型工业化、新型城市化发展道路的必然选择。

环境库兹涅茨曲线表明：经济增长过程中的环境状况是先恶化后逐步得到改善，原因在于在经济增长初期的经济规模扩大需要更多资源消耗，同时会产生更多的废弃物排放。经济发展也使产业结构由农业为主向工业为主转变，伴随着工业化的发展，资源需求和环境污染加剧。而当经济继续增长到一定程度水平时，产业结构又由资源密集型产业向服务业和技术密集型产业发展，对环境的影响程度逐渐减小。可见，及时合理地调整产业结构，可以提高资源的使用效率，减少资源消耗，降低对环境的污染，实现经济的可持续发展。"两型社会"建设的核心是转变传统的经济发展方式，必然要求调整产业结构，降低资源消耗高的产业比重，提高"两型产业"的比例。

3.1.2　"两型产业"的内涵与产业低碳化

"两型产业"这一概念作为"两型社会"的重要组成部分而出现的，目前还没有形成统一定义。学界对于这一概念的认识主要有两种：一种认为"两型产业"是"两型社会"下的产业体系。例如，林善炜和周松峰（2006）认为环境友好型产业是以环境承载力为基础，以遵循自然规律为准则，以绿色科技为动力，主动选择低投入、低消耗、低排放、高效率的资源节约型经济增长方式，强调经济社会环境协调发展的产业体系。蔡景庆（2009）认为"两型产业"是指以资源节约型和环境友好型为目标，以高科技、低消耗、环保性、循环型为主要生产方式的产业模式。另一种认为"两型产业"就是有资源节约、环境友好型特点的多种产业类型的统称，是一种概括性的说法。例如，简新华和叶林（2009）指出"两型产业"就是资源节约型、环境友好型产业，主要包括节能、节油、节水、节地、生态、环保等产业。张亚斌和艾洪山（2009）认为凡是符合"资源节约与环境友好"标准的产业都是"两型产业"，主要包括高新技术产业、现代服务业、创意产业、优质特色绿色高效农业。

"两型社会"建设并不排斥重化工业等传统优势产业的发展，而且反而需要更好地发展现代重化工业，加快推进粗放型重化工业向创新型重化工业升级。推动产业生态化的目的就是促进传统优势产业高端化，改变粗放型的生产方式，引领产业发展符合"两型社会"的目标。传统优势产业是"两型社会"新型产业体系的一部分，"两型产业"是新型产业体系的核心。因此，这里我们将"两型产业"界定为后面一种观点，即资源节约型、环境友好型的产业类型的统称。"两型产业"具有低消耗、低排放、低污染的特点，其本质要求就是产业低碳化，它涵盖了低碳化转型的传统产业、新兴低碳行业、新能源行业、与环境相关的产品与服务等，各类型行业之间相互依赖、关联发展。

3.2　产业低碳化的概念、主要领域及实现路径

3.2.1　产业低碳化的概念

对于产业低碳化的概念目前还没有统一的认识，学者们对于产业低碳化研究较多的是产业低碳化的发展分析、产业低碳化的度量和产业低碳化的实现路径三个方面。本书从全要素生产率的角度出发，认为产业低碳化是指在国民经济的产业发展过程中，通过产业结构和能源结构的优化不断提高产业的环境全要素生产率，进而使环境全要素生产率对经济增长的贡献率不断提高的过程。也就是说，经济增长主要依靠技术进步等因素来拉动，不是传统的资本和技术要素拉动型，生产过程中综合考虑能源和环境污染等低碳因素。实现产业发展由"高碳"向"低碳"的转变，从而实现节能减排和减缓气候变化的目标，实现产业发展与能源、环境的协调发展。根据这个概念，产业低碳化包括四个方面的内容。

第一，产业低碳化的核心在于产业结构和能源结构的低碳化。产业结构的低碳化是指，通过技术创新等不断调整产业结构中高碳产业与低碳产业的比例关系，不断提高低碳产业在整个产业中的比重，实现由传统高度依赖高消耗、高污染产业的能源消费型为主导的产业向低能耗、低污染的低碳型产业转变，从而实现产业结构的低碳化。能源结构的低碳化包括两方面的内容：一是调整化石能源与清洁能源的供需比重，提高清洁能源的比重；二是优化化石能源的内部结构，降低煤炭的供需比重，同时提高石油和天然气这类碳排放系数较低的能源供需比重。

第二，产业低碳化的重点在于实现工业的低碳化。因为在国民经济的三次产业中，工业的能源消费和碳排放量最多，所占比重最大。能否实现工业生产方式和能源消费方式的改变是实现产业低碳化的重中之重。

第三，产业低碳化的关键在于，低碳技术的研发和应用程度及相关制度设计。低碳技术包括传统能源低碳化利用技术、节能减排技术、可再生能源技术等。低碳技术的应用一方面可以提高能源利用效率和降低碳排放强度，提高产业的碳生产率；另一方面低碳技术的开发和利用可以有效地改善目前能源结构高煤化和实现产业低碳化发展。而具有可操作性的促进产业低碳化发展的相关制度是产业低碳化发展的有力保障。

第四，产业低碳化的目标在于提高产业的环境全要素生产率，以更少的能源消耗和环境污染实现与以前同量的产出，提高能源利用效率和碳生产率，从而实现产业发展与能源和环境和谐发展，实现节能减排目标及减缓气候变化。

3.2.2 产业低碳化的主要领域

1. 从国民经济三次产业划分来看

产业低碳化主要包括农业低碳化、工业低碳化和服务业低碳化。农业低碳化的实质是要以环境友好的方式利用资源进行农业再生产或能够进行资源的再利用，把农药、化学肥料的投入量控制在必要的最小限度，在实现资源节约与生态环境保护、农产品安全生产的同时，保持较高的农业生产力水平，实现农业经济向循环、低碳的转化。它包括植树造林、节水农业、有机农业、观光旅游农业等。

工业低碳化是以可持续发展为宗旨，充分地利用包括知识与智力在内的各种资源，以实现工业经济活动的物质消耗最小化和污染排放量最小化为特征，实现投入少、消耗低、质量高、无污染而又生产出符合生态环境标准的产品的目的，达到工业经济发展的生态和社会成本最低，生态和经济两个系统良性循环和经济效益、生态效益、社会效益统一的绿色工业发展模式或工业综合体系。它主要包括清洁能源、可再生能源、新材料和工业节能等，重点领域有产业钢铁低碳化、石化产业低碳化、水泥产业低碳化和汽车工业低碳化。

服务业低碳化是现代服务业的发展方向，主要指依托信息技术和现代化理念发展起来的信息与知识相对密集的服务业。根据现代服务业的划分及国家"十二五"规划的发展要求，服务业低碳化发展可以从以下几个方向重点培育：一是生产性服务业，主要包括电子商务、现代物流、业务外包等；二是新兴服务业，主要包括数字文化、文化创意、图书出版、教育培训、公共服务等；三是科技型服务业，以研发设计、企业孵化器、科技金融、科技咨询等为代表。

2. 从能源利用角度来看

产业低碳化从能源利用角度来看，主要包括能源供给领域的产业低碳化和能源需求领域的产业低碳化。能源供给领域包括化石能源产业低碳化和可再生能源产业低碳化，其中化石能源产业低碳化又包括 CO_2 回收与储藏、清洁煤与煤气复合发电、煤气燃化燃料及煤炭甲烷产业等；可再生能源产业低碳化又包括太阳光发电与太阳热发电、风力发电、生物质发电、地热发电、海洋温差发电及氢燃料电池等。

能源需求领域包括能源的储存和运输、能源产业的低碳化消费。其中能源的储存和运输包括新能源电池、储能电站、智能电网和特高压；能源产业的低碳化消费包括工业节能、建筑节能、交通节能等。

3. 从产业生命状态来看

产业低碳化从产业生命状态来看，主要包括经过技术改造的传统产业低碳化和新型产业低碳化。传统产业低碳化虽然在形式上还属于传统产业，但其理念和发展方式已经发生了根本性的变革，如生态旅游业、生态农业、绿色造船业、新能源开发产业等，这些产业将以全新的方式为经济社会创造更大的效益。新型产业低碳化是指，该类产业从建设的理念、建设方案到产业活动运行都是以低碳化发展为指导方针。

4. 从产业特性和功能来看

产业低碳化从产业特性和功能来看，主要涉及新能源、节能减排、循环利用、绿色环保和低碳金融服务。新能源包括太阳能、风能、生物质能、氢能、垃圾燃烧能、地热能、海洋能、核能、小水电等。节能减排包括节能建筑、节能照明、节能汽车、节能材料、节能电力、节能机电、节能锅炉、节能石化、节油设备、节煤设备、节气设备、造纸、水泥、家庭节能、节水设备等。循环利用包括城市垃圾、工业电子、塑料橡胶、金属玻璃、医用固体废料、办公固体废料、餐厨固体废料、废气废液、余热余压、雨水收集等。绿色环保包括原水处理、污水处理、过滤除尘、空气净化、清洁清洗、消音降噪、消毒杀菌、污泥处理、城市环卫、环境监测等。低碳金融服务是指围绕碳减排权交易和碳资本需求，所催生的相关金融服务产业，主要包括碳指标交易、碳期权期货、碳证券、碳基金等一系列金融服务行业。这里碳金融是指围绕碳交易产生的服务领域（如碳排放权交易服务、清洁发展机制咨询服务、绿色金融服务、碳管理的咨询服务、碳足迹与碳抵消的商品和服务等），它是为应对气候变化而产生的金融解决方案。

3.2.3　产业低碳化的实现路径

1. 发展具有低碳性质的产业，优化产业结构

据测算，在三次产业的产值构成中，当第二产业所占比重下降一个百分点而第三产业所占比重增加一个百分点时，单位 GDP 能源强度下降的幅度超过一个百分点。产业结构的构成对产业低碳化的实现至关重要，产业结构不同则同等规模的经济碳排放量差距也很大。首先，要对传统产业进行升级改造。目前具有高碳性质的产业在许多国家和地区都占有较大比重，碳排放最高的行业仍然是电力和热力、制造业和建筑业及交通运输业，因此应通过引入低碳技术对其进行升级改造，使其产品由价值链低端向高端发展，实现传统产业的低碳化发展。其次，要发展新能源产业。世界各国都对新能源利用和新能源产业的发展给予了高度关注，

并将其纳入国家发展战略中。最后，要大力发展战略性新兴产业，包括新能源产业、生物技术、新材料和先进制造业等。这类产业具有低消耗、低污染和高效益的特点，能够成为新的经济增长点，扶持这类产业的发展能够提高低能耗产业在国民经济中的比重。但产业结构是与一定经济社会发展阶段和水平相对应的，因此调整产业结构受到多种因素的制约，不是短时期内能实现的。

2. 发展新能源，优化能源结构

发展新能源产业，提高太阳能、风能、水电、核能等新能源在一次能源构成中的比重，促进能源供应的多样化，逐步实现以新能源和可再生能源为主的能源结构，降低化石能源的比重，实现能源结构的低碳化。目前我国的新能源利用水平不高，仅有少部分新能源技术实现了商业化，产业化程度不高，在发展速度和水平上远低于大多数发达国家和少数发展中国家，在新能源方面仍有进一步发展的空间。应有选择性地发展新能源产业，使太阳能、风能和水能成为新能源发展中的主力，健全宏观层面的制度框架和微观层面的合作发展机制，根据不同种类新能源的发展目标和产业发展的不同阶段采取不同的政策措施，制定支撑产业低碳化的能源技术战略和相应的政策措施。新能源产业的发展关键在于能源技术的创新，这就需要加强对低碳能源技术的研发力度，以避免传统高碳技术的扩张和高排放特征的长期存在。

3. 提高能源利用效率

实现产业的低碳化发展最重要的路径是优化产业结构和能源结构，但产业结构和能源结构在较短的时间内都不可能发生大的改变。虽然目前我国新能源已经有了较大的发展，但这些新能源的商业化受到成本方面的约束，要实现新能源的大规模产业化发展也同样存在困难，太阳能、风能等新能源仍然难以与常规的化石能源相竞争。产业结构的大幅度优化也同样存在困难。因此要实现产业的低碳化发展，在短时间内要提高能源的利用效率。

能源利用效率的提高将是决定能否实现产业低碳化发展和节能减排的关键因素。提高传统能源的利用效率是实现产业低碳化发展的重要内容。通过淘汰小火电等高耗能的落后产能，在重点领域，如电力、热力、照明等进行节能降耗和推广节能产品的使用等措施，同时地方政府应制定相应的强制性能效指标，建立企业生产的节能减排长效机制和激励措施，加大对高能效技术的资金支持和研发力度并完善能效标识制度。

4. 加强国际低碳技术合作

低碳技术不仅涉及电力、交通运输业、建筑业、冶金和化工等传统高能耗高排放部门，也涉及新能源及可再生能源、煤炭的高效清洁利用、石油的勘探开发和 CO_2 的捕获与埋存等领域，几乎涵盖了国民经济发展的所有支柱产业。联合国政府间气候变化专门委员会（Intergovernmental Panel on Climate Change，IPCC）报告认为低碳或无碳技术的研发规模和速度是未来温室气体排放减少的主要决定因素。目前我国进行产业低碳化发展面临的最大困难在于低碳技术的匮乏，无论是提高单位能源的产值，还是开发和利用新能源发展低碳产业，从根本上都要依靠技术进步，技术是最关键的因素，特别是节能技术、可再生能源技术和传统能源低碳化利用技术。低碳技术体系的建立和完善，是应对气候变化和实现产业低碳化发展的重要手段。但目前我国低碳技术水平相对落后，技术研发能力不足，而发达国家尤其是美国和英国在低碳技术方面处于全球技术最高端，因此有必要通过发达国家向发展中国家进行技术转让和合作来获得先进的低碳技术。另外，政府也可以采取财政补贴和税收的手段，鼓励企业加大对低碳技术的研究和开发力度，以保障企业的科技研发投入。

5. 建立和完善产业低碳化的政策体系

完善的政策体系是实现产业低碳化发展的重要保障。目前我国已制定了诸多促进产业低碳化发展的政策，包括制定相关法律法规等规制性政策、市场性政策和参与性政策三方面。但在政策制定和执行方面仍存在一些问题，表现为地方政府节能压力和能力不匹配、政策主体管理能力不足和政策机制手段落后等方面。另外，我国低碳发展政策具有明显的自上而下特征，这种政策体系忽视了地区差别，对地方政府造成了较大的减排压力，也造成了较高的减排成本。我国应对气候变化的法律法规、战略与规划和政策体系均不完善，在未来发展中亟须加强和完善。因此，未来在政策主体方面需要加强政府、企业和社会的共同参与，充分发挥企业和公众的作用，进一步完善促进产业低碳化发展的以碳税、低碳补贴和低碳采购为主要内容的财政政策和以碳投融资、碳交易为主要内容的低碳金融市场政策，从产业结构、产业组织、产业布局和产业技术四个方面完善低碳产业政策。

3.3　产业低碳化的内涵、基本特征及基本情形

3.3.1　产业低碳化的内涵

第 2 章在对低碳经济约束下的产业增长模型的解释中我们指出，发展低碳产业最终目的是在低碳条件下追求产业产出最大化。那么何谓产业低碳化，根据前人研究现状及特征总结，笔者认为狭义的产业低碳化仅仅是针对温室气体（仅对

CO_2）的排放，采用新技术提高能源利用效率，降低能源的碳排放强度，使单位碳排放的产业产出较高或较之原来的产业有所提高；广义来讲，产业低碳化是指产业发展过程中的低能耗、低污染趋势，也包括部分环境产业的绿色化。产业低碳化所采用的新技术主要是指低碳技术，涉及电力、交通运输业、建筑业、冶金、化工、石化等部门，以及在可再生能源及新能源、煤炭的清洁高效利用、油气资源和煤层气的勘探开发、CO_2捕获与埋存等领域开发的温室气体排放有效控制的新技术。

根据产业低碳化的定义，笔者从量化指标的角度对产业低碳化进行诠释，即用能源效率、能源碳排放强度和碳生产率三个核心指标来体现产业低碳化的核心特征（表3-1）。

表3-1 产业低碳化三大核心指标

指标	说明	表达式
能源效率	产业产出与能源消耗的比率	$I_iP / \sum_j I_iE_j$
能源碳排放强度	所消耗能源的碳排放与该种能源消耗量的比率	$\sum_j \dfrac{I_iE_jC}{I_iE_j}$
碳生产率	产业产出与碳排放量的比率	I_iP / I_iC

注：i表示产业部门；j表示一次能源类型；I_iP表示第i行业的产出；I_iE_j表示第i行业所消耗的第j类能源；I_iE_jC表示第i行业所消耗的第j类能源的碳排放量；I_iC表示第i行业的碳排放总量

第一，对产业低碳化实质的理解，要从能源消耗与碳排放这两个基本点出发。产业低碳化发展的诉求根源于产业发展的能源利用方面。对于能源利用方面的要求：一是更多地使用含碳低或者零碳能源等清洁能源；二是提高煤炭、石油、天然气等传统高碳能源的能源效率。由于产业结构演进在经济发展过程中面临原有发展模式的制约，而且产业结构的升级是一个漫长的过程，这对于众多发展中国家来说，工业化进程尚未完成，与其较为低级的产业结构相匹配的能源结构势必是以煤炭、石油、天然气等传统高碳能源为主的能源结构，选择较多使用清洁能源来改变现有能源结构有可能会减缓本国经济发展，而导致诸多不利情况的发生。所以在全球低碳发展趋势的当下，发展中国家采取新技术来提高能源利用效率才是现实可行的低碳发展方案。而对于已完成工业化的发达国家来说，其产业结构处于高级阶段，应该转变能源结构，更多地倾向于清洁能源的使用。

第二，产业碳排放强度是衡量产业低碳化发展的直接工具。与该指标具有相同解释力的另一说法叫做碳生产率或碳生产力，它们在反映碳排放与产业经济产出的关系上起到了殊途同归的作用。碳排放强度的概念由胡锦涛在 2009 年 9 月的联合国气候变化峰会上提出。从现实角度出发，与"人均碳排放"①相比，该指标更能真实地反映出不同国家和地区的低碳发展情况，更具可比性。此外，碳排放与产业经济产出的关系，还可以用脱钩指标的演化形式来进行解释，即碳排放量的变动率与产业 GDP 变动率的比值，该指标可从动态的角度反映产业的低碳化发展情况，对产业低碳化的实质给予进一步的阐释。关于能源碳排放强度这一指标，是通过前两个指标来进行表达和解释的，只有能源利用效率得到提升，能源的碳排放强度才能维持较低水平。

3.3.2　产业低碳化的基本特征

产业低碳化发展模式的实质是提升能源的高效利用、促进产品的低碳开发和维持全球的生态平衡，是高碳能源时代向低碳能源时代演进的一种经济发展模式。作为低碳经济的物质基础和支撑体系，产业低碳化构建的是一个崭新的产业结构、能源结构和消费结构，通过改善能源结构，调整产业结构，提高能源效率，增强技术创新能力，低碳产品、低碳技术、低碳能源的开发利用，增加碳汇与碳交易，倡导低碳消费等措施，使经济社会走上低能耗、低污染、低排放和高能效、高效率、高效益发展的道路。

产业低碳化不仅要实现经济增长，而且要致力于节能减排和维持生态平衡，因此它具有经济和生态环境的双重效益，所以，产业低碳化应具有以下特征。

第一，能源结构方面，更多地采用清洁能源，化石能源的消耗比重较小。

第二，能源利用方面，相比传统产业，产业低碳化的能效高，表现在碳生产力的提高，即用更少的物质和能源消耗产生出更多的社会财富。

第三，技术应用方面，更多采用低碳技术，这里的低碳技术是指提高能效、提高产出效率及节能环保的技术。产业低碳化对技术和知识依赖程度较大，多属知识技术和密集型产业。主要应用于能源利用、生产制造、包装运输等环节。

第四，生产过程方面，在保证产值的前提下节约能源，同时降低对其他物质资源的消耗，既要节能节物，又要保证较高的产出效益。

第五，产品特性方面，开发消费者的低碳消费观和生产具备节能、减排的低碳产品。

第六，废弃物排放方面，从原材料采购到投入生产，再到包装运输和销售的各个环节，减少温室气体及其他污染废弃物的排放，即要求产业活动对环境的损耗降到最低。

---

① 斯特恩认为人均碳排放量欠公平，其可能掩盖经济欠发达而人口较多地区碳排放高于发达地区的事实。

3.3.3　产业低碳化的基本情形

根据碳排放强度的计算公式①可以得知,产业的碳排放强度下降的过程实则是产业产出与产业碳排放脱钩的过程,换句话说,产业低碳化表现为产业产出的年增长率(用 g 表示)高于碳排放的年增长率(用 c 表示)。据此,假定某产业处于产业生命周期的成长和成熟期,即产出处于稳定的状态,产业低碳化应该存在三种情形,如图 3-1 所示。

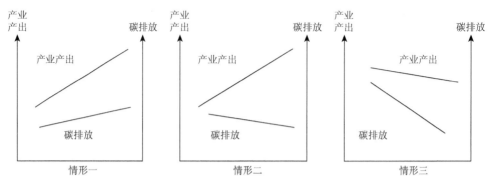

图 3-1　产业低碳化的三种情形

情形一:$g>0$,$c>0$,$g>c$,称为相对低碳化。该阶段是低碳发展的起步阶段或初级阶段。此阶段,节能减排技术开始在各个传统高碳产业领域使用,以致能源效率首先得到提高,从而使碳排放增长速度得以减缓或者总量维持不变,而真正意义上的低碳产业发展正处于萌芽阶段,其对于碳排放的削弱作用尚不显著。

情形二:$g>0$,$c<0$,称为绝对低碳化。该阶段是低碳发展的高级阶段。节能减排技术已经在各个产业部门得以广泛应用,低碳产业逐渐成长和成熟,各项政策与机制环境趋于完善,产业产出与碳排放呈逆向增长态势,这便是生态文明下的产业发展状态。

情形三:$g<0$,$c<0$,$g<c$,称为衰退低碳化。虽然该情形也称为低碳化,但违背了发展的大前提,是负效率的低碳化、不经济的低碳化、衰退的低碳化。出现此情形的原因可能是产业活动运行中的能源消耗削减过多、低碳产业的选择或运行方面出现了偏差、技术层面及政策制度环境等方面出现问题。

3.4　产业低碳化发展的影响因素

任何产业都要经历从成长到成熟再到衰退的演变阶段,产业经济学学科的设

---

① 产业碳排放强度为产业碳排放量与产业产出的比值。

立即是为产业发展提供必需的理论支撑，指导产业建设和规划，更好地服务于经济社会发展。产业低碳化不仅包含对高耗能、高排放产业的技术升级改造，也包括以低碳为理念建立一批新兴产业。在存在形式、发展模式、运行方式等方面都有别于工业文明视角下的产业化发展，后者将是未来国际竞争的高地，是实现和支撑生态文明的物质基础和中坚力量。本节所提到的产业低碳化主要指后者，关注的是影响这一类型产业低碳化发展的因素有哪些，即以经典的产业经济学理论为基础，从中观层面的产业发展理论和微观层面的产业组织理论两个角度，分别探析产业低碳化发展的影响因素。

3.4.1　产业发展理论视角

1. 产业生命周期

产业生命周期一般分为形成期、成长期、成熟期和衰退期四个发展阶段。从现阶段来看，世界各国产业低碳化基本均处于形成期，但产品层次、技术水平等方面仍存在一定程度的差异。我国尚处于工业化中后期的过渡阶段，产业结构不合理，产业整体素质低于发达国家水平，产业低碳化刚刚起步，基本上处于形成期。主要体现在产品门类少、产品功能单一有限、企业规模较小、技术装备较为落后、自主创新能力不够、企业低碳化发展意识淡薄、相应政策体系缺乏等方面。在此阶段内，原材料、设备、土地、人才、技术、信息等各类生产要素对产业低碳化的支持至关重要，生产要素不到位，产业低碳化就是空谈，而且需要生产要素的持续注入，才能维持产业低碳化发展。处于形成期的产业低碳化通常会面临以下困境：技术资金难题、产量低而成本高、宣传推广费用大、销售价格偏高、销量未能达到预期而导致获利困难等。然而随着其成长、成熟，市场需求扩大、产业规模逐渐扩张使得成本得到降低、产业内生产工艺逐渐趋于成熟、上下游产业链趋于完整和稳固、产品种类及功能更加丰富和齐全，以上困境也就迎刃而解。

低碳化水平不同的各类产业内部所处的发展阶段和发展水平也不尽相同，尽管都处于形成期，也存在发展的先后和快慢状态。例如，太阳能、风能等新能源产业虽是属于低碳型产业，但已处于形成期的后期，即将迈入成长期。目前国内的新能源产业发展出现了盲目性问题，地方上在规划产业发展时一味地硬上新能源项目，过于随意和盲目，主要是新能源开发方面，而真正代表国际发展方向与竞争实力的新能源技术装备研发制造却得不到应有的重视。因此，对于这类低碳型产业应辅以政策方向引导，合理规划布局，同时加大研发投入。而对于刚刚兴起的碳捕集与封存、碳汇、生物质能和潮汐能发电等低碳型产业，技术是根本，同时对选址的要求也较为苛刻，必须有专门的地方政策予以保护和支持。

2. 产业创新

产业低碳化发展是对工业文明下产业结构的革新,属于产业创新的范畴。产业低碳化的创新产生于传统产业技术改造阶段,创新活动的主体是以被改造产业为主的多个部门。

不同的发展时期,产业低碳化创新的客体及内容也有所差异。处于形成期的萌芽阶段时,产业低碳化创新的领域主要集中在两点:技术方面为节能与新能源开发;产品方面为新材料与新产品。此阶段创新的动力主要来自政府政策刺激和引导,其次是全球市场与国内市场受低碳经济发展趋势的影响而出现的需求变化。无论是政策导向还是市场需求的刺激和引导,技术领域的创新活动都存在较大的不确定性,原因在于尽管低碳的可持续发展理念已广泛存于人心,但包括政府、企业、消费者在内的市场微观主体对于产业低碳化发展所持的态度仍有所不同,各微观主体行动方面未必考虑全面,企业在发展规划、产品研发、技术应用方面尚处于摸索阶段,消费者的原有消费惯性对于消费方式转变的限制等因素,也是影响产业创新的重要原因。

产业低碳化创新的动力初期来源于政策支持与需求变化,随着后期发展技术创新、企业家创新精神、产业内企业竞争压力成为创新的主要原动力。由此可以得知,萌芽阶段的产业低碳化创新的动力主要来自产业外部,之后更多来自产业内部。其中技术创新的扩散和产业化更重于创新本身,可显著提高企业的竞争优势,直接推动产业更迭和演进,诱发产业创新。产业内部企业竞争压力一般会出现在产业低碳化的成长和成熟发展阶段。由于人们的低碳消费方式趋于稳定,市场需求空间逐步扩大,竞争压力从两方面推动产业创新:一方面,促使企业进行新产品开发和产品性能的改善丰富;另一方面,加深产业细分程度,突破产业原有界限,将其延伸至更广领域,进而重构整个产业。从创新原动力可推知,产业低碳化创新活动依次经历技术创新、产品创新、市场创新和产业融合四个层次,不同层次的创新也体现了产业发展不同生命阶段的特征。

3. 产业竞争力

产业竞争力不是一个绝对的概念,而是一个比较和相对的概念,涉及两个维度的问题,即比较的内容和比较的范围,重点体现的是产业竞争优势所在,本质在于产业生产力之间的较量。根据波特"钻石模型"理论,产业竞争力由四大要素构成:生产要素、需求条件、相关和支持产业、企业战略与结构及同业竞争,此外另有两个外在因素,即机会和政府,机会无法主动控制但可以把握,政府政策的影响作用不可忽视但可以调整。产业低碳化的前期发展阶段必然会受到前四方面的影响,而政府的角色和机会的获得却存在不确定性。

产业低碳化的竞争力涵盖低碳产业内部企业之间的竞争和低碳化产业整体与其他

产业之间的竞争两个方面。产业低碳化在发展初期属于弱小产业，资金、技术等生产要素匮乏，市场需求空间有限，政策机制不到位，发展速度较慢，市场竞争压力主要来自其他产业；进入成长期后，政策机制更为健全，产业规模逐渐增大，技术条件得到改善，产业发展更为迅速，产品种类更加丰富，低碳产品市场也渐趋于稳定，产业竞争主要表现在低碳型产业内部行业与企业之间，内部竞争取代了外部竞争。

对于如何提高产业低碳化的竞争力，应根据其在不同发展阶段的特殊性分别对待。波特产业竞争力"钻石模型"认为，政府在产业低碳化发展中，尤其是在产业形成期占主导地位，即政府要素是首先可以明确对产业低碳化产生影响的因素。如果仅靠市场机制的引导和调节作用，低碳型产业无力在市场竞争中与其他产业抗衡，因此，政府政策引导和支持必不可少。中央政府在统筹全国产业低碳化发展的同时，地方也应匹配相应的政策措施并体现地方特殊性，而且要突出明确性、规范性和系统性。待产业低碳化成长至成熟时，市场需求稳中有增，企业结构和策略行为区域成熟，引路人角色的政府应适时地淡出市场，政策导向作用慢慢减弱，产业竞争力更多是靠行业与企业的战略行为得以体现，产业低碳化大市场形成，也意味着国际竞争是未来产业低碳化竞争的方向。因此，就我国目前情况来看，除"钻石模型"四要素之外，政府担当着保障低碳产业有效发展的至关重要的角色。

4. 产业布局与集聚

任何产业发展都要考虑区位因素，即地域空间的分布与组合，以实现经济资源、社会资源在空间上的高效配置。产业布局理论关注的重点就是，产业发展要考虑区域经济承载力、社会承载力和环境承载力三个系统的均衡协调问题。作为产业布局的新发展，产业集聚（也称产业集群）是一种新型的地区发展模式，不仅要求企业在地域空间上的集聚，而且更加强调企业与企业之间的关联，这种关联体现在集群内部企业之间及集群内企业与集群外企业之间的相互关系。

产业集聚化发展可充分有效利用本区域资源，构造联系紧密、环节完备的产业链体系，实现区域内低消耗、高效率的发展，有利于企业之间形成交互式共生、学习机制，促进企业学研共创和资源共享，同时也为小范围的循环发展提供了可行载体。这种发展模式和发展状态都不同程度地在不同方面体现了产业低碳化特质，由此可见，产业布局与集聚理论为产业低碳化的现行发展模式提供了理论指导。产业低碳化集群作为现实可行的发展模式，对产业低碳化发展促进作用体现在四个微观方面：第一，通过资源共享和互补，降低企业初期生产成本，提高生产率；第二，有助于形成低碳企业激励与效率评估机制，促进低碳企业快速成长；第三，搭建产学研合作平台，有助于提高低碳企业研发创新的成功率，促进整个产业的创新；第四，有助于减弱和消除阻碍新企业形成的屏障，为低碳企业的成长和生产率提高营造了有利环境。从宏观层面来看，产业低碳化集群的形成和发展，对于本地区产业竞争力提升乃至整个区域经济社会环境的改善有重要的促进作用，与城镇化形成互推式发展，此外，对于本地区落实集约化发展、实现经济发展方式转变和可持续发展意义重大。

产业低碳化集群不仅是现阶段产业低碳化发展的现实有效模式，而且承载着低碳竞争力对于产业低碳化集群的建设和发展，应从两个方面予以辅助：一是加强产业低碳化公共服务平台建设，为企业提升信息支持、技术交流、公共营销、品牌维护服务，提升产业低碳化集群文化，增强产业低碳化集群整体实力；二是建立完善产业集群创新机制，这里的创新不仅包括技术创新，还包括企业发展模式、发展战略、投资等方面的创新，其中重点是通过结构性激励措施促进技术溢出，增强技术创新的外部正效应，鼓励新企业加入到产学研合作中来，进一步提升产业低碳化集群的技术层次水平。

5. 产业政策

产业政策是政府对产业经济运行进行干预的政策总和，它涵盖产业发展政策、产业结构政策和产业组织政策三个层面的内容。产业政策存在的主要目的在于，可以在一定程度上弥补市场失灵问题，调整产业结构和规制产业与企业发展。

产业政策的制定不单单是为国民经济服务，重点更在于其服务对象。无论是主导产业的选择、支柱产业的壮大，还是新兴弱小产业的保护与扶持，都离不开产业政策的支持。在产业低碳化发展的大趋势下，产业发展政策应当被赋予新的内涵和新的服务对象，换言之，产业低碳化发展政策是生态文明背景下产业可持续发展政策的重点方向和具体内容。经济发展范式的生态文明转型，意味着包括产业发展在内的生产和生活方式的低碳化转型，产业发展政策对产业发展具有导向效应、协调效应和保护效应。产业低碳化发展不能单独进行，应配合其他产业低碳化政策相互依存、共生发展，需要产业政策的协调效应。产业低碳化发展从萌芽阶段成长到成熟阶段必然会面临各种竞争，萌芽期内产业政策的扶持固然需要，但保护其发展，使其能在激烈的国内与国际竞争格局中占据一席之地，并得到健康成长更为重要。

新兴低碳性产业的形成和发展改变了原产业结构的碳基能源为主的特征，同时产业低碳化发展又降低了原产业结构中高碳产业的比重，从两个维度反映了可持续发展理念下的产业结构合理化的转变，而产业低碳化发展更是推动产业结构合理化的主要载体和持续动力。因此，产业低碳化发展是推进经济低碳化发展重点实施路径，也是产业结构政策在生态文明视角下的方向转变。低碳型产业相比传统高碳产业来说属于弱小产业，现阶段内也难以成长为支柱产业，但由于其战略性特征，代表未来竞争力主要方向，所以采取保护和扶植措施是极为必要的。所以，无论是国家层面还是地区层面，在制定政策时要明确政策的目标和手段，有针对性地服务于产业低碳化发展。

3.4.2　产业组织理论视角

产业组织理论相对于产业发展理论更偏向于微观领域，致力于解决企业规模经济效应与企业竞争活力的冲突问题，即"马歇尔冲突"。其研究对象为企业，研究内容为众多学者所接受的哈佛学派的经典 SCP 范式分析框架，即市场结构（market structure）、企业行为（enterprise conduct）和市场绩效（market performance）。由于 SCP 范式分析框架涉及企业发展战略制定及企业内部管理，属于管理学范畴，不是本书研究讨论的主题内容，我们在此不予专门讨论。

产业低碳化发展在遵循产业组织理论的同时也呈现出一定的特殊性，在产业组织理论大框架下，根据低碳产业发展的特点，主要从资源禀赋、企业创新和产业分工三个维度来探讨产业低碳化发展的影响因素。

1. 资源禀赋

资源禀赋对于一个企业乃至整个地区经济社会发展都至关重要，资金、技术、人才、土地等生产要素的齐全到位是企业成长发展的物质基础。企业在低碳化成长初期资源基础薄弱，体现在技术条件不成熟、行业规则与标准不明确、政策法规不健全等方面。然而，低碳企业可以通过"人的因素"这一无形能力来获得相应的稀缺资源。这一无形能力主要来自企业家的创业精神，可以依靠网络关系建立战略联盟、吸纳新技术人才形成竞争优势。

资源的获得并进行积累是低碳企业发展壮大的物质保障。如果说获得资源体现了企业在竞争中的立足能力，那么资源积累更反映出企业形成持久竞争力的能力。进一步来说，资源积累尤其是优势资源的积累才是重中之重，企业长期掌握优势资源对于自身竞争力的持续提升起到绝对的推动作用。但积累优势资源能力的拥有，需要企业制定合理的发展战略和通过长期学习与合作联盟得来。对于企业低碳发展的起步阶段来说，积累优势资源不仅要靠政策环境的支持，而且更重要的是企业自身的努力。

2. 企业创新

企业创新涉及组织创新、技术创新、管理创新、战略创新等多方面问题，我们这里讨论的企业创新仅仅包括技术创新。其实从理论上讲，企业低碳化发展本身就是一种企业组织形式的创新，其建立理念与传统工业文明下的企业发展有根本的不同，从原材料采购、生产销售和物流仓储各个环节均体现出低碳化特征。

技术创新是企业成长和增强竞争力的助推器，企业低碳化发展对技术创新的依赖尤为突出。现阶段，一种新材料的使用、一种新产品的开发都要求企业在技术领域增加创新活动数量和增强创新活动的效果。但由于在企业规模上多为中小企业，创新活动更多地表现为依赖型、学习型和仿制型，真正的自主型创新活动开展极其有限，这与自身资源条件有限有关。此外，产业低碳化整体存在发展的不确定性，企业创新成果转化未必具有较高的市场价值，以致企业创新活动的开展存在更大的顾虑和疑惑，因此，企业创新可以考虑建立在产权明确的合作联盟平台之上。

3. 产业分工

单个企业低碳化所开展的技术或产品创新活动通常面临较大困难，即创新活动需要具备一定的资源条件。然而企业之间的分工协作可以将困难分担，使企业切实有效地开展创新活动。在信息技术高速发展的今天，产业深化分工是全球化的主趋势，即使某些大企业拥有优势资源，它也不能否认产业分工带来的效率提高和价值增值。

企业低碳化发展的分工协作不单限于企业内部，还应建立与外界紧密合作的渠道，分工协作，降低投资和创新的风险，增大企业发展机会并使得企业成长的延续能力得以增强。通过产业链的价值分工，企业的技术条件在新经济发展环境中得以改善，可进一步参与国际化产业分工，并缩短产业生命周期，但要占据价值链的高端地位，仍需企业提升自身的研发设计能力、提高研产效率。

3.5 产业低碳化指标体系与低碳竞争力评价

3.5.1 产业低碳化评价的必要性

工业文明下的生产生活方式给全球范围内的国家带来了新的危机和挑战——能源枯竭和气候变暖。为应对新形势下的新问题，人们提出了以可持续发展理念为指导的低碳经济发展模式（中国提法是低碳化发展）。低碳化发展的提出让"发展绝不意味着增长"这一观念更加深入人心，人们更加注重经济、社会、资源、环境全面协调发展，这也是中共十八大报告对推进中国特色社会主义事业做出"五位一体"总体布局的重要内容和内在要求。低碳化发展以可持续发展为指导和最终目标，可持续发展要求以低碳化发展为实施途径与发展切入点，二者具有内在统一性。产业低碳化是低碳经济的物质支撑和低碳化发展的物质载体，建立以产业低碳化为主导的产业体系是实现可持续发展在现阶段的内在要求。

对中国产业低碳化发展进行评估，不仅可以从中观层面对中国省域范围内经济的低碳化发展现状、趋势、问题与不足做出定量分析和比较，而且对于国家制定相应产业政策、建设低碳城市并逐步完善碳交易市场等具有重要意义，同时可为省域低碳导向型经济社会发展规划提供依据。

3.5.2 产业低碳化指标选取原则

尽管产业低碳化这一提法在我国国内已不为新鲜,但由于众多学者对其内涵的界定过于抽象和宽泛,并未抓住产业低碳化的本质特征,所以对产业低碳化发展的评价实属空白,与此相似的研究则是侧重于低碳经济评价指标体系的探索,但二者有着明显的差异。

第一,二者涉及领域不同。低碳经济评价指标体系涵盖领域宽,涉及经济、社会、人文、生态等方面,属于宏观层面综合发展水平的评估。而产业低碳化评价指标体系应从产业生产的角度出发,排除其他与生产领域无关因素。

第二,二者指标选取的属性不同。低碳经济评价指标既包含存量性指标,也包括增量性指标,指标选取大而广。然而根据前文对产业低碳化的界定,其发展指标的选取应更多侧重于比率型指标,体现效率特征。

据此,构建产业低碳化发展评价指标体系应遵循以下原则。

1. 全面系统性

尽管产业低碳化发展评价指标体系侧重于产业生产角度,但应以系统论为指导思想,全面考虑、有序有机、准确有效地反映低碳产业发展状况,此外还应注意避免指标选取过多、过繁。

2. 主题相关性

选取指标不仅要紧扣"低碳",而且要落脚于"产业",以可持续发展理论为指导,既要突出低碳思想,又要避免与低碳经济评价指标体系、可持续发展评价指标体系重复,从而避免失去研究意义。

3. 数据可获性

回顾已有的低碳经济评价指标体系相关文献发现,选取指标时将所能考虑到的因素统统纳入到体系当中,且有些指标的确能够直观到位地评价低碳经济,但数据无从考证,这样构建起来的评价体系固然系统而全面,但最终是面上工程,无法深入实证分析,诸如此类不为少见。因此,在构建产业低碳化发展评价指标体系时要坚决避免这种情况的发生,在有效准确反映低碳产业发展状况的前提下兼顾数据的可获得性。

4. 效率效益性

产业低碳化发展遵循高效率原则,以减少资源投入而获得相同甚至更高产出,同时以较少的碳排放为代价。因此,在统计指标时要以此原则为指导思想,体现产出效率、资源利用效率及减排效率。

5. 动态稳定性

动态性是指选取的指标不仅代表某一时点上的数量性说明，还应考虑能否进一步反映与过去时点的变化比较，从而动态反映产业低碳化发展，如"弹性"指标的引入。稳定性是指指标体系应在一定阶段内保持相对稳定，以便于分析现状、总结过去和预测未来发展趋势，进而有利于政府、研究部门以此为依据，研究、制定、调整完善经济政策，更好地促进产业低碳化发展。

3.5.3　产业低碳化指标体系构建

产业低碳化发展评价指标体系，是对一个地区范围内产业低碳化发展程度进行客观计量和有效评价的方法与工具（图 3-2）。图 3-2 以系统全面分析一个地区产业低碳化发展程度为目的，以指标选取的五项要求为原则，围绕产业低碳化的特征，构建了包括总体层、要素层和变量层三个层级共 14 个变量指标的产业低碳化发展评价指标体系。

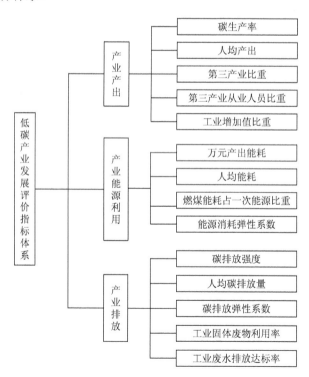

图 3-2　低碳产业发展评价指标体系框架

总体层：产业低碳化发展水平最终以得分的形式在该层得以体现，定量分析比较不同地区、不同时段的产业低碳化发展水平和差异。它是所测度地区产业低碳化发展程度的综合体现。

要素层：为了深入系统分析产业低碳化发展状态，根据产业低碳化核心要素特征，从产业产出、产业能源利用、产业排放三大要素剖析。

变量层：根据每类要素所包含领域进一步将指标体系细分为 14 个变量指标具体分析。

1. 产业产出要素指标

产业产出要素指标反映一个地区经济产出水平，包括碳生产率、人均产出、第三产业比重、第三产业从业人员比重和工业增加值比重五个变量指标。其中，碳生产率为产业产出与碳排放量的比率，反映产业运行过程中每单位碳排放所带来的经济产出，是正向指标，即值越大评价越优（负向指标反之）；人均产出为一个地区经济产出与总人口的比例；第三产业比重为第三产业产值占三次产业总产值比重；第三产业从业人员比重为第三产业从业人员数量占三次产业从业人员总数比重；工业增加值比重为当年工业增加值占当年工业总差值比重。

2. 产业能源利用要素指标

产业能源利用要素指标反映一个地区产业活动中能源利用效率和能源消耗程度，包括万元产出能耗、人均能耗、燃煤能耗占一次能源比重和能源消耗弹性系数四个变量指标。其中，万元产出能耗实质是能源消耗强度，为一个地区能源消耗量与经济产出的比率；人均能耗为能源消耗量占该地区当年总人口的比例；燃煤能耗占一次能源比重为煤炭类能源消耗量占一次能源消耗量（煤炭、石油、天然气转化为标准煤的量）的比重；能源消耗弹性系数为能源消耗量变动百分比与经济产出变动百分比的比率，反映产业产值增长与能源消耗的脱钩状态。

3. 产业排放要素指标

产业排放要素指标反映一个地区产业活动向自然界排放情况，包括碳排放强度、人均碳排放量、碳排放弹性系数、工业固体废物利用率及工业废水排放达标率五个变量指标。其中，碳排放强度为碳排放量与经济产出的比值；人均碳排放量为碳排放量与该地区当年总人口的比值；碳排放弹性系数为碳排放量变动百分比与经济产出变动百分比的比率，反映产业产值增长与碳排放的脱钩状态；工业固体废物利用率为工业固体废物综合利用量与工业固体废物产生量的比值；工业废水排放达标率为工业废水排放达标量与工业废水排放量的比值。后两个指标针对工业废物排放治理或利用情况，是对低碳发展要素的补充。

3.5.4　指标权重确定

综合评价指标权重，反映所对应指标在评价体系整体中的价值高低和相对重要程度，是该指标在整体中所占的比例大小量化值。在实际运用中，权重确定方法主要包括主观赋权法、客观赋权法和二者相结合的方法。在本书中采用主观赋权方法中的层次分析法（analytic hierarchy process，AHP），这样处理原因有二：一是基于低碳产业的内涵界定。低碳产业本身应该是一个基于区域因素考虑的产业类型，每个国家的国情不同，对低碳产业的定性标准和定性维度也有所差异，因此基于国情背景和发展现状、目标、要求及趋势，所界定的低碳产业内涵必定会各有特点和侧重点，那么在评价低碳产业发展水平时主观因素占主导也成为必然。二是 AHP 自身的特性所在。它是由美国运筹学家 T. L. Satty 教授等在 20 世纪 70 年代提出的，是一种定性和定量结合的系统化、层次化的分析方法。AHP 不但可以确定指标体系中各层次及最终指标的权重，而且可进一步计算出整个指标体系的总体得分。该方法定性与定量相结合地处理各种决策因素，系统灵活、简洁实用。

运用 AHP 确定指标权重的过程中，通过构造判断矩阵对所考察指标层的重要程度进行排序，排序方法参照 Satty 1-9 标度法及其倒数的等级标度作为排序依据（表 3-2）。

表 3-2　因素之间比较重要性程度分级

标度	含义
$A/B=1$	表示 A 与 B 重要程度相同
$A/B=3$	表示 A 比 B 稍显重要
$A/B=5$	表示 A 比 B 明显重要
$A/B=7$	表示 A 比 B 强烈重要
$A/B=9$	表示 A 比 B 极端重要
2，4，6，8	表示介于前后中间状态
以上标度倒数	若因素 i 与因素 j 的重要性之比为 C，那么因素 j 与因素 i 重要性之比为 $\dfrac{1}{C}$

资料来源：何晓群（2012）

1. 对判断矩阵进行一致性检验

（1）首先计算判断矩阵的最大特征值 $\lambda_{\max}$。对于矩阵 D，计算方法分为四步：首先，将矩阵每一列进行归一化处理：

$$\bar{D}_{ij}=\frac{D_{ij}}{\sum\limits_{i=1}^{n}D_{ki}}(i=1,2,\cdots,n) \tag{3-1}$$

其次，之后将归一化的矩阵按行求和：

$$U_i = \sum_{k=1}^{n} D_{ki} (i = 1, 2, \cdots, n) \tag{3-2}$$

再次，将向量 $U_i = [U_1, U_2, \cdots, U_n]^T$ 进行归一化处理：

$$U_i = \frac{U_i}{\sum_{i=1}^{n} U_i} (i = 1, 2, \cdots, n) \tag{3-3}$$

则 $\overline{U}_i = [\overline{U}_1, \overline{U}_2, \cdots, \overline{U}_n]^T$ 为矩阵 D 的特征向量矩阵。

最后，根据前三步的结果计算矩阵的最大特征值 $\lambda_{\max}$：

$$\lambda_{\max} = \sum_{i=1}^{n} \frac{(D\overline{U})i}{(n\overline{U}_i)} \tag{3-4}$$

（2）利用上述方法得出的最大特征值 $\lambda_{\max}$，计算一致性指标 CI 及计算矩阵的随机一致性比例 CR 的值：

$$CI = \frac{\lambda_{\max} - n}{n - 1} \tag{3-5}$$

$$CR = \frac{CI}{RI} \tag{3-6}$$

其中，$\lambda_{\max}$ 表示判断矩阵的最大特征值；n 表示判断矩阵的阶数。一般认为，CI 的值越大，判断矩阵的一致性越差。其中 RI 为与判断矩阵阶数对应的 RI 值，不同阶数 RI 值见表 3-3。

表 3-3　平均随机一致性指标 RI 对应值

矩阵阶数	1	2	3	4	5	6	7	8	9
RI 值	0	0	0.58	0.9	1.12	1.24	1.32	1.41	1.45

资料来源：何晓群（2012）

当 CR<0.1 时，认为判断矩阵具有满意的一致性，说明权重分配合理；当 CR≥0.1 时，则需要调整判断矩阵的赋值，直到一致性结果满意为止。

2. 计算子要素层的相对权重

若判断矩阵通过随机一致性检验，则可以计算其各层次的权重。将矩阵的各特征向量进行归一化处理即可得到各层次权重，最后可以应用统计软件 SPSS18.0 进行分析和最后得分的计算。其中层次权重的计算公式如下：

$$u_i = \frac{\overline{U}_i}{\sum_{i=1}^{n} \overline{U}_i} \tag{3-7}$$

第4章　产业低碳化的核算：IOOE 模型及其应用

人类社会发展的历史是人类文明不断演进的历史。从文明发展历史及其演进过程来看，人类文明先后经历了原始文明、农业文明和工业文明三个发展阶段。然而随着工业化水平不断提高，人类社会开始面临全球资源枯竭、全球环境污染加剧、全球生态失衡程度日益严重等问题，建立在主要依靠化石燃料等不可再生资源基础上的传统工业文明模式及其工业化道路，已不能适应人类社会发展需要。人类文明该怎样延续？经济发展该如何持续？

自 1972 年罗马俱乐部发表研究报告——《增长的极限》以来，人类对经济与环境、资源和人口的协调发展等问题给予了前所未有的关注。20 世纪 70 年代西方社会兴起的环境保护运动，80 年代生态现代化的提出、可持续发展战略的实施，再到 20 世纪 90 年代生态文明概念的提出，越来越多人开始关注经济生态与可持续发展。生态文明下的经济不再单纯追求利润，而将可持续发展作为经济发展的导向，重新审视经济与生态环境之间的互动关系，综合运用清洁生产、环境设计、绿色制造、绿色供应链管理等各种手段，实现社会经济效益最大化、资源利用高效化及生态环境影响最小化。

因此新形势下的经济发展，也已经不再仅仅局限于运用投入产出模型来对经济效应进行评估，更多的是希望能对资源占用及污染物排放对经济、生态环境的影响进行核算。显然，传统的投入产出经济模型已经无法对新经济系统中的各种关系进行衡量，需要有能够对经济、环境、产业相互关系进行核算的新经济模型。因此，我们将尝试对生态文明背景下的经济核算模型进行初步探索，对新"窗口"下的产业低碳化发展进行分析。

4.1　经济核算模型的理论基础

4.1.1　投入产出理论

20 世纪 20 年代，时任哈佛大学教授的美籍俄裔经济学家华西里·列昂惕夫（W.Leontief）在前人关于经济活动相互依存性的研究基础上，开始对投入产出进行分析研究。1925 年列昂惕夫在《俄国经济平衡——一个方法论的研究》一文中首次阐述了投入产出的基本思想，此后利用美国国情普查的资料编制了 1919～1929 年的美国投入产出表，以此分析美国的经济结构和经济均衡问题。1936 年他在《经济统计评论》上发表的论文《美国经济中投入与产出的数量关系》，被认为是投入产出法产生的标志。1941 年列昂惕夫出版了《美国经济结构：1919—1929》一书，1953 年他与钱纳里等合著了《美国经济结构研究：投入产出分析的理论与实证探讨》，1966 年他出版了自己的论文汇编《投入产出经济学》，在这些著作中，列昂惕夫阐述了投入产出分析的基本原理及其发展。

投入产出分析的产生不是偶然的，它适应了特定的时代背景，尤其是资本主义经济发展的需要。特别是 1929 年爆发的资本主义世界经济危机以后，传统经济学理论无法解释社会经济中的一些问题，这在当时的西方经济学界引起了不同的反应：一方面是在 20 世纪 30 年代中期出现了凯恩斯主义，主张国家主动干预经济特别是财政干预，刺激投资和消费以扩大需求，减少失业和预防经济危机，这一理论后来成为西方经济学的主流派系，并成为许多国家制定经济政策的依据；另一方面是一些经济学家在原有数理经济的基础上，进一步运用数学工具和统计资料对经济发展的现象、形态进行分析和预测，形成了投入产出分析和计量经济学。

投入产出分析以一般均衡理论为基础，但又对全部均衡模型做出了大胆的简化，从一般均衡理论中吸收了有关经济活动相互依存性的观点，并用代数联立方程体系来描述这种相互依存关系。其基本内容包括编制投入产出表、建立投入产出模型及系统分析国民经济各部门、再生产各环节之间的数量依存关系，其主要特点是在考察部门间错综复杂的投入产出关系时，能够发现任何局部的最初变化对经济体系各部分的影响，把对商品的需求分为中间需求和最终需求，将其中一个作为内生变量，另一个作为外生变量，把瓦尔拉斯封闭式模型发展成开放式模型，使得模型更适合于经济政策问题的分析和预测。

投入产出分析自创立以来，因其在分析国民经济各部门之间复杂经济联系方面的重要作用，目前已在 100 多个国家和地区得到推广和应用。然而，纯粹的投入产出分析也存在明显不足，尤其是没有反映自然资源、固定资产、人力资本等存量与投入、产出间的联系，即它所表现的仅仅是经济系统中的流量指标，无法体现出存量关系。流量是指在一定的时间段内产生的变化量，它是对经济系统的过程性描述；而存量则是指发生在某个时间点上的量值，它描述的是经济系统在该时间点上所处的状态。

4.1.2　投入占用产出理论

基于投入产出分析模型无法描述经济存量与流量关系的缺陷，20 世纪 80 年代，中国科学院研究员陈锡康在国际上首次提出了综合考虑经济系统存量和流量的投入占用产出技术，刘新建（1996）将投入占用产出分析拓展为动态的投入占用产出模型，刘起运（2003，2005）在全面考察投入占用产出模型构造的同时，分别对模型列向、行向进行了研究，在此基础上分析了经济系统中的经济量值指标，并阐述了区分存量和流量的重要意义。

近年来，众多国内学者致力于投入占用产出技术的应用研究。陈锡康和杨翠红（2002）通过分析农业复杂巨系统的特点，提出了全国粮食产量预测的系统综合因素预测法，该预测法的关键技术是复杂系统的投入占用产出技术。刘遵义等（2007）运用非竞争（进口）型投入占用产出模型，提出了一个国家全部出口与分部门、分大类商品的单位出口对国内增加值和就业拉动效应的计算方法，并据此编制了中美两国非竞争（进口）型投入占用产出表，测算了中美两国出口对各自国内增加值和就业的影响。柴建等（2009）从国民生产总值、能源直接消耗技术、最终需求结构和最终需求总量等因素建立了我国单位 GDP 能耗的投入占用产出因素分析模型，从宏观和微观层面揭示了近十年来我国单位 GDP 能耗变化的成因。

随着工业化的不断推进，工业文明在创造空前的物质财富和满足人类的各种物质消费需求的同时，也带来了严重的负效应：一方面，对化石燃料等不可再生资源的大量占用及消耗，使得资源面临枯竭，经济发展受到限制；另一方面，工业化发展模式超出了环境的承载力而使得生态环境遭受不可逆转的破坏，陷入资源投入占用-产品产出-废物、废水、废气排放的线性生产消费方式。因此，从广义的经济发展视角来看，传统的投入产出分析及投入占用产出技术存在明显不足，必须建立起生态文明发展范式下的综合考虑投入占用产出和排放的经济核算模式。当前，国内外学者在这方面做出了一些类似的研究。

范金等（2001）认为，生态资本由生态资源资本和生态环境资本构成。生态资源资本分为不可再生资源资本及可再生资源资本。在经济系统中，生态资源一方面以投入或占用形式进入生产函数，另一方面未使用的生态资源（即生态剩余）构成了消费者的生态消费，而生态环境主要以污染排放的形式构成产出要素。因此，建立生态经济的投入占用产出模型是可行的。秦耀辰和牛树海（2003）提出了用投入占用产出模式来完善生态占用方法的思路，结合生态占用指标引入了一个综合发展度来全面反映可持续发展程度。Wiedmann 等（2007）运用单一和多地区的投入产出模型对国际商品与服务贸易中的环境影响进行了评估，在考虑国家和地区间贸易流向的基础上构建出生态足迹的评估模型，而只有在综合考虑生产过程、土地、能源利用和排放时的模型数据最可靠。Chen 等（2010）以扩展的投入产出模型为基础，以中国 2005 年的自然资源利用和排放数据为依托，建立了生态投入产出意义上的生物物理平衡模型。薛勇等（2011）采用投入产出分析技术，对 1997～2004 年我国应对亚洲金融危机时期的 CO_2 排放量变动的影响因素进行了分解测算，结果表明，经济增长是 CO_2 排放上升的主要驱动力，能源节约是驱动我国 CO_2 排放下降的主要因素，经济结构变动的影响相对较小。He 和 Jim (2012) 在考虑动态均衡的投入占用产出分析基础上，开发出了反映能源消费和环境效用变动关系的能源消费的环境效用模型 (environmental utility energy consumption，EUEC)，通过对中国香港 1980～2007 年的数据分析证实了 EUEC 在评估能源消耗和环境质量互动关系上的有效性。Chao 等 (2013) 针对中国台湾地区试图通过低碳增长计划 (low carbon growth plans，LCGP) 来推行绿色经济提出了三方面的质疑，即当前政府对开放型经济了解不够、缺乏生命周期思维和环境影响的类别单一。在此基础上，笔者综合运用了扩展的多地区环境投入产出分析和复合生命周期评价来量化中国台湾地区远期 (2020 年) 工业经济活动和能源结构对环境的潜在影响，结果表明在低碳增长计划下经济发展和环境压力的相对脱钩可以实现，但是当前的排放承诺无法兑现。当前环境负债率的增长源自低碳增长计划下产业的空间转移，其中电子元件及产品产业是环境恶化的主要驱动因素。

4.1.3 小结

列昂惕夫的投入产出分析与陈锡康的投入占用产出模型，都在某种程度上解释了相应时期的经济发展情况。但很明显的是，当经济发展逐渐从工业文明发展范式向生态文明范式转变时，这两种模型分析都不能完全对以可持续发展为目的的新经济发展方式进行分析，此时需要能够解释这种发展方式的综合考虑投入占用产出和排放的新经济核算模型。通过长时间的文献搜索，发现目前并没有相关模型的研究，但国内外学者在这方面做出了一些类似的研究。虽然这些文献仍然有着投入产出及投入占用产出理论的影子，但它们都对生态环境进行了详细分析，其中的概念及相关方法对本书 IOOE 模型的建立有着积极意义。

4.2 经济发展方式转变模型分析

从经济学视野来看，人类文明演进的历史就是经济发展方式不断转变升级的历史。狭义上讲，经济发展方式转变是在某一种文明下经济发展方式的渐进性升级转变过程或现象，如工业文明时代工业化初期高投入、低产出的粗放型经济发展方式向工业文明中后期的低投入、高产出的集约型经济发展方式转变。广义的经济发展方式转变，则是指从低文明形态的经济发展范式向高文明形态的经济发展范式的转换。例如，农业文明向工业文明的转变，意味着经济发展范式从只注重提高产出（农业增收）的质量型发展范式向追求低投入、高产出的经济效率型发展范式转变；工业文明向生态文明的转变，则意味着经济发展范式从只追求经济效益的投入占用产出发展范式向兼顾经济绩效和资源环境效应的 IOOE 发展范式转换。从经济计量的角度看，农业文明时代的经济核算属于产出模型，工业文明时代属于投入占用产出模型，生态文明时代属于 IOOE 模型。下面将从广义的经济发展方式转变角度出发，对这三种经济核算模型进行分析。

4.2.1　农业文明时期的经济核算模型：产出模型

第一次社会大分工以后，畜牧业从农业中独立出来，人类社会经济发展实现从攫取性经济到生产性经济的过渡。通过种植和驯养动植物，社会生产力得到提高，原始农业社会进步也有了长足的进步。此时尽管对森林及土地进行砍伐及开采，但却并没有对土地造成根本性破坏，森林的砍伐和土地的开采是在自身可修复范围之内。

随着农业技术的改进和发展，社会生产力不断得到提高，继原始农业文明之后的传统农业文明出现。该时期，人类对自然系统的大规模改造，带来了人与自然相互作用的范围、内容的明显增加，人类活动第一次成为影响地貌演变的重要因素。但该时期社会产品生产仍然是以初级产品为主，由生产生活带来的废气、废水、废物也依旧是在可自然分解程度上，人与自然的关系没有根本性冲突。

到了农业文明后期，随着社会生产的发展，全社会人口规模继续增长，物质资料（主要是粮食）的消费也大幅度增加，在生产力一定的情况下，为了满足持续增长的人口生活需要，人们不得不开始对自然资源进行掠夺性开采，社会发展逐渐走向与自然对立的状态。

总体来说，处于人类文明较低级阶段的农业文明，无论是原始农业文明还是后来的传统农业文明再到农业文明后期，由于其生产力水平、劳动力水平相对较低，经济发展效率也相对比较低下，人们只能在有限区间范围内生产与生活。那时社会产出绝大部分依靠农业，而在当时的条件下，天气、病虫害等自然因素又在很大程度上影响并决定着农作物的收成，广种薄收的状态也决定了人们不可能有很高的生活水平，整个社会经济仅仅是以农业生产为主、解决人们温饱与生存问题为目的的经济，是一种不存在买卖、交换、自给自足的非商品经济（图 4-1）。

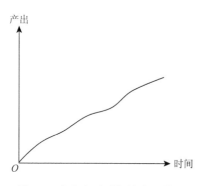

图 4-1　农业文明时期的产出模型

4.2.2　工业文明时期的经济核算模型：投入产出模型

18 世纪中期英国发生了工业革命，一方面，机器生产逐渐代替手工劳动，生产力大幅提高、劳动力得到解放，人们在解决自身温饱生存问题之外，部分人有了足够的时间与精力考虑如何生活得更好的问题；另一方面，工场手工业也开始向机器大工业转变，采用机器进行生产最大的改变就是减少了单位产品所消耗的劳动，社会劳动生产率有了大幅度提高，使得以规模经济为基础的生产得以实现。工业革命之后，社会经济开始从自给自足的非商品经济，逐渐向建立在大生产背景下的生产、交换、买卖为特点的商品经济转变，经济发展的目的是以最小的资本或物质投入获取最大的收益或利润，经济模型即为工业文明前中期的投入占用产出模型。

工业文明发展的前中期，经济的发展是建立在经济规模远远小于自然资源和生态环境承载力这一假设前提之下。人们普遍认为自然资源是取之不尽、用之不竭的，是可以自由获取而不用支付任何费用的，人类生产生活中无节制地消耗着自然资源并肆意排放着污染物及 CO_2，追求利润的最大化是经济活动的根本目的。从投入占用产出的角度来看，主要表现为通过加大生产要素（原材料、资本、劳动力等）的投入数量及自然资源的占用规模来增加产出，进而实现经济增长。这种发展方式是外延型、数量型、粗放型经济。

工业文明的发展过程受国家特定历史阶段的特定经济发展战略影响会有所差异。例如，中国在新中国成立之初，全社会面临恢复和发展国民经济的艰巨任务，国家各方面实力有待增强。因此国家采取一系列措施，对社会生产、资源分配及产品消费等方面事先进行计划，农业粮食"统购统销"、工业企业"公私合营"、"农业学大寨，工业学大庆"、"集中力量办大事"，国民生产总值呈飞速增长趋势。对经济高速增长的热烈追求，也体现了国家经济以最大限度追求产出为目的的特点。正如上文所述，受特定历史阶段的影响，在这一阶段我国经济发展虽处于工业文明发展时期，却有着农业文明时期的产出模型特点：追求产出最大化。

到工业文明发展的中后期，随着经济的发展，社会生产开始面临自然资源稀缺、人口增长、环境污染等问题。罗马俱乐部在《增长的极限》报告中指出，由于石油等自然资源供给的有限性，经济增长不可能无限持续下去。这样人们开始逐渐意识到经济发展过程中不仅要追求"数量"上的增长，更应该强调和追求"质量"的提升和"结构"的优化，注重生产要素的分配、投入、组合及结构优化，从外延型、数量型、粗放型的经济增长方式向内涵型、质量型、集约型的经济发展方式转变（图 4-2）。

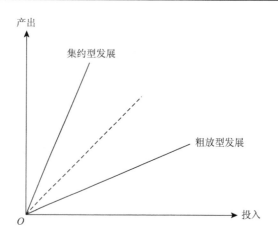

图 4-2　工业文明时期的投入产出模型分析

值得指出的是在工业文明进程中，这种内涵型、质量型、集约型的经济发展方式是完全符合工业文明发展要求的。但从更持续角度来看这种发展方式，仍然以经济效率为主导，期望能以更少投入得到更大产出，它忽略了产出增加同时会伴随着更大的污染物排放。若要从根本上解决资源环境等对社会经济增长带来的潜在威胁，还需从更高的人类文明窗口上讨论经济发展问题，这些我们也将会在后文中论述。

4.2.3　生态文明时代的经济核算模型：IOOE 模型

工业文明发展最初依赖于大量物质投入及资源消耗，这种只注重经济增长的粗放型经济发展方式，虽然会带来明显的经济绩效，但却在很大程度上忽视了一个问题，即这种主要依靠投入的发展是否带来了同样高的生态绩效。随着工业化水平的提高，人们物质需求逐渐得到满足，开始对生态环境给予更多关注，采用新的技术和方法来提高物质及资源的利用效率，减少对生态环境的破坏，从粗放型经济向集约型经济转变，在经济增长与生态保护的权衡中，调整过度关注经济增长而忽视生态保护的失衡状态。但我们认为在工业文明窗口下考虑发展问题，无论如何修正改进，改变的仅仅是达到最大预期的最优路径配置。如果把社会经济比作一个在海中行驶的大船，在工业文明窗口下通过对资源的配置方式优化、从粗放型向集约型转变、从外生型向内生型转变等各种方法，改变的只是我们船只所承载货物的单位重量及更合理的装载配置，并未真正改变船只的承载能力。也就是说，这种改变只能起到在规模有限的条件下更有效地发挥各种资源能力，并不能改变规模限制本身。

因此，到了工业文明后期，人类文明需要从工业文明向生态文明转型，不仅要提高对生产过程中投入产出的最优化配置，更要提高对占用资源的利用率，减少经济过程中污染物的排放。在第三次工业革命的带动下，发挥生态优势推进现代化进程，逐步向低碳经济再到零碳经济再到氢经济的转变，实现经济发展与环境共生、人与自然和谐相处，实现工业文明到生态文明的转变。

1. 名词阐述

我们在对生态文明进程中的 IOOE 模型进行分析之前，需要重新对投入、占用、产出、排放等相关内容进行阐述。

（1）投入（input）：简写为 I。与投入产出模型中一致，指任何一个部门在产品生产过程中所消耗的原材料、辅助材料、燃料、动力、固定资产（厂房、设备等）折旧和劳动力等。

（2）占用（occupancy）：简写为 O_1。1936 年列昂惕夫提出和创立投入产出分析，研究国民经济各部门投入与产出之间的联系。但陈锡康教授认为："传统的投入产出分析实际上是对经济活动中各种消耗的分析，而生产活动的前提是占用生产资料、劳动力和相应的资源。"因此，他在第九届国际投入产出技术会议上提出了投入占用产出分析的思想，并将该技术在若干重要方面进行应用。陈锡康教授这种对占用的理解是对传统投入产出技术的重要补充，具有重大的理论及现实意义。然而，从可持续发展的视角，我们应该从更深层面对占用进行理解。

产业生态学中有物质隐藏流的概念，是指为了获得有用物质和生产产品而动用的没有直接进入交易与生产过程中的物料。按照这种理解，我们可以重新理解占用的意义：在投入占用产出模型中，占用也存在着一定的生态包袱，即为了完成某项生产过程（如建造一栋住宅），对土地的占用不仅是建筑本身所占用的土地，还包括对周边非建筑用地的占用及对周边生态的占用及破坏，即使建筑过程完成后对临时占用土地及周边环境进行修复，也无法回到最初未被占用的状态，而且恢复的过程也需要时间及新的经济投入。因此从生态文明角度出发，占用还包括对资源的不完全占用及资源负代价。

（3）产出（output）：简写为 O_2，是指各生产活动主体生产出的具有价值及使用价值的产品和劳务，是从事经济活动具有正效用的结果，即期望产出。

（4）排放（emission）：简写为 E。传统认识中，人类的主要需求是物质需求，为满足需求进行的主要投入是物质投入，所以传统理论中更多讨论的人类社会经济活动是有关物质财富生产消费、再生产等方面的活动，较少涉及人类与自然关系的活动内容。而且传统经济学没有负产出的概念，任何经济活动都被看成对人类需求满足、社会财富增加产生正的影响，所以传统经济学没有负值的概念，认为自然资源无价值、自然资源可以自由取用、自然环境具有无限自净化能力，认为人类活动总是有益的。但事实上随着经济发展，20 世纪 80 年代后期，在考虑自然资源价值及生态系统的承载容量后，人们逐渐意识到经济系统影响着生态系统的物质和能源消耗，某些生产过程、消费行为除了有满足人类需求和增进社会财富的功能外，会伴随着一定的负面影响，如废物、废气或者废水的排放，随着社会对资源的需求量越来越大，资源消耗必然会带来大量污染物的排放，所以经济系统对物质能源的消耗导致了严重的环境问题。

因此，这里排放是指生产和消费过程中的环境污染物的排放，这些污染物只能相对减少但不可避免，当人为因素向环境中排放污染物超过环境的自净能力时，会带来非期望产出：负的生态环境影响及为治理污染而产生的负经济影响。只要存在着污染物或废物的排放，且排放物总量超过生态承载容量，排放带来的环境影响及经济影响就会一直为负，直至人类文明从工业文明转向生态文明，在第三次工业革命的推动下，逐渐走向零碳经济或氢经济。

2. 模型分析

高投入、高消耗、高排放、低效率的发展模式势必会给资源和环境造成巨大压力，社会经济规模的日益扩大使得所消耗的资源和环境已经接近甚至超过了自然系统的承载能力。因此，单纯从投入占用产出的角度分析经济系统的发展，显然已经无法满足产业发展分析需要，将排放纳入到投入占用产出这一核算体系，并综合考虑其相互的比例关系成为必然。以下将对工业文明向生态文明迈进过程中 IOOE 的不同情形作简要分析。

将工业文明向生态文明的转变过程分为三种情形：情形一、情形二、情形三，分别表示基准年、评估年一与评估年二（图 4-3）。

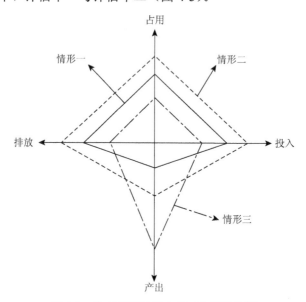

图 4-3　生态文明过程中 IOOE 模型分析

（1）情形一（基准年）：投入生产要素较多，对自然资源等的占用也较多，排放量比较大，但是产出较少。表现为产出/投入、产出/占用、产出/排放三个比值较小。此时整体经济效率不高，呈高投入、高污染、高排放、低产出的"三高一低"状态，产业低碳化发展水平低下，呈工业文明型。

（2）情形二（评估年一）：随着工业化的进一步深入，GDP 和人口等的增长会带来投入、占用和排放的相应增加，同时由于产业结构、生产技术、能源效率等因素的影响，产出会以更加明显的增长率增加。表现为产出/投入、产出/占用、产出/排放三个比值较情形一有了很大的提升。此时经济较情形一有一定的改善，经济效率得到提升，投入占用产出排放比例较为合理，产业低碳化发展水平也有所提高，呈经济转型过渡型。

（3）情形三（评估年二）：当工业发展到一定程度，人们加大对生态环境的保护，并逐渐与其和谐共生，经济发展中投入、占用、排放的绝对数量都已经减少了，而产出却有了大幅度的增长。在此情形下，经济不仅在数量上大幅增长，其社会生产生活过程也更加生态化，产业低碳化呈积极发展状态。它是由工业文明向生态文明发展的最终发展方向，其最终状态是生态文明型经济，也就是生态文明的最终状态，逐步走向零排放的氢经济。

4.3　基于 IOOE 模型的产业低碳化二维因素分析

在生态文明的 IOOE 模型分析框架下，对投入、占用、产出与排放之间的相互关系重新进行衡量，对两两之间关系进行解释，并在此基础上对生态文明下产业低碳化进行分析。

4.3.1　产业低碳化类型分析

为了对产业低碳化过程有一个初步的讨论，在同时考虑经济与环境绩效的基础上将二者结合起来，因此理论上，我们可以得到产业低碳化过程中的四种经济类型：类型一、类型二、类型三、类型四，如表 4-1 所示。

表 4-1　产业低碳化类型表

类型	类型一	类型二	类型三	类型四
经济绩效	L	L	H	H
环境绩效	L	H	L	H

1. 类型一：LL 型

该类型为经济绩效与环境绩效为低（low）、低（low）组合。此时各种社会生产力低下、经济发展停滞不前、污染物排放严重、自然资源严重破坏。

2. 类型二：LH 型

该类型为经济绩效低（low）、环境绩效高（high）组合。此时产业低碳化发展良好，污染物排放与自然资源的破坏得到有效改善，建设资源节约型、环境友好型社会，人与自然和谐相处。但社会经济发展却处于低位，经济出现低产出、低效率现象。

3. 类型三：HL 型

该类型为经济绩效高（high）、环境绩效低（low）组合。该类型下社会经济发展事态良好，经济产出、经济效率均处于高位，但其生态绩效却很低，自然资源与生态环境破坏严重，污染物排放超出自然承载能力。

4. 类型四：HH 型

该类型为经济绩效高（high）、环境绩效高（high）组合。此时经济绩效与环境绩效均积极稳步发展，产出增加、效率提升、生态良好，是经济发展与环境保护双赢的强劲发展型经济。

通过上述对四种经济类型的描述，我们可以看到：人类文明发展到今天，其发展过程中并未出现类似于类型一这种 LL 型经济——经济绩效与环境绩效均较低。即使是在经济发展初期，虽然经济增长比较缓慢、经济绩效较低，但生态环境、自然资源等并未受到不可逆转的破坏，环境绩效并不是低效应（low）。但仔细考虑，我们是可以理解的：如果我们继续沿着工业文明下"三高一低"的增长方式走工业发展的道路，一路忽略生态环境的重要性，在生态环境遭到毁灭性破坏、自然资源完全枯竭的时候，经济将失去其存在的载体，社会生产将失去其动力源泉，人类文明也就走到了尽头。值得庆幸的是，我们并不会走这样的一条道路（当然会有某些特殊地区）。因为我们认识到了社会经济绩效与环境绩效存在着一定的关系，它们相互依存、互利共赢，无论是 LH 型经济还是 HL 型经济，都是在试着调整二者之间的关系，使其能更好地适应人类社会的发展。

4.3.2　产业低碳化指标分析

1. 产业低碳化指标描述

（1）投入生产力：界定投入与产出关系，投入生产力=产出/投入=O_2/I，经济效果评价指标，衡量经济系统经济性，表示单位投入的经济产出，其值越大，说明经济效果越好。

（2）占用生产力：界定占用与产出关系，占用生产力=产出/占用=O_2/O_1，对生产资料、劳动力和相应的资源等的单位占用量的产出，其值越大，说明资源的占用对经济产出的贡献越大。

（3）排放生产力：界定排放与产出关系，排放生产力=产出/排放=O_2/E，单位污染物排放量的生产力，衡量经济系统产出的生态程度，该值越大，说明经济产出本身生态化程度越高，或者由于技术原因，所以生产过程带来的排放越来越小。

（4）投入排放比：界定投入与排放关系，投入排放比=排放/投入=E/I，单位投入的污染物排放量。表示经济投入与排放之间关系，该比值越小，说明单位投入产生的污染物排放越小，产业发展过程对生态环境影响越小。

（5）占用排放比：界定占用与排放关系，占用排放比=排放/占用=E/O_1，表示单位占用所带来的污染物排放。由于占用不仅是对生产资料、劳动力及资源的占用，而且包括其对周围环境造成的影响，占用排放比衡量了其对经济的"负经济代价"，其值越小，说明由于占用对资源环境带来的影响越小。

（6）投入占用比：界定投入与占用关系，投入占用比=占用/投入=O_1/I，反映社会经济结构中占用与投入的比例关系，衡量经济系统"投入"结构，该比值越小，说明经济运行过程更多依赖原材料、辅助材料、燃料、动力、固定资产（厂房、设备等）折旧和劳动力等流量的投入变化，而对占用等的存量因素依赖较小，因此由占用带来的资源环境影响也就会越小。

2. 产业低碳化指标评价

综合考虑上述六个指标与产业低碳化类型，可以用这六个指标来测量经济绩效与环境绩效：投入生产力、占用生产力、排放生产力，衡量环境绩效；投入排放比、占用排放比、投入占用比，衡量环境绩效（表 4-2）。

表 4-2　产业低碳化指标评价表

	一级指标	二级指标
产业低碳化水平	经济绩效	投入生产力
		占用生产力
		排放生产力
	环境绩效	投入排放比
		占用排放比
		投入占用比

在实际应用中，通过数据收集我们可以计算出投入生产力、占用生产力、排放生产力及投入排放比、占用排放比、投入占用比这六个指标值，在此基础上，

结合各指标的权重值，就能计算出相应的经济绩效与环境绩效值。由于产业低碳化指标较少，各评价指标之间存在着相互关联的情况，所以我们运用 AHP-FCE 评价法（即层次分析-模糊综合评价法）对指标体系进行评价。

1）指标权重的确定

在确立了产业低碳化评价的各层指标体系后，其指标体系权重的确定通常采用 AHP。首先，根据表 4-2 各指标的相对重要性构建判断矩阵，将每一个具有向下隶属关系的元素（被称作准则）作为判断矩阵的第一个元素（位于左上角），隶属于它的各个元素依次排列在其后的第一行和第一列。针对判断矩阵的准则，对其中两个元素的重要性程度按 1~9 赋值，通常采用专家调查法来确定指标之间的重要程度。其次，计算判断矩阵的最大特征值 $\lambda_{\max}$ 及特征向量；计算一致性指标的值 CI 及矩阵的随机一致性比例 CR 的值，其中 $CI = \dfrac{\lambda_{\max} - n}{n - 1}$，$n$ 为判断矩阵的阶数。一般认为，CI 的值越大，判断矩阵的一致性越差。在计算出 CI 值后，需要再计算判断矩阵的随机一致性比例 CR 以确定权重分配的合理性，其中 $CR = \dfrac{CI}{RI}$。最后，若判断矩阵通过随机一致性检验，即可以通过将矩阵的各特征向量进行归一化处理即可得到各层次权重。

2）指标的定量计算与评价

为了得出产业低碳化指标体系的评价结果，首先，需要根据资料收集和实地调研情况计算并确定各评价指标的实际值；其次，参考专家评价及现有的各种生态经济指标评级标准，确定每一项指标所对应的范围值，选择相应的广义函数把各指标实际值转化为统一的评价指数。再次，采用与 AHP 相结合的 AHP-FCE 评价法构造等级模糊子集把反映被评事物的模糊指标进行量化（即确定隶属度）；最后，利用模糊变换原理对各指标进行综合处理，根据专家对指标的评价建立模糊评判矩阵，结合 AHP 得出的权重，就可以通过加权平均法得出最终的评价结果。同时可以将各评价指标值转化为一个取值范围相同的评价指标参数，如表 4-3 所示。

表 4-3 各项指标评价标准表

指标＼评级等级	优秀	良好	一般	较差	很差
评分指数	[90, 100]	[80, 90)	[70, 80)	[60, 70)	[0, 60)
C1					
C2					
...					
C30					

4.3.3　产业低碳化过程分析

经济发展水平与城市化水平间在很大程度上具有一致性，它们呈正相关关系，二者是同向增长的。一般一个国家城市化水平高，其经济和产业发展水平也高，相反城市化水平低，经济和产业发展水平也低。虽然我国城市化水平滞后于经济和产业发展，但总体上是符合国际发展的一遍规律，城市化与经济和产业发展基本协调。

不同国家和地区城市化进程变化趋势符合一条 S 形曲线，公式表示为：$u(i) = \dfrac{1}{1+\lambda e^{-kt}}$，其中 k、t 为常数，分别表示城市化起步时间和城市化速度；e 为自然底数，e≈2.718 28。因此在描述产业低碳化过程中，我们采用与其发展趋势一致的城市化 S 曲线来描绘经济发展的变化趋势。

1992 年美国经济学家提出了"环境库兹涅茨倒 U 形曲线"假设。它描述了经济发展的不同阶段，环境质量会随着经济增长变化呈现先恶化后改善的关系。其数学表达为：$z=m-n(x-p)^2$。其中，z 为生态环境恶化程度；x 为人均国民生产总值；m 为环境阈值；n 无含义，为系数；p 为污染治理；m，n，$P>0$。根据环境库兹涅茨曲线我们将数学表达式改写为：$m-z=n(x-p)^2$，令 $q=m-z$，表示一定生态环境下的环境绩效，即得到 $q=n(x-p)^2$，据此可以描绘出某生态环境下的产业低碳化发展曲线：它呈现出与环境库兹涅茨倒 U 形曲线刚好相反的 U 形变化，即某生态环境下的环境绩效与环境恶化程度变化趋势相反，两曲线为对称曲线（图 4-4）。

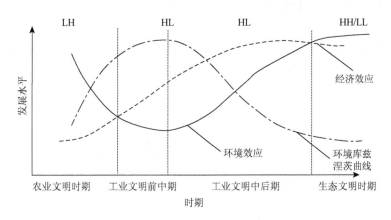

图 4-4　产业低碳化发展过程图

图 4-4 给出产业低碳化过程的初步描绘。在农业文明时期，产业发展水平较低，为了发展经济，生态环境虽然遭到一定的破坏，但总体环境水平仍然比较高，

产业类型为 LH 型；到了工业文明前中期，社会经济和产业水平持续快速增长，进而带来生态的严重破坏，产业发展类型为 HL 型；在工业文明中后期，产业发展仍处于增长趋势，但增速逐渐减慢，同时随着人们环保意识的增强，对生态环境从破坏逐渐转为保护，追求产业与环境的协调发展，此时仍为 HL 型产业发展态势，但与工业文明前中期不同的是，此阶段产业发展速度变缓，生态环境改善速度增加；在生态文明时期，产业与生态呈 HH 的双高型均衡发展。这里需要指出的是，LL 型看似不可能出现，但仔细考虑便可理解：如果我们继续沿着工业文明道路，忽略生态环境的重要性，在生态环境遭到毁灭性破坏、自然资源完全枯竭时，经济终将失去其存在载体，社会生产将失去其动力源泉，人类文明也就走到了尽头。事实上某些资源型地区就走了这样一条道路，这些地区在对资源过度开发的同时完全忽略对环境的保护，进而导致经济在经历高速发展后的迅速崩溃。所以说，产业低碳化过程就是产业发展从工业文明型转型到过渡型再到生态文明型的过程，是在经历了 LH 型产业后，产业发展从 HL 型向 HH 型转变时避免出现 LL 型的动态过程。

4.4　基于 IOOE 模型的产业低碳化多维因素分析

对投入、占用、产出、排放指标中三者间局部因素及四者间全因素进行分析，解释 IOOE 模型下产业低碳化影响因素。

4.4.1　影响因素分解分析

综合考虑投入（I）、占用（O_1）、产出（O_2）、排放（E），对产业低碳化过程全要素进行分析，我们仍以乘积的形式表达四者之间的关系，因此可以得到分别从投入、占用、产出、排放四个角度出发的 24 个表达式。

投入角度：

$$I = \frac{I}{O_1} \times \frac{O_1}{O_2} \times \frac{O_2}{E} \times E = \frac{I}{O_2} \times \frac{O_2}{O_1} \times \frac{O_1}{E} \times E$$

$$I = \frac{I}{O_1} \times \frac{O_1}{E} \times \frac{E}{O_2} \times O_2 = \frac{I}{O_2} \times \frac{O_2}{E} \times \frac{E}{O_1} \times O_1$$

$$I = \frac{I}{E} \times \frac{E}{O_1} \times \frac{O_1}{O_2} \times O_2 = \frac{I}{E} \times \frac{E}{O_2} \times \frac{O_2}{O_1} \times O_1$$

占用角度：

$$O_1 = \frac{O_1}{O_2} \times \frac{O_2}{I} \times \frac{I}{E} \times E = \frac{O_1}{O_2} \times \frac{O_2}{E} \times \frac{E}{I} \times I$$

$$O_1 = \frac{O_1}{I} \times \frac{I}{E} \times \frac{E}{O_2} \times O_2 = \frac{O_1}{I} \times \frac{I}{O_2} \times \frac{O_2}{E} \times E$$

$$O_1 = \frac{O_1}{E} \times \frac{E}{I} \times \frac{I}{O_2} \times O_2 = \frac{O_1}{E} \times \frac{E}{O_2} \times \frac{O_2}{I} \times I$$

产出角度：

$$O_2 = \frac{O_2}{O_1} \times \frac{O_1}{I} \times \frac{I}{E} \times E = \frac{O_2}{O_1} \times \frac{O_1}{E} \times \frac{E}{I} \times I$$

$$O_2 = \frac{O_2}{I} \times \frac{I}{E} \times \frac{E}{O_1} \times O_1 = \frac{O_2}{I} \times \frac{I}{O_1} \times \frac{O_1}{E} \times E$$

$$O_2 = \frac{O_2}{E} \times \frac{E}{I} \times \frac{I}{O_1} \times O_1 = \frac{O_2}{E} \times \frac{E}{O_1} \times \frac{O_1}{I} \times I$$

排放角度：

$$E = \frac{E}{O_1} \times \frac{O_1}{O_2} \times \frac{O_2}{I} \times I = \frac{E}{O_2} \times \frac{O_2}{O_1} \times \frac{O_1}{I} \times I$$

$$E = \frac{E}{I} \times \frac{I}{O_1} \times \frac{O_1}{O_2} \times O_2 = \frac{E}{O_1} \times \frac{O_1}{I} \times \frac{I}{O_2} \times O_2$$

$$E = \frac{E}{O_2} \times \frac{O_2}{I} \times \frac{I}{O_1} \times O_1 = \frac{E}{I} \times \frac{I}{O_2} \times \frac{O_2}{O_1} \times O_1$$

对于上述 24 个表达式，我们可以根据需要分别从四个角度选取任意等式进行分析，如从投入角度，通过等式 $I = \frac{I}{O_1} \times \frac{O_1}{O_2} \times \frac{O_2}{E} \times E$，我们可分析投入占用比倒数、占用生产力倒数、排放生产力倒数及污染物排放量对投入的影响；等式 $I = \frac{I}{O_2} \times \frac{O_2}{O_1} \times \frac{O_1}{E} \times E$，可分析投入生产力倒数、占用生产力倒数、占用排放比倒数、污染物排放量对投入的影响；亦可通过等式 $I = \frac{I}{O_1} \times \frac{O_1}{E} \times \frac{E}{O_2} \times O_2$，分析投入排放比倒数、占用排放比倒数、占用生产力倒数、产出量对投入的影响等。因此为免重复叙述，这里我们仅在四个角度中各选取一式举例分析：

投入：$I = \frac{I}{O_1} \times \frac{O_1}{O_2} \times \frac{O_2}{E} \times E$

占用：$O_1 = \frac{O_1}{O_2} \times \frac{O_2}{I} \times \frac{I}{E} \times E$

产出：$O_2 = \frac{O_2}{O_1} \times \frac{O_1}{I} \times \frac{I}{E} \times E$

排放：$E = \dfrac{E}{O_1} \times \dfrac{O_1}{O_2} \times \dfrac{O_2}{I} \times I$

对上述各式两边同时取对数并微分，分别表示出各参数在某时间内变化量，我们假设解释量在基年 T_1 与现年 T_2 之间的 T 年内变化量分别为 ΔI、ΔO_1、ΔO_2 与 ΔE，所有参数变化率之和近似等于相应期间被解释量的变化率，最终表达式如下：

$$\Delta I = \Delta \frac{I}{O_1} + \Delta \frac{O_1}{O_2} + \Delta \frac{O_2}{E} + \Delta E$$

$$\Delta O_1 = \Delta \frac{O_1}{O_2} + \Delta \frac{O_2}{I} + \Delta \frac{I}{E} + \Delta E$$

$$\Delta O_2 = \Delta \frac{O_2}{O_1} + \Delta \frac{O_1}{I} + \Delta \frac{I}{E} + \Delta E$$

$$\Delta E = \Delta \frac{E}{O_1} + \Delta \frac{O_1}{O_2} + \Delta \frac{O_2}{I} + \Delta I$$

因此在 IOOE 模型下，从投入角度看，产业低碳化过程中投入量影响因素被分为以下四个部分：$\Delta(O_1/I)$ 表示投入占用比变化量；$\Delta(O_2/O_1)$ 表示占用生产力变化量；$\Delta(O_2/E)$ 表示排放生产力变化量；ΔE 表示污染物变化量。

从占用角度看，产业低碳化过程中占用量影响因素被分为以下四个部分：$\Delta(O_2/I)$ 表示投入生产力变化量；$\Delta(O_2/O_1)$ 表示占用生产力变化量；$\Delta(E/I)$ 表示投入排放变化量；ΔE 表示污染物变化量。

从产出角度看，产业低碳化过程中产出量影响因素被分为以下四个部分：$\Delta(O_1/I)$ 表示投入占用比变化量；$\Delta(O_2/O_1)$ 表示占用生产力变化量；$\Delta(E/I)$ 表示投入排放比变化量；ΔE 表示污染物变化量。

从排放角度看，产业低碳化过程中污染物的排放量影响因素被分为四部分：$\Delta(E/O_1)$ 表示占用排放比变化量；$\Delta(O_2/O_1)$ 表示占用生产力变化量；$\Delta(O_2/I)$ 表示投入生产力变化量；ΔI 表示经济投入变化量。

4.4.2　低碳化全要素分析

采用迪氏对数平均权重分解法（logarithmic mean divisia index，LMDI），分别从投入、占用、产出、排放角度对产业低碳化过程影响因素进行分解分析。这里仍以上述四个表达式为例，分解结果如下：

$$I = \sum_i \sum_r \left(\frac{I_{ir}}{O_{1_{ir}}} \cdot \frac{O_{1_{ir}}}{O_{2_i}} \cdot \frac{O_{2_i}}{E_i} \cdot \frac{E_i}{E} \cdot E \right), \quad O_1 = \sum_i \sum_k \left(\frac{O_{1_{ik}}}{O_{2_{ik}}} \cdot \frac{O_{2_{ik}}}{I_i} \cdot \frac{I_i}{E_i} \cdot \frac{E_i}{E} \cdot E \right)$$

$$O_2 = \sum_i \sum_n \left(\frac{O_{2_{in}}}{O_{1_{in}}} \cdot \frac{O_{1_{in}}}{I_i} \cdot \frac{I_i}{E_i} \cdot \frac{E_i}{E} \cdot E \right), \quad E = \sum_i \sum_e \left(\frac{E_{ie}}{O_{1_{ie}}} \cdot \frac{O_{1_{ie}}}{O_{2_i}} \cdot \frac{O_{2_i}}{I_i} \cdot \frac{I_i}{I} \cdot I \right)$$

其中，i 表示不同的产业部门类型；r 表示不同的投入类型；k 表示不同的资源占用类型；n 表示不同的产出类型；e 表示分别不同的污染物类型。

由于从四种不同角度分析的方法大致相同，所以这里我们选取污染物排放等式进行阐述。其中，E 表示污染物放总量；E_{ij} 表示第 i 种产业部门中第 j 种污染物的排放量；$O_{1_{ij}}$ 表示第 i 种产业部门对第 j 种资源的占有量；O_{2_i} 表示第 i 种产业部门总产值；I_i 表示第 i 种产业部门的总投入；I 表示经济投入。

引入下列公式：

$$f_{ij} = \frac{E_{ij}}{O_{1_{ij}}}, \quad m_{ij} = \frac{O_{1_{ij}}}{O_{2_i}}, \quad t_i = \frac{O_{2_i}}{I_i}, \quad p_i = \frac{I_i}{I}; s = I$$

则污染物排放量可表示为

$$E = \sum_i \sum_j (f_{ij} \times m_{ij} \times t_i \times p_i \times s)$$

其中，f_{ij} 表示占用排放比因子，用不同资源单位占用量的污染物排放量表示；m_{ij} 表示占用生产力因子，用产业 i 的单位占用的产出量表示；t_i 表示投入生产力因子，用产业部门 i 的投入与产出比表示；p_i 表示投入结构效应，用 i 产业部门的投入占经济总投入比例表示；s 表示投入规模效应，用经济总投入表示。

对各因素的贡献值，采用对数指标分解法，有

占用排放比效应：$\Delta E_{f_{ij}} = \sum_i \sum_j \left(\frac{E_{ij}^T - E_{ij}^0}{\ln E_{ij}^T - \ln E_{ij}^0} \cdot \ln \frac{F_{ij}^T}{F_{ij}^0} \right)$

占用生产力效应：$\Delta E_{m_{ij}} = \sum_i \sum_j \left(\frac{E_{ij}^T - E_{ij}^0}{\ln E_{ij}^T - \ln E_{ij}^0} \cdot \ln \frac{M_{ij}^T}{M_{ij}^0} \right)$

投入生产力效应：$\Delta E_{t_i} = \sum_i \sum_j \left(\frac{E_{ij}^T - E_{ij}^0}{\ln E_{ij}^T - \ln E_{ij}^0} \cdot \ln \frac{T_i^T}{T_i^0} \right)$

投入结构效应：$\Delta E_{t_i} = \sum_i \sum_j \left(\frac{E_{ij}^T - E_{ij}^0}{\ln E_{ij}^T - \ln E_{ij}^0} \cdot \ln \frac{P_i^T}{P_i^0} \right)$

投入规模效应：$\Delta E_s = \sum_i \sum_j \left(\frac{E_{ij}^T - E_{ij}^0}{\ln E_{ij}^T - \ln E_{ij}^0} \cdot \ln \frac{S^T}{S^0} \right)$

所以总效应可表示为

$$\Delta E_{tot} = E^T - E^0 = \Delta E_{f_{ij}} + \Delta E_{m_{ij}} + \Delta E_{t_i} + \Delta E_{p_i} + \Delta E_s$$

其中，E^0 表示基期污染物排放量；E^T 表示 T 期污染物排放总量。

从上述分析中我们可以看出：通过对不同产业部门各种污染物排放量、资源占有量、总产值、总投入，以及占用排放比效应（f_{ij}）、占用生产力因子（m_{ij}）、投入生产力因子（t_i）、投入结构效应（p_i）、投入规模效应（s）的计量，可以得出占用排放比效应（$\Delta E_{f_{ij}}$）、占用生产力效应（$\Delta E_{m_{ij}}$）、投入生产力效应（ΔE_{t_i}）、投入结构效应（ΔE_{p_i}）、投入规模效应（ΔE_s）对污染物排放总效应的贡献值。

同样的道理，我们可以依次对投入、占用、产出或者排放进行分析，进而能够在 IOOE 模型分析框架下，清楚地看到随着经济发展方式渐进、持续的转变，经济中的投入、占用、产出及排放是如何变化的，以及是哪些因素影响了这种变化，而这些因素又在多大程度上影响了四者的变化。

4.5　中国产业生态化转型的 IOOE 模型分析

4.5.1　问题的提出

20 世纪 90 年代以来，因可持续发展战略的需要，产业生态化发展逐渐在发达国家成为潮流并得到广泛的研究和认可，并贯穿于整个社会宏观、中观、微观等层面。产业生态化作为可持续发展的产业支撑，它以可持续发展作为目标，不再仅仅追求割裂式的单纯经济增长，而是将生态环境作为产业系统外在的支撑和约束条件。越来越多的学者将产业生态化看成是提高产业经济效益的有效方法，是从根本上破解资源约束与环境污染难题的有效途径。

目前对于产业生态化研究成果浩如烟海，笔者通过文献整理按内容大致将其分为四类：第一类是对产业生态化发展的历史渊源、产业生态化定义、研究对象等认识论的研究；第二类是对产业生态化案例实践、产业生态系统构建、产业生态化途径的描述性研究；第三类是对产业生态化指标体系、生态效率、生态化水平等评估设计的模型研究；第四类是对其他产业生态化与相关问题的研究。通过对上述研究类型的整理不难发现，众多关于产业生态化研究仍然是以第一、二类的定性描述分析为主，在第三类定量模型分析上仅仅是将产业生态化看成是一个结果，构建相应指标体系，以产业生态化水平衡量产业生态转型程度，以产业生态化效率来衡量产业生态发展质量。对于产业生态化是一个动态发展进程的事实研究甚少。事实上，产业生态化顾名思义描述的就是产业生态发展过程，"化"就是一种趋势与方向，是一个具有运动和变化特征的渐进过程，研究产业生态化却忽视"化"这一特征，显然是不完整的。那么产业生态"化"到底是怎样的一个过程？分为哪几个阶段？每个阶段具有哪些特点？又该怎样去衡量这个过程？这便是本书的出发点和落脚点。

对产业生态化发展进行定量分析就必须有合适的经济模型。自 20 世纪 20 年代列昂惕夫投入产出分析方法产生以来，已在多个国家和地区得到推广和应用。依据投入产出理论，产业的生产活动追求以尽可能少的投入得到尽可能多的产出。但随着经济社会的发展，人们发现除了合意性产出之外，现实生产和社会活动过程中，往往亦会产生空气污染和危险废弃物等诸多非合意性产出。在非合意性产出下，产业的生产活动就修正为以尽可能少的投入生产尽可能多的合意性产出和尽可能少的非合意性产出，如果将这种非合意性产出看成是排放，其实质上是从投入、产出与排放角度对生产活动的衡量。

从投入产出或投入产出排放角度对产业经济的研究，虽能在一定意义上对产业发展进行解释，但却都忽略了生产活动对生态环境造成的"无形"压力。产业生态学中，将这种压力用物质隐藏流（material hidden flows）或生态包袱（ecological rucksacks）来形容，是指在获得有用物质的过程中动用的没有直接进入交易和生产过程中的物质量，从输入端全面揭示产品生产过程中对自然资源的消耗和对生态环境的冲击。物质隐藏流是由德国乌帕塔尔研究所（Wuppertal Institute）魏兹舍克（Weizsaecker）最先提出，其主要广泛运用于物质流分析中，但随着研究的深入，对物质隐藏流的研究也有了多方面的延展。例如，对某种物质或某生产过程中的物质隐藏流进行计算、将生态包袱引入相关可持续发展研究中等。

因此，在相关理论研究基础上，引入生态包袱的概念并将其定义为生产活动对生态环境的占用，建立从投入（input）、占用（occupancy）、产出（output）与排放（emission）角度全面衡量产业生态化转型的 IOOE 模型，以工业为例，将 IOOE 模型应用于实证，对工业生态化发展进行分析。

4.5.2　数据来源

本书统计区间为 2003～2012 年，计算了我国工业包括投入、产出、占用与排放在内的指标数据。本书中所有基础数据来源于《中国统计年鉴》《中国工业经济统计年鉴》《中国国土资源统计年鉴》《中国矿业年鉴》《中国物价年鉴》《中国环境统计年鉴》。本书工业指《国民经济行业分类》（GB/T 4754—2011）中的工业。

（1）投入数据。本书将工业投入分为三个部分：资本投入、劳动力投入及能源投入，将各种投入转换为以 2003 年价格为基准的价值型投入来衡量。①资本投入直接取自《中国统计年鉴》中各地区按主要行业分的固定资产投资；②劳动力投入以各地区按行业分城镇单位就业人员工资总额转换为价值投入，由于统计方法的不同，2003～2005 年、2008 年劳动力投入以各地区按行业分职工工资总额计，两种统计结果差距小，所以对实证结果影响可忽略；③能源投入以能源消费量乘以能源价格进行转换。在能源投入转换过程中，根据数据的可得性，统计了包括煤炭、焦炭、原油、汽油、煤油、柴油、天然气、电力等能源品种的消费量。价格上，由于各年统计方法的不同，各种能源价格以《中国物价年鉴》中 36 个主要城市生产资料价格均值为主，少数缺失年份数据参考其他统计资料补齐。

（2）占用数据。根据本书对占用的界定，是指产业活动中所形成的生态包袱。对生态包袱的计算有不同的方法，如以各种产品"摇篮到产品"系数为基础的计算、以产品种类为基础的投入产出计算，以及采用两种方法结合的计算。本书采用第一种计算方法：以产品的自身重量乘以产品生产的平均生态包袱系数，计算公式表示如下：

$$R = \sum_{i=1}^{n} r_i m_i - m$$

其中，m 表示该件产品的自身质量；m_i 表示一件产品生产中投入各种物质的质量；r_i 表示所有投入物质各自的生态包袱系数。

从上述计算公式我们可以看出，对已知产量的产品来说，只需其生产中的各种物质的投入量及各自的生态包袱系数，便能计算出该产品的占用量，所以整个计算关键在于生态包袱系数的计算。目前世界上对生态包袱系数的计算以德国乌帕塔尔研究所的单位服务的物质投入（material input per service unit，MIPS）方法为主。它将物质强度（material intensity，MIT），也称为产品生态包袱系数，定义为产品物质投入总量（material input，MI）与产品自身重量之比，即 MIT=MI/Weight。为与生态包袱计算一致，将生态包袱系数公式表示为

$$\gamma = \frac{1}{m} \sum_{i=1}^{n} \gamma_i m_i$$

目前国内仅有少数学者采用 MIPS 方法对生态包袱系数进行过研究，比较全面的生态包袱系数的计算仍以德国乌帕塔尔研究所为主，其 MIT 表格自 20 世纪90 年代以来不断更新，目前已经拥有包括原料、能源、交通及食物在内的众多物质的 400 多个生态包袱系数数据，同时还在不断采用新的计算方法对其进行扩充。

如果产品的生态包袱系数已经被计算并证实，那么我们可以将公式进行简单变形得到：

$$R = m \times \left(\frac{1}{m} \sum_{i=1}^{n} \gamma_i m_i - 1 \right)$$

进而我们可以得到公式：

$$R = m \times (\gamma - 1)$$

因此，生态包袱的计算简化为产品自身重量与生态包袱系数的线性乘积。

本书占用数据分析需指出以下几点。

第一，区域内的生态包袱主要包括开采化石燃料、工业原材料时产生的生态

包袱，未被使用的生物物质及基础设施建设的挖方量。而本书是分析我国工业（主要包括采矿业，制造业，电力、燃气及水的生产和供应业）生态化，因此占用以化石燃料、工业原材料开采中的生态包袱为主，未计入未被使用的生物物质及基础设施建设的挖方量。

第二，计算化石燃料、工业原材料开采中的生态包袱时，由于我国物质资源开采种类繁多且产出量存在很大差异，所以本书选取主要化石燃料及工业原材料，计算 22 种包括原煤、原油、天然气在内的化石燃料、金属矿物质（铁、锰、铬、铜、铅、锌、镍、锡、锑、铝、金、银）及工业矿产品（砂及砾石、石膏、火黏土、石墨、陶瓷土、萤石、矿泉水）的生态包袱。

第三，生态包袱系数受物质资源特点、生产方式、生产力水平的影响，不同国家、同一国家不同区域、同一国家或区域不同时期的物质隐藏流系数也会不同。笔者将国内计算的少数生态包袱系数与德国乌帕塔尔研究所的计算结果进行比较，发现二者计算结果虽有不同，但变化幅度不大，特别是将国内计算结果与世界平均生产力水平下的结果比较差异较小，而且系数随时间变化也不明显。因此本书选择目前已经计算获得的生态包袱系数来计算生态包袱，系数选择以国内已有系数优先，其次选择世界平均系数，再次为德国、欧洲等其他国家和地区计算得到的系数。最终生态包袱系数见表 4-4。

表 4-4　本书采用生态包袱系数

物质分类	生态包袱系数		国家和地区
化石燃料	原煤	6.00	中国
	原油	1.22	德国
	天然气	1.66	德国
金属矿物质	铁	2.61	中国
	金	350 000	中国
	银	7 500	世界平均值
	锰	2.3	德国
	铜	2.38	世界平均值
	铝	0.48	世界平均值
	镍	17.5	德国
	铅	2.36	德国
	锌	2.36	德国
	锡	1 448.9	德国
	铬	3.2	日本
	锑	12.6	德国

续表

物质分类		生态包袱系数	国家和地区
工业矿产品	砂及砾石	0.02	美国
	萤石	2.93	欧洲
	石墨	20.06	加拿大
	火黏土	3	美国
	石膏	1.83	德国
	陶瓷土	3.05	德国
	矿泉水	0.01	德国

资料来源：孔志鹏（2011）

　　第四，MIPS 方法计算物质投入分为五类：非生物质原材料、生物质原材料、农业及林业中的土壤移动及流失、水和空气，所以其在计算生态包袱系数时也分为五类分别统计。但限于我国统计数据的可得性，本书工业占用仅计算开采中非生物质原材料生态包袱，其生态包袱系数也为非生物性生态包袱系数。

　　（3）产出数据。工业部门产出以按地区分规模以上工业企业工业总产值计，所有数据均转换为以 2003 年为基期价格。基础数据来自历年《中国统计年鉴》，由于统计方法差异，年鉴统计中缺失 2004 年和 2012 年数据，以插值法补齐。

　　（4）排放数据。排放主要包括废水、废气（工业 SO_2、工业烟尘、工业粉尘）、固体废弃物及 CO_2 的排放量，其中三废基础数据来自《中国环境统计年鉴》，CO_2 排放量则通过工业能源消费量与能源碳排放系数计算得到。

4.5.3　实证结果分析

　　1. 整体分析

　　通过基础数据的收集并依据前文论述计算方法，表 4-5 给出我国工业最终投入、占用、产出、排放总量计算结果[①]。

表 4-5　2003～2012 年我国工业部门投入、占用、产出、排放汇总表

年份	投入/亿元	占用/亿吨	产出/亿元	排放/亿吨
2003	36 155.37	14 640.00	142 271.22	228.46
2004	48 143.04	17 806.17	196 945.36	238.74

---

① 书中直接给出工业部门投入、占用、产出与排放值，在此省略对中间统计数据的计算过程。

续表

年份	投入/亿元	占用/亿吨	产出/亿元	排放/亿吨
2005	62 636.62	17 792.70	251 619.50	264.61
2006	77 363.13	23 297.07	316 588.96	264.01
2007	95 879.76	30 701.79	405 177.13	272.06
2008	115 445.25	35 484.68	507 284.89	268.59
2009	136 937.37	40 507.82	548 311.42	262.76
2010	165 911.11	38 504.43	698 590.54	266.46
2011	191 437.22	38 049.27	844 268.79	262.65
2012	228 067.32	43 872.62	989 947.04	253.98

　　运用 IOOE 模型从投入、占用、产出与排放四维因素角度对 2003～2012 年我国工业生态化转型过程进行分析。但由于投入、占用、产出、排放数据存在指标单位不同及数据量纲大小差异，所以先对数据进行标准化处理消除这些影响，同时为保留原始指标变异程度的信息，以均值化方法对数据进行归一化处理，结果参见表 4-6。

表 4-6　标准化后的投入、占用、产出、排放数据表

年份	投入	占用	产出	排放
2003	0.3122	0.4869	0.2903	0.8847
2004	0.4158	0.5922	0.4018	0.9245
2005	0.5409	0.5918	0.5134	1.0247
2006	0.6681	0.7749	0.6460	1.0224
2007	0.8280	1.0212	0.8267	1.0535
2008	0.9970	1.1802	1.0351	1.0401
2009	1.1826	1.3473	1.1188	1.0175
2010	1.4328	1.2807	1.4254	1.0319
2011	1.6532	1.2655	1.7226	1.0171
2012	1.9695	1.4592	2.0199	0.9835

　　对处理后的投入、占用、产出、排放数据重新运用 IOOE 模型进行比较分析，得出 2003～2012 年我国工业生态化转型的 IOOE 模型分析图，如图 4-5 所示。

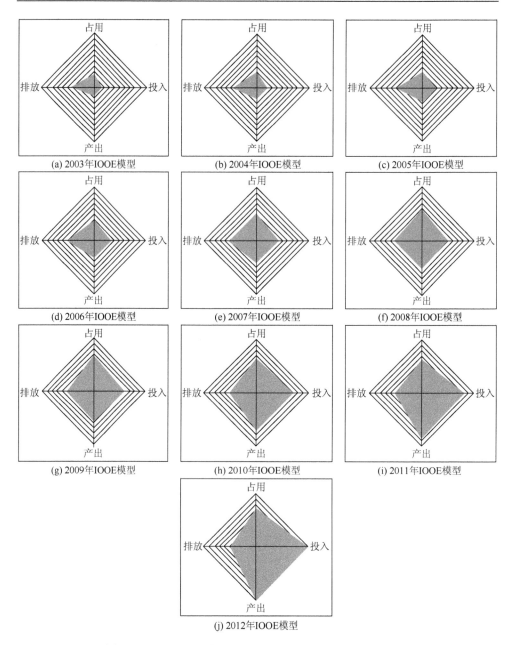

图 4-5　2003～2012 年工业生态化转型的 IOOE 模型分析图

为了使样本分析图具有严格的可比性，绘制过程中统一固定了图形的最大值、最小值、
主要刻度单位与次要刻度单位

综合图表分析结果，可以得出以下结论。

（1）2003～2012 年我国工业投入、占用、产出与排放量呈两种变化趋势：

2003～2007 年，投入、占用、产出、排放整体呈增长趋势，但增幅有所不同，其中增幅最大的为产出，年均增长率达到 23.29%；其次为投入，年均增长 21.54%，占用年均增长 15.97%位于投入之后；排放增长最小为 3.55%。2008～2012 年，投入、占用与产出继续增长，但增速放缓，排放则由增长转为减小，年均增长分别为 14.59%、4.33%、14.31%、−1.11%。

（2）将投入、占用、产出、排放呈现的这种变化特征与前文所构架的 IOOE 模型中三种典型情形对比分析，可以看出 2003～2012 年我国工业生态化分为两个阶段。

第一阶段为 2003～2007 年，投入、占用、产出与排放逐年增长，工业生态化转型特征与模型中情形一向情形二（四指标均增加，但产出增加更快）转变情形一致，这说明我国工业生态化发展已经跨越了高投入、高占用、高排放、低产出的"三高一低"的工业文明型，以明显增加的产出趋势向情形二中的转型过渡型转变。

第二阶段为 2008～2012 年，投入、占用与产出继续增长，但增速变缓，排放从增长转为减少，生态化转型特征逐渐向生态文明型情形靠近，尽管前三者的变化并不是完全意义上的绝对减少，但这种变化趋势意味着我国工业生态化已经逐步开始向生态文明型迈进。

（3）从投入、占用、产出、排放角度对我国工业生态化状态及进程分析的实证结果表明，产业生态化转型过程中确会出现投入、占用、产出、排放均增加，但产出增加幅度高于其他三者的典型转型过渡型，也会出现排放指标负增长的接近典型生态文明型的发展形态，这也从实证角度证明产业生态化 IOOE 模型提出的合理性。

2. 区域分析

由于我国工业发展存在地区差异，所以本书进一步分区域对工业生态化进行测度，对比分析区域间工业生态化状态及转型过程（表 4-7）。

表 4-7　2005～2011 年区域投入、占用、产出与排放数据

地区	指标	2005 年	2006 年	2007 年	2008 年	2009 年	2010 年	2011 年
东部地区	投入	10 337.56	12 365.48	14 202.24	16 094.01	18 225.56	21 346.42	23 493.86
	占用	1 625 723.59	2 689 615.57	3 832 995.88	1 967 099.82	1 825 787.04	1 515 845.00	1 503 431.04
	产出	65 823.60	82 332.39	101 401.86	118 759.96	122 394.69	153 970.66	172 134.01
	排放	474 766.56	48 0946.69	494 097.40	460 930.65	438 869.52	448 947.42	406 136.28
中部地区	投入	4 824.65	6 148.70	7 976.34	9 803.62	12 179.35	16 052.60	19 191.34
	占用	18 271 025.41	18 498 507.67	19 892 687.17	20 274 538.77	20 036 643.67	16 898 343.14	22 073 847.31
	产出	15 349.10	18 809.83	23 689.86	25 381.64	36 181.21	49 890.27	65 463.50
	排放	221 132.01	228 900.47	227 472.45	224 178.30	225 390.42	234 775.58	252 989.75

续表

地区	指标	2005 年	2006 年	2007 年	2008 年	2009 年	2010 年	2011 年
西部地区	投入	3565.06	4240.02	5354.78	6329.28	8042.13	9572.85	11 485.51
	占用	28 148 129.56	32 380 561.59	41 744 161.68	41 444 870.23	53 418 042.93	52 494 003.29	52 465 429.99
	产出	8355.29	10 641.84	14 390.12	18 976.09	22 578.72	28 835.74	37 898.59
	排放	158 855.11	151 640.25	149 869.37	145 465.28	147 073.53	135 774.48	130 352.82

注：本书中部地区、东部地区、西部地区与《中国统计年鉴》区域划分标准统一，同时由于计算占用所需各省份矿产数据统计缺失，限于数据可得性，本书选择各区域数据较为全面省份及年份为代表，东部地区以天津、浙江、广东为例，中部地区以黑龙江、安徽、湖北为例，西部地区以四川、贵州、青海为例，所有区域统计区间为 2005~2011 年

通过对原始数据的标准化处理及比较分析，得到区域间工业生态化转型的 IOOE 模型，选择年份的比较分析结果依次如图 4-6~图 4-8 所示。

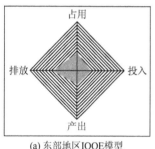 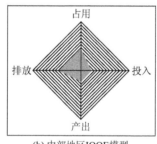 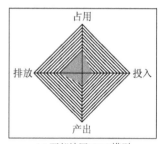

(a) 东部地区IOOE模型　　　　(b) 中部地区IOOE模型　　　　(c) 西部地区IOOE模型

图 4-6　2005 年东部地区、中部地区、西部地区工业生态化转型 IOOE 模型分析图

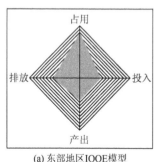 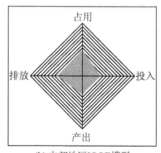 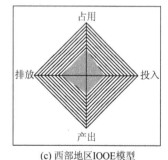

(a) 东部地区IOOE模型　　　　(b) 中部地区IOOE模型　　　　(c) 西部地区IOOE模型

图 4-7　2007 年东部地区、中部地区、西部地区工业生态化转型 IOOE 模型分析图

从前文可以看出以下内容。

（1）东部地区，2005~2011 年工业投入、占用、产出与排放量呈两种变化趋势：2005~2007 年，投入、占用、产出、排放整体呈增长趋势，但增幅有所

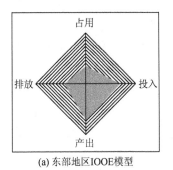

(a) 东部地区IOOE模型

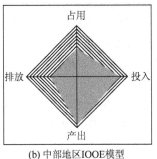

(b) 中部地区IOOE模型

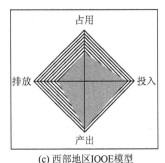

(c) 西部地区IOOE模型

图 4-8　2011 年东部地区、中部地区、西部地区工业生态化转型 IOOE 模型分析图

不同，其中增幅最大的为占用，年均增长率达到 33.09%；其次为产出，年均增长 15.49%；投入年均增长 11.11% 位于产出之后；排放增长最小为 1.33%。2008～2011 年，投入与产出继续增长，占用与排放则由增长转为减小，年均增长分别为 -6.50%、-3.11%。这种两阶段的变化趋势表明，我国东部地区工业生态化逐步从转型过渡型向生态文明型发展。

（2）中部地区，2005～2011 年工业投入、占用、产出、排放呈明显的增长趋势，其中产出增幅最快，年均增长 15.61%；投入年增长 14.8%；占用与排放增幅较慢，年均增长分别为 1.911% 与 1.35%。将中部地区工业投入、占用、产出、排放呈现的这种变化趋势与 IOOE 模型中三种典型情形对比分析，可以看出其工业生态化发展处于转型过渡型。

（3）西部地区，2005～2011 年工业投入、占用、产出呈逐年增长趋势，排放则逐年减小。年均增长以产出增幅最快为 16.2%；其次为投入 12.41%；占用增幅较慢为 6.42%；排放年增长率为 -1.96%。西部地区工业生态化处于由转型过渡型向生态文明型转变时期。

（4）东部地区、中部地区、西部地区比较来看（图 4-6～图 4-8），东部地区工业生态化转型进程最快，其工业产出持续增长，投入增速逐年变缓，占用与排放两指标均呈负增长趋势；中部地区工业生态化转型面临最为严峻的考验，投入、占用、产出与排放指标均呈逐年增长趋势，工业生态化发展没有向生态文明型转变的趋势，仍处于转型过渡阶段；西部地区工业生态化转型进程居中，仅排放指标逐年减小。

4.5.4　结论与启示

通过上述实证分析分析，可以得出以下结论。

（1）将生态包袱作为占用引入产业生态化评价中，能更加完整地从输入端揭示产业活动对生态环境带来冲击和压力，建立投入、占用、产出、排放的 IOOE 模型，以定量方法重点对产业生态化转型过程中的工业文明型、转型过渡型、生态文明型阶段及各阶段特点进行分析，为更全面地衡量我国产业生态化转型提供参考依据。

（2）整体来看，我国工业生态化已经跨越了高投入、高占用、高排放、低产出的"三高一低"工业文明型阶段，正由更为合理的转型过渡型向投入占用排放绝对较少产出更大幅增加的生态文明型转变。要完全实现工业生态化转型，未来应在保持排放量进一步减少基础上，使投入及占用由增到减，注重对物质利用率及经济产出率的提升。

（3）分区域来看，东部地区、西部地区工业生态化发展均处于由转型过渡型向生态文明型过渡阶段，但东部地区占用与排放两指标负增长，而西部地区仅排放指标为负。中部地区四指标均呈逐年增长趋势，工业生态化发展仍处于转型过渡型阶段。东部地区工业生态化发展最优，其次为西部地区，中部地区工业生态化发展居尾。究其原因，东部地区工业发展各种内外环境及条件均优于中部地区、西部地区，其产业生态化理所当然会早于中部地区与西部地区；西部地区因工业发展水平较低，产业生态化在排放指标上优于中部地区，但在投入、占用与产出指标上不及中部地区，从生态化角度来看，西部地区优于中部地区也与现实吻合。

（4）从投入、占用、产出、排放角度对我国工业生态化转型的整体及分区域实证结果表明，产业生态化转型中的确会出现投入、占用、产出、排放均增加，但产出增加幅度高于其他三者的转型过渡型，也存在向生态文明型转变的情形，这从实证角度证明产业生态化转型的 IOOE 模型提出的合理性。

4.6　小　　结

本章建立的生态文明范式下的 IOOE 模型，是对产业低碳化发展进行解释的一次尝试。我们之所以在此要花较大力气和篇幅探索建立 IOOE 模型的工作，是基于传统的投入占用产出模型无法完整地反映生态文明下的经济发展规律。

本章在分析农业文明、工业文明及生态文明发展规律基础上，对各阶段经济核算模型进行总结，认为随着人类文明从农业文明到工业文明再到生态文明转变，经济发展核算（或评价）模型也从单纯的产出模型转变为投入占用产出模型再转变为 IOOE 模型。工业经济向低碳经济转变的过程，或者说经济低碳化，就是经济从工业文明型经济到转型过渡型经济再到生态文明型经济转变的过程，是经济在经历了 LH 型经济，从 HL 经济向 HH 型经济转变并避免出现 LL 型经济的动态过程。值得指出的是，本章运用 IOOE 模型，对产业低碳化水平及生态化影响因素均进行了分析，以投入生产力、占用生产力、排放生产力、投入排放比、占用排放比、投入占用比为二级指标衡量经济效应及环境效应，并且通过对投入（I）、占用（O_1）、产出（O_2）、排放（E）四个要素相互关系的分解，分析了产业低碳化影响因素。尽管本章在模型计量上仅给出方法，并未收集具体数据计算，但笔者认为，在生态文明发展范式下探索建立 IOOE 模型是必要的，这对于我们分析产业低碳化发展过程、把握工业文明向生态文明转变中的经济规律，都有着重要的理论和现实意义。

第5章　中部地区产业发展与碳排放

通过前文对"两型社会"建设与低碳经济、低碳产业、产业低碳化理论及概念的阐述，我们明确了建设"两型"社会的内涵、动力、核心及主要支撑。以低碳及产业低碳化发展为主线的社会经济的发展，紧紧围绕"两型社会"建设，将社会发展与自然环境保护有效结合，更加理性地处理人与自然的关系，这是"两型社会"建设的需要，也是产业低碳化发展的宗旨。从第5章起，将以我国中部地区六省为例，探讨"两型社会"建设视域下，产业低碳化发展的实际情况，更清楚地了解低碳发展的事实。

5.1　中部地区产业发展现状

5.1.1　中部地区六省经济发展的特征

1. 经济增长较快，经济总量较低，人均 GDP 低于全国平均水平

统计数据显示，在 1994～2012 年发展期间，中部六个省份的经济增长速度较快，各省在此研究期间内经济增长率均超过全国平均水平（图 5-1）。其中以山西省的年均增长率最高，为 16.56%，高于全国平均水平 2.43 个百分点，经济总量也从 1994 年的 827 亿元增长到了 2012 年的 12 113 亿元，年均增长 627 亿元。其次

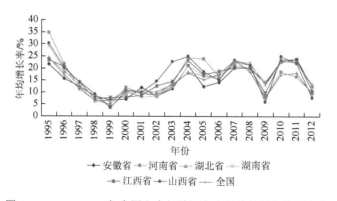

图 5-1　1994～2012 年全国和中部地区六省经济总量年均增长率

为江西省和和河南省，分别为 15.68% 和 15.59%，比全国平均水平高出 1.56 和 1.46 个百分点，两省的经济总量也分别从 1994 年的 948 亿元和 2217 亿元增长到了 2012 年的 12 949 亿元和 29 599 亿元。安徽省在此期间内增长速度最低，为 14.57%，1994 年安徽省经济总量为 1488 亿元，2012 年达到 17 212 亿元，增长了 15 724 亿元，以年均 873 亿元的速度递增。与东部发达地区相比较可以看出，山西省和江西省的经济年均增长率均高于研究期间内的江苏省、辽宁省、河北省、浙江省和山东省的增长率，河南省也高于辽宁省、河北省、浙江省和山东省的增长率，中部六省中增长率最低的安徽省也比辽宁省的年均增长率高出 0.77 个百分点。

　　从分阶段统计分析来看，"九五"期间山西省和江西省的增长速度最高，分别为 11.53% 和 11.47%，均高于全国水平，山西省的经济总量也从 1996 年的 1292 亿元增加到了 2000 年的 1846 亿元，年均增加 138.5 亿元，而江西省的经济总量也增加了 593 亿元。其余四个省份从高到低依次为河南省（11.23%）、湖北省（11.06%）、湖南省（10.84%）和安徽省（9.95%），在此期间只有安徽省的增长率低于两位数。"十五"期间六省的年均增长率只有安徽省低于全国平均水平，仅为 13.09%，比全国平均水平低 0.33 个百分点，经济总量也仅以年均 525 亿元的幅度增加了 2103 亿元。增长率最高的仍然为山西省的 18.17%，比全国平均水平高出 4.75 个百分点，经济总量增加了 2201 亿元，年均增加 550.25 亿元。其他四省的增长幅度从高到低依次为河南省（16.14%）、江西省（15.26%）、湖南省（13.29%）、湖北省（13.27%）。"十一五"期间六省的年均增长率均高于全国平均水平，与"九五"期间和"十五"期间不同的是，这一期间内山西省的经济增长幅度有所放慢，经济增长最快的省份为湖南省，年均增长 19.51%，高出全国平均水平 2.56 个百分点，经济总量也从 2006 年的 7689 亿元增长到了 2010 年的 16 038 亿元，年均增长 2087.25 亿元。增长率最低的省份为河南省（16.98%），仅比全国平均水平高出 0.03 个百分点。其他四省的增长幅度从高到低依次为湖北省（19.42%）、江西省（18.52%）、安徽省（18.29%）和山西省（18.26%）。

　　从经济总量来看，虽然六省的经济增长率以较快速度增长，但总量偏低。六省中以河南省经济总量最高，2012 年为 29 599 亿元，但是也远低于东部地区的山东省、浙江省和江苏省，仅占江苏省的 54.75% 和山东省的 59.18%。其他四省依次为湖北省、湖南省、安徽省和江西省。最低的为山西省，1994 年经济总量仅为 827 亿元，到 2012 年也仅增加到了 12 113 亿元，仅为江苏省的 22.41% 和山东省的 24.21%。从各省 GDP 占全国比重来看（图 5-2），总体上六省占全国的比重不高，1994 年中部地区六省占全国 GDP 的 18.36%，之后稳步上升到 1998 年的 19.98%，接近 20%，但在 1999～2004 年又有所下降，到 2005

年突破 20%，占全国的 20.37%，2012 年六省的比重达到 22.52%。各省中以河南省所占比重最大，1994～2012 年河南省占全国的比重平均为 5.36%，1994 年占 4.61%，从 1995 年开始超过 5%，此后所占比重稳步上升至 2012 年的 5.73%，其次为湖北省和湖南省，两省基本持平，年平均所占比重不到 4%，其余三省依次为安徽省、江西省和山西省，2012 年占全国的比重分别为 3.33%、2.51% 和 2.35%。区域比较可以发现中部地区与东部地区差距非常大，东部地区 2001 年 GDP 占全国比重就已经达到了 52.79%，比中部地区高出了 33.64 个百分点，东部地区 2007 年高达 55.3%，比中部地区高出了 35.42 个百分点，两大区域之间的差距进一步拉大了。与此同时，西部地区的经济总量增长较快，成为我国第二大经济快速增长的区域。

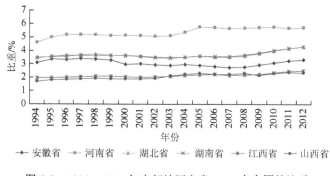

图 5-2　1994～2012 年中部地区六省 GDP 占全国的比重

中部地区六省的人均 GDP 在 1994～2012 年逐年增加，表明经济发展不断提高，人们的生活水平也得到了很大改善，但六省在研究期间内均低于全国平均水平（表 5-1）。1994 年六省中以湖北省的人均 GDP 最高，为 2991 元，低于全国平均水平 1053 元，最低的为江西省，仅为 2376 元。2012 年人均 GDP 最高的省份仍然是湖北省，为 38 572 元，略高于全国平均水平，其余五省均比全国平均水平低。江西省和安徽省在 2012 年的人均 GDP 不到 30 000 元，提升的空间很大。但六省的人均 GDP 年均增长率在此 19 年间均高于全国平均水平（图 5-3），安徽省除了 1998 年、1999 年、2000 年和 2002 年在其他年份均是以两位数的速度在递增，年均增长率为 14.64%，河南省的年均增长率最高，除 1998 年、1999 年、2001 年、2002 年和 2009 年均以两位数的速度增长，年均增长率为 15.44%，高于全国平均水平 1.99 个百分点。其余四省的年均增长率从高到低依次为湖北省（15.40%）、湖南省（15.33%）、山西省（15.24%）和江西省（15.01%）。但与东部地区水平相比较来看差距仍然很大，1994 年江苏省的人均 GDP 就已高达 5801 元，为湖北省的 1.94 倍，江西省和安徽省的 2.44 和 2.3 倍，浙江省当年的 GDP 为 6201 元。在整个研究期间内江苏省的年人均 GDP 为湖北省的 1.96 倍，为江西省和安徽省的 2.48 和 2.53 倍。

表 5-1 1994~2012 年中部地区六省 GDP 占全国比重和人均 GDP

年份	项目	安徽省	河南省	湖北省	湖南省	江西省	山西省
1994	GDP 比重/%	3.09	4.61	3.54	3.43	1.97	1.72
	人均 GDP/（元/人）	2 521	2 467	2 991	2 630	2 376	2 729
1995	GDP 比重/%	3.35	5.00	3.53	3.56	1.96	1.80
	人均 GDP/（元/人）	3 066	3 297	3 671	3 359	2 896	3 515
2000	GDP 比重/%	2.96	5.16	3.62	3.62	2.04	1.88
	人均 GDP/（元/人）	4 779	5 450	6 293	5 425	4 851	5 722
2005	GDP 比重/%	2.91	5.77	3.59	3.59	2.21	2.30
	人均 GDP/（元/人）	8 670	11 346	11 554	10 562	9 440	12 647
2010	GDP 比重/%	3.09	5.78	3.99	4.01	2.36	2.30
	人均 GDP/（元/人）	20 888	24 446	27 906	24 719	21 253	26 283
2011	GDP 比重/%	3.24	5.70	4.16	4.17	2.48	2.38
	人均 GDP/（元/人）	25 659	28 661	34 197	29 880	26 150	31 357
2012	GDP 比重/%	3.33	5.73	4.31	4.29	2.51	2.35
	人均 GDP/（元/人）	28 792	31 499	38 572	33 480	28 800	33 628

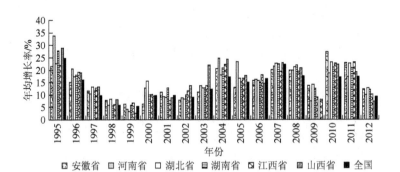

图 5-3 1994~2012 年全国和中部地区六省人均 GDP 年均增长率

2. 产业结构不断优化，工业化进程缓慢

产业结构是经济发展的重要方面，包括产值结构和就业结构两个部分。从图 5-4 可以看出 1994~2012 年中部六省的产业结构有如下几个特征。

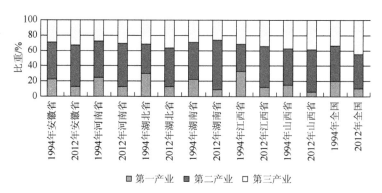

图 5-4　1994 年和 2012 年全国和中部地区六省产业结构的对比

一是各省的产业结构仍不合理，落后于全国平均水平，但各省在此期间的产业结构得到了不断优化。安徽省 1994 年三次产业比值为 22.62：47.98：29.4，经过 19 年的发展，2012 年该比值已调整为 12.66：54.64：32.7，其中第一产业的比重下降了 9.96 个百分点，第二产业和第三产业的比重分别上升了 6.66 和 3.3 个百分点。河南省 1994 年三次产业比值为 24.6：47.8：27.6，此后第一产业的比重不断下降，2003 年开始第一产业比重下降到 20% 以下，至 2012 年三次产业比重调整为 12.7：56.3：31，产业结构得到了进一步的优化，但第一产业仍比全国平均水平高出 2.6 个百分点。其余四省的产业结构都有了不同程度的优化和提升，总体来看，江西省农业比重下降的最快，1994 年江西省农业占全省经济总量比重为 33.1%，2012 年就已下降到了 11.8%，共下降了 21.3 个百分点。其次为湖北省，19 年间农业比重共下降了 16.7 个百分点。与此同时，第二产业和第三产业的比重都有了不同程度的提高。各省的产业结构总体上呈现"二、三、一"的发展阶段，第二产业比重与第一产业比重逐步拉大，第三产业比重与第一、二产业的差距变化不明显。整体上看，中部地区的产业结构正在向更高级和更为合理的产业结构格局演变。

二是农业所占比重较大。安徽省、河南省和江西省三个省份的农业所占比重在 2002 年之前均超过 20%，高于全国平均水平，六省中只有山西省的农业比重低，1994～2012 年每年的农业所占比重均低于全国平均水平，2012 年各省中农业比重最高的省份为湖北省的 12.8%，比全国平均水平高出 2.7 个百分点，其次为河南省和安徽省，分别比全国平均水平高出 2.6 和 2.56 个百分点。但由于中部地区是国家粮食主产区，农业所占比重理应比全国平均水平略高。

三是工业化进程发展缓慢，现代服务业发展滞后。2012 年各省的第二产业比重均高于全国平均水平，但与东部发达省份相比还有一定的差距。同时，第三产业发展严重滞后，纵向来看 19 间各省的第三产业比重提高的幅度非常有限，均在 5 个百分点以下。其中以湖北省提高的幅度最大，1994 年湖北省第三产业比重为 31.9%，此后该比重不断上升至 2002 年的 42.6%，但从 2003 年开始第三产业又开始缓慢下降至 2012 年的 36.9%。其次为河南省和江西省，河南省的第三产业与湖北省一致，都经历了先上升后下降的时期，从 1994 年的 27.6%上升到了 2003 年的 34.8%后不断下降至 2012 年的 31.0%，比全国平均水平低 13.6 个百分点。江西省的情况与河南省一致，2012 年该比重为 34.6%。第三产业发展速度最慢的为湖南省，在研究期间内湖南省的第三产业比重从整体上看不升反降，1994 年占经济总量的 28.9%，之后在缓慢上升到 2000 年后开始下降，2012 年该比重仅为 26.2%，下降了 2.7 个百分点。

5.1.2　中部地区六省产业发展面临的挑战

1. 工业结构内部以高能耗高污染产业为主，高能耗高污染产业增长快

根据王美红等（2008）的研究，将工业 40 个行业万元产值能源消耗和污染排放分为三大类，即高能耗高污染产业、中能耗中污染产业和低能耗低污染产业。其中高能耗高污染产业包括煤炭开采和洗选业、非金属矿采选业、其他采矿业、木材加工及竹藤业、造纸及纸制品业、化学原料及制品制造业、塑料制品业、非金属矿物制品业、黑色金属冶炼及压延加工业、有色金属冶炼及压延加工业、工艺品及其他制造业、电力热力生产和供应业、燃气的生产和供应业、水的生产和供应业等 15 个行业。中能耗中污染行业包括石油天然气开采业、黑色金属矿采选业、有色金属矿采选业、纺织业等 10 个行业。低能耗低污染行业包括农副食品加工业、食品制造业、饮料制造业等 15 个行业。

本章选取中部地区六省所共有的 12 个高能耗高污染行业作为研究对象（表 5-2），把 1994 年和 2011 年中部地区六省的 12 个高能耗高污染产业占当年工业总产值的比重进行对比分析，如图 5-5 所示。

表 5-2　1994 年和 2011 年全国与中部地区六省高耗能高污染产业比重　　单位：%

产业	年份	安徽省	河南省	湖北省	湖南省	江西省	山西省	全国
煤炭开采和洗选业	1994	2.49	2.69	0.24	2.48	1.69	13.81	1.48
	2011	4.08	5.36	0.23	3.43	1.12	40.32	3.43
造纸及纸制品业	1994	1.51	1.56	1.49	3.44	1.73	0.71	1.66
	2011	1.01	2.20	1.25	2.17	1.19	0.09	1.43
化学原料及制品制造业	1994	3.56	3.82	4.01	7.28	2.79	4.72	4.51
	2011	5.99	5.42	7.86	8.07	8.82	3.88	7.20

续表

产业	年份	安徽省	河南省	湖北省	湖南省	江西省	山西省	全国
非金属矿物制品业	1994	4.75	4.60	4.06	9.01	4.79	2.57	4.27
	2011	5.56	10.85	5.50	6.29	7.50	2.31	4.76
黑色金属冶炼及压延加工业	1994	4.83	2.96	9.40	7.20	3.96	10.33	5.94
	2011	6.86	5.26	10.93	5.95	6.71	16.16	7.59
有色金属冶炼及压延加工业	1994	1.55	1.70	1.23	4.97	2.71	1.90	1.71
	2011	6.11	7.95	2.98	9.41	19.33	3.24	4.25
电力热力生产和供应业	1994	2.08	2.89	2.49	4.12	2.11	5.05	2.88
	2011	7.07	5.93	5.58	4.36	4.54	7.59	5.61
黑色金属矿采选业	1994	0.44	0.05	0.14	0.59	0.10	0.37	0.16
	2011	1.10	0.40	1.15	0.61	0.94	1.50	0.94
有色金属矿采选业	1994	0.18	0.75	0.12	1.37	1.93	0.63	0.40
	2011	0.28	2.56	0.25	1.80	1.67	0.12	0.60
石油加工及炼焦加工业	1994	1.64	1.61	2.17	5.79	1.93	1.81	2.68
	2011	1.55	2.59	2.67	2.62	2.37	10.58	4.37
化学纤维制造业	1994	0.28	0.36	0.39	0.51	0.83	0.40	0.91
	2011	0.31	0.29	0.22	0.17	0.32	0.00	0.79
纺织业	1994	7.18	5.52	9.64	5.96	4.08	2.70	9.11
	2011	2.71	4.05	4.71	2.08	3.67	0.22	3.87

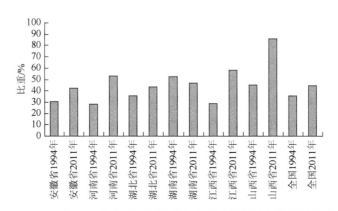

图 5-5 1994 年和 2011 年中部地区六省与全国高能耗高污染行业比重对比

从分析结果可以看出，山西省高能耗高污染产业发展速度最快。1994 年这 12 个行业总产值为 646.63 亿元，占当年工业总产值的 44.98%，而 2011 年该类行业的总产值就上升到了 16 013.83 亿元，所占比重也提高到了 86.02%，提高了 41.04 个百分点，表明山西省这些年更多依靠的是消耗自然资源这种粗放的增长方式来发展的。结合表 5-2 可以看出，山西省行业发展速度最快的为煤炭开采和洗选业，生产总值从 1994 年的 198.49 亿元提高到了 2011 年的 6457.25 亿元，所占当年工业总产值的比重也增加 26.51 个百分点。黑色金属冶炼及压延加工业、有色金属冶炼及压延加工业、电力热力生产和供应业、黑色金属矿采选、石油加工及炼焦加工业这五大行业都有了不同程度的提高，分别提高了 5.83、1.34、2.54、1.13 和 8.77 个百分点，作为煤炭大省，山西省的重化工业趋势明显。

江西省的高能耗高污染行业发展得也较快。从 1994 年的 449.94 亿元增加到了 2011 年的 10 441.27 亿元。发展最快的行业为有色金属冶炼及压延加工业、化学原料及制品制造业、非金属矿物制品业、黑色金属冶炼及压延加工业及电力热力生产和供应业，其他几个行业都有了不同程度的下降。可以看出江西省的工业同样是以重化工业为主，经济增长主要是靠这类行业拉动的，这类行业最明显的特征就是高能耗高污染，高新技术产业和战略性新兴产业的发展严重滞后。河南省与江西省高耗能高污染行业发展速度基本一致，从 1994 年的占工业总产值的 28.53%增加到了占 52.86%，提高了 24.33 个百分点。对工业增长贡献最大的仍然是有色金属冶炼及压延加工业、非金属矿物制品业、电力热力生产和供应业、煤炭开采和洗选业等传统重工业，而且除化学纤维制造业和纺织业的发展略微缓慢外，其他十个行业均有不同程度的提高。表明其支柱产业与江西省和山西省两省基本一致。六省中高能耗高污染行业发展较为缓慢为安徽省和湖北省，其中湖北省的煤炭开采和洗选业、造纸及纸制品业、化学纤维制造业和纺织业总产值在工业总产值中所占比重均有了不同程度的下降，分别为 0.01、0.24、0.17 和 4.93 个百分点。其他八个行业发展较快。

从以上分析中可以看出随着工业化进程的加快，拉动中部地区经济增长的主要产业仍然是煤、焦和电力工业，这类行业在地区工业生产总值中的比重不断加大。另外，中部地区六省的支柱产业也多以高能耗高污染产业为主，2011年中部地区六省的支柱产业是以煤炭、电力为主的工业和以钢铁、有色金属冶炼等为主的原材料工业为主。1999 年中部地区六省的支柱产业在工业增加值中所占的份额相对较小，但 2007 年六省的前三大产业所占的份额则大了很多。除河南省外，湖北省、湖南省、安徽省、江西省和山西省的支柱产业都有所变化，而且均呈现了同一趋势，即有色金属冶炼及压延加工业、黑色金属冶炼及压延加工业、煤炭开采和洗选业、石油加工及炼焦加工业等资源密集型产业都有了不同程度的发展。因此，中部地区六省的这种依靠高消耗高污染产业来促进经济增长的发展方式将会受到资源和环境的严重制约，从长远来看不具有可持续性，将会造成资源的极大浪费和环境污染，亟须转变经济发展方式，促进经济发展方式转变和调整工业内部结构。

2. 能源消耗总量大，能源利用效率低，以煤为主的能源结构突出

1994 年中部地区消耗了 28 441 吨标准煤，占全国能源消耗总量的 23.17%，同年六省的中部地区生产总值总量为 8831 亿元，占全国地区生产总值的 18.36%，中部地区能源消费总量占全国能源消费总量的比重高于中部地区生产总值的比重，说明中部地区对全国 GDP 的贡献远不及其所消耗的能源比重，中部地区的能源利用效率低下。在整个研究期间 1994～2012 年（表 5-3），中部地区直到 2005 年 GDP 占全国比重略超过 20%，2012 年也仅为 22.52%，而能源消耗比重一直保持在 22% 以上。如表 5-3 所示，各省中只有江西省的能源效率相对较高，每年 GDP 对全国的贡献都超过其消耗的能源比重，安徽省、河南省和湖南省三省也只有少数几个年份能源效率略高。山西省的效率最低，1994 年山西省消耗了全国 5.04% 的能源却只实现了 1.72% 的地区生产总值，能源利用效率极其低下，2002 年消耗了 9340 万吨标准煤，占全国能源消耗总量的比重高达 5.86%，而地区生产总值为 2325 亿元，仅占全国比重的 1.95%，之后直到 2012 年也没有太大改观。这主要与山西省的经济发展方式有关，长期以来山西省以大规模粗放式的开采和发展资源型经济为主，是典型的资源型省份，资源型城市分布较为集中，其资源型城市所占比重在全国较高，全国约 10% 的资源型城市集中在此。这些城市大多数是以煤炭资源开采、加工为主导产业，资源型产业在整个产业体系中发挥着主导作用。

表 5-3　1994～2012 年中部地区六省能源消费和 GDP 占全国的比重　单位：%

年份	项目	安徽省	河南省	湖北省	湖南省	江西省	山西省	合计
1994	能源消费	3.05	5.07	3.88	4.38	1.76	5.04	23.17
	GDP	3.09	4.61	3.54	3.43	1.97	1.72	18.36
1995	能源消费	3.22	4.93	3.89	4.14	1.82	5.47	23.48
	GDP	3.35	5.00	3.53	3.56	1.96	1.80	19.19
2000	能源消费	3.35	5.44	4.23	2.80	1.72	4.62	22.17
	GDP	2.96	5.16	3.62	3.62	2.04	1.88	19.29
2005	能源消费	2.76	6.20	4.27	4.11	1.82	5.22	24.37
	GDP	2.91	5.77	3.59	3.59	2.21	2.30	20.37
2010	能源消费	2.99	6.60	4.66	4.57	1.92	5.17	25.91
	GDP	3.09	5.78	3.99	4.01	2.36	2.30	21.54
2011	能源消费	3.04	6.63	4.76	4.64	1.99	5.26	26.33
	GDP	3.24	5.70	4.16	4.17	2.48	2.38	22.13
2012	能源消费	3.14	6.54	4.89	4.63	2.00	5.35	26.54
	GDP	3.33	5.73	4.31	4.29	2.51	2.35	22.52

资料来源：根据《中国统计年鉴》《中国能源年鉴》相关年份数据计算

如图 5-6 所示,1994~2012 年中部六省的万元 GDP 能源消耗量较高,河南省、湖北省、湖南省和山西省的年均万元 GDP 能源消耗量均高于全国平均水平,各省的经济增长严重依赖于对自然资源的大规模开采和消耗。其中以山西省的单位能耗最高,年均 3.53 吨/万元,远高于全国平均水平的 1.38 吨/万元,1994 年山西省的单位能耗就已经高达 7.48 吨/万元,而全国平均水平只有 2.55 吨/万元,安徽省、河南省、湖北省和江西省四省份的单位能耗也不到 3 吨/万元,此后山西省的单位能耗缓慢下降,至 2005 年已降到 3 吨/万元,2012 年 1.6 吨/万元,但仍高于全国平均水平和其余五个省份。其次为湖北省,在研究期间每年的单位能耗均比全国平均水平高,也均高于安徽省和河南省,年均比全国高出 0.2 吨/万元。河南省除1995~1997 年的三年比全国平均水平低以外,其余年份均高于全国平均水平,且纵向来看呈现出和全国平均水平拉大的趋势。单位能耗相对较低的省份为江西省,年均单位能耗仅为 1.14 吨/万元,每万元能源消耗量比全国少 0.24 吨标准煤,表明江西省的能效较高。总体来看,在研究期间内六省的单位能耗均有了不同程度的下降,呈现出下降的趋势,山西省下降的幅度最大,从 1994 年的 7.48 吨/万元下降到了 2012 年的 1.6 吨/万元,下降了 5.88 个单位,其次为湖南省,从 1994年的 3.26 吨/万元下降到了 2012 年的 0.76 吨/万元。

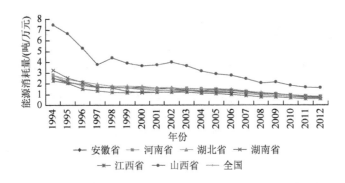

图 5-6　1994~2012 年全国和中部地区六省万元 GDP 能源消费量

在研究期间内中部地区六省的能源结构中以煤为主的能源结构突出,本节中能源消耗总量以能源平衡表中的终端能源消耗量为统计量,燃煤包括原煤、洗精煤和型煤等六种能源。各省中以山西省的燃煤所占比重最高,在生产和生活中山西省消耗的煤炭最高,1995 年山西省的燃煤占总能源消费总量的 93.26%,远高于全国平均水平和其他五省,其中湖北省仅为 78.22%,比山西省低 15.04 个百分点。山西省在 2007 年之前的燃煤比重一直保持在 90%以上,仅从 2008 年开始有所下降,但至 2011 年该比重仍然高达 85%,仅仅比 1995 年下降了 8.26 个百分点。其次为安徽省在研究期间内的燃煤比重较高,在研究期间内一直保持在 80%以上,年平均为 84.59%，2011 年仅仅比 1995 年下降了 6.26 个百分点，在研究期间内无实质性的变化。六省中燃煤比重最低的省份为湖北省，1995 年湖北省的燃煤比重仅为 78.22%，远低于山西省、安徽省和江西省，且湖北省的燃煤所占比重呈明显的下降趋势，2005 年该比重已下降至 69.94%，虽然在 2006 年又有短暂回升但仍保持下降的趋势，至 2011 年该比重为 74%，在研究期间内年平均比重为 73.98%，在六省中最低。如图 5-7 所示，六省在研究期间内的燃煤在能源消耗总量中的比重除河南省外均呈现出下降的趋势，河南省在 2000～2004 年的燃煤比重出现下降趋势后又快速上升，2011 年反而比 1995 年上升了 0.01 个百分点，其他五省中降幅最大的为江西省的 10.65 个百分点，从 1995 年的 87.65%下降到了 2011 年的77%，其次下降幅度较大的为山西省和湖南省，分别为 8.26 和 8.07 个百分点。

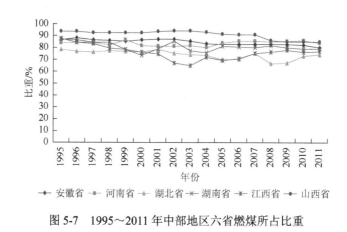

图 5-7　1995～2011 年中部地区六省燃煤所占比重

3. 生产过程中污染物排放过多，环境污染严重

中部六省不仅资源密集型产业集中、能源利用效率低下，而且在生产过程中排放了过多的污染物。1995～2012 年以江西省的单位工业产值污染物排放的最多（表 5-4）。1995 年万元工业总产值工业废水排放量全国平均水平为 88.93 吨，中部地区六省的单位废水排放量大多超过全国平均水平，以江西省的单位排放量最高，为 212.66 吨/万元，比全国平均水平高出 123.73 个单位，江西省该年全年工业部门共排放了 66 880 万吨废水。2000 年江西省工业部门共排放了 329 408 万吨废水，每万元工业总产值工业废水排放量为 60.56 吨，比 1995 年下降了 152.1 个单位，降幅较大，但仍比全国平均水平高出 12.05 个单位。但之后江西省每年的单位产值废气排放与全国平均水平的差距在不断缩小，对环境造成的污染也在减轻，至2012 年万元单位工业总产值的废水排放量仅为 11.23 吨，略高于全国平均水平。在研究期间内污染物排放较多的其次为湖北省，1995 年工业部门共排放了 139 938

万吨废水，实现工业总产值 680.92 亿元，万元单位产值废水排放量为 205.51 吨，高出全国平均水平 116.58 个单位，仅次于江西省。但此后单位产值的废水排放量也在逐年减少，2000 年工业部门排放了 106 733 万吨废水，比 1995 年排放的还少，但工业总产值增加了 562.32 亿元，每单位工业产值仅排放了 85.85 吨废水，比 1995 年减少了近 120 个单位。此后在 2005 年、2010 年和 2012 年全年工业废水排放量均低于 2000 年的排放量，分别为 92 432 万吨、94 593 万吨和 91 609 万吨，但实现的工业总产值每年都在以较大的幅度递增，2012 年工业总产值达到 9735.15 亿元，单位产值的废水排放量仅为 9.41 吨。各省中安徽省的单位产值废水排放量也较高，1995 年为 154.69 吨/万元，但下降的幅度也很大，至 2012 年已下降至 8.37 吨/万元。以湖南的单位产值污染物排放的最少，1995 年、2000 年、2005 年、2010 年和 2012 年都低于全国平均水平，分别比全国平均水平低 21.38、13.64、13.28、10.11 和 7.87 个单位。

表 5-4　1994～2012 年全国和中部地区六省单位工业产值废水、废气和固体废物排放量

年份	指标	安徽省	河南省	湖北省	湖南省	江西省	山西省	全国
1995	工业废水/（吨/万元）	154.69	78.28	205.51	67.55	212.66	92.72	88.93
	工业废气/（标米³/元）	6.33	4.85	6.59	2.14	7.62	10.92	4.31
	工业固体废物/（吨/万元）	4.89	2.22	3.03	1.41	11.67	9.59	2.58
2000	工业废水/（吨/万元）	71.30	54.60	85.85	34.87	60.56	43.29	48.51
	工业废气/（标米³/元）	4.46	3.72	4.56	1.11	4.08	8.86	3.45
	工业固体废物/（吨/万元）	3.18	1.81	2.27	0.73	8.85	10.28	2.04
2005	工业废水/（吨/万元）	34.55	25.22	37.29	18.20	38.30	15.16	31.48
	工业废气/（标米³/元）	3.79	3.17	3.79	0.89	3.01	7.15	3.48
	工业固体废物/（吨/万元）	2.28	1.26	1.49	0.50	4.81	5.28	0.17
2010	工业废水/（吨/万元）	13.12	12.58	14.06	4.67	15.60	10.71	14.78
	工业废气/（标米³/元）	3.30	1.90	2.06	0.72	2.29	7.55	3.23
	工业固体废物/（吨/万元）	1.69	0.90	1.01	0.28	2.19	3.92	1.50
2012	工业废水/（吨/万元）	8.37	8.37	9.41	3.23	11.23	8.59	11.10
	工业废气/（标米³/元）	3.69	2.33	2.00	0.00	2.54	7.01	3.25
	工业固体废物/（吨/万元）	1.50	0.96	0.78	0.27	1.91	4.85	1.65

从单位产值废气排放量分析，中部地区六省的单位废气排放量总体上也比全国平均水平高。研究期间内山西省的废气排放量最高，每年都比全国平均水平高，1995 年山西省工业部门共排放了 4790 亿标立方米废气，实现工业总产值 438.5 亿元，平均每单位工业产值排放废气 10.92 标立方米，远高于其他五省，但之后

有所下降，至 2012 年每单位工业产值排放废气已下降至 7.01 标米³/元，但仍高于全国平均水平和其他五省，这主要因为山西省在此期间内的工业结构不合理，以煤炭、电力和原材料加工等重工业产业结构为主，在生产过程中向大气中排放了过多的废气，造成了严重的大气污染。其次单位产值排放污染物较多的省份为江西省，1995 年和 2000 年单位产值排放量分别为 7.62 标米³/元和 4.08 标米³/元，仅次于山西省，但在 2005 年、2010 年和 2012 年三年的时间中单位产值的废气排放量下降较快，每年都低于全国平均水平，分别低 0.47、0.94 和 0.71 个单位，表明江西省在研究期间内的废气排放情况有了很大改善。单位产值的废气排放量最小的为湖南省，在研究期间内每年的排放量都比全国水平低，单位废气的生产率较高，排放的废气少，1995 年湖南省工业部门共排放了 3569 亿标立方米废气，实现工业总产值 1666.29 亿元，单位废气排放量仅为 2.14 标立方米，此后每年的单位废气排放量都呈现下降的趋势。

总体上看，中部地区六省的工业固体废物产生量也较多，单位产值所产生的固体废物也高于全国平均水平。各省中以江西省和山西省单位产值产生的固体废物量较多，1995 年两省工业部门分别产生了 3669 万吨和 4204 万吨工业固体废物，平均每单位工业产值分别产生固体废物 11.67 吨和 9.59 吨，比全国平均水平高出 9.09 和 7.01 个单位。虽然此后两省的单位固体废物产生量有所下降，但仍然每年都高出全国平均水平。安徽省和湖北省的情况一致，2010 年之前的单位固体废物产生量高，但之后均比全国水平低。单位固体废物产生量较少的省份为湖南省和河南省，两省在 1995 年的工业总产值分别为 1666.29 亿元和 1256.52 亿元，工业固体废物仅产生了 2355 万吨和 2792 万吨，单位产值的固体废物排放量仅为 1.41 吨/万元和 2.22 吨/万元，2000 年湖南省的单位固体排放量就下降到了一个单位以下，仅为 0.73 吨/万元，比全国平均水平低 1.31 个单位，也远低于其他五个省份。

除单位产值废水、废气和固体废物排放量高于全国平均水平外，中部地区的工业 SO_2、工业烟尘、工业粉尘的排放量占全国各类排放物总量的比重也均超过了中部地区六省生产总值在全国的比重，尤其是其工业 SO_2 和工业烟尘的排放特别多，造成的环境污染也更严重。纵向来看，各省的工业生产中排放的废水、废气和固体废物都有所下降，单位产值的"三废"排放量均呈现下降的趋势，且下降的幅度较大，表明在研究期间内各省节能减排和调整产业结构等已取得了显著的效果。另外，在研究期间内的工业固体废物的综合利用率也有了很大提高（图 5-8），从图 5-8 中可以看出以山西省提高的幅度最大，从 1995 年的 23.81% 提高到了 2012 年的 69.40%，提高了 45.59 个百分点，工业固体废物得到了极大效率的利用，极大地节约了资源。其次为江西省和河南省，分别从 1995 年的 20.14% 和 44.90% 提高到了 2012 年的 54.46% 和 75.98%，分别提高了 34.32 和 31.08 个百分点。

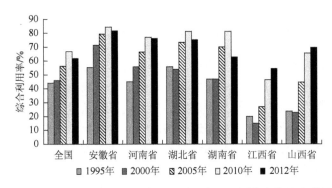

图 5-8 1995~2012 年全国和中部地区六省工业固体废物综合利用率

5.1.3 中部地区六省产业发展面临的机遇

1. 中部地区六省自然资源和人力资源丰富

首先，中部地区作为环太平洋成矿带内的重要成矿地区，其矿产资源种类繁多，储量丰富。煤炭资源储量占全国的近三分之一，山西省煤炭储量高。中部地区原煤产量占全国总量的48%，金矿、银矿、铝矿、铜矿、钨矿等保有储量占全国的比重高。各省的矿产资源也种类繁多，储量丰富。从东部、中部、西部已探明矿产资源的开发利用情况来看，中部地区六省的矿产资源的优势最大，开发利用的潜力也非常大，对传统工业的持续发展和支柱产业系列的形成具有非常重要的支撑作用。从重要和稀有矿产资源来看，其丰度和密度也均高于东部地区，而且中部地区的资源配套程度较高，开发前景较大，并且中部地区已经形成了矿产资源三大基地，以山西省、河南省、安徽省为三角的煤炭基地，以江西省、湖北省和湖南省为三角的有色金属基地和以湖北省与湖南省为中心的磷化矿基地。这种独有的资源优势为中部地区发展能源和原材料工业奠定了坚实的基础。

其次，中部地区的人力资源丰富，中部地区六省都是人口大省，在全国总人口中所占比重大。据我国第六次全国人口普查数据显示，2010 年中部地区除湖北省外其余五省的人口自然增长率均高于全国平均水平，其中江西省的人口自然增长率比全国平均水平高出 2.9 个千分点。从人口年龄结构来看，在 0~14 岁人口比重中，安徽省、河南省、湖南省、江西省和山西省的比重均高于全国平均水平，分别比全国平均水平高出 1.38、4.4、1.02、5.28 和 0.5 个百分点，相应的 65 岁以上人口的比重略低于全国平均水平。因此，从人口总量、人口自然增长率和年龄结构三方面可以看出，中部地区的人力资源丰富，劳动力供给充足，为中部地区承接东部产业梯度转移和发展劳动密集型产业提供了足够的劳动力资源，同时也为中部地区产业结构从劳动密集型向知识密集型产业的转变提供了条件。

2. 区位优势明显，能较好地承接东部地区产业转移

中部地区具有承东启西、贯穿南北和辐射八方的区位优势，是全国重要的交通要地、客货运输的集散地和中转中心，也是促进全国生产要素流动的战略支点和东西部经济合作的桥梁。并且中部地区作为全国交通运输的枢纽，已经建成了四通八达的综合交通网络和信息高速公路网络，整体上已形成了以"三纵三横"干线为骨架的交通网，具有辐射和承接梯度转移的双重作用。另外，中部地区资源环境承载能力较强，经过多年的发展已经具有了良好的产业基础，完全具备承接全球范围和东部沿海发达地区产业转移的空间，中部地区可以利用东部地区产业转移的契机，利用本地资源和劳动力成本较低等优越条件，来实现产业结构的升级和促进经济增长。

此外，中部地区面临国家提出的实现中部崛起的重要战略机遇。"中部崛起"的想法首次出现在 2005 年经济工作的六项任务中。同年 2 月，第十届全国人民代表大会第二次会议的《政府工作报告》提出了"促进中部崛起"的这一重要战略，2005 年 10 月，在第十六届中央委员会第五次全体会议通过的《中共中央关于制定国民经济和社会发展第十一个五年规划的建议》中，也提出要"继续推进西部大开发，振兴东北地区等老工业基地，促进中部地区崛起，鼓励东部地区率先发展"。各省针对这一战略都对自身的发展战略进行了积极的探索。例如，山西省提出要加快发展多元化支柱产业，不再以能源原材料作为单一的支柱产业，要把山西省打造成为全国清洁能源技术和生产中心、面向中西部地区的生产服务基地、具有三晋文化底蕴的旅游开发热点地区、环渤海地区重要的重加工基地、黄河中游和华北平原的屏障型的生态重地。

5.2　中部地区碳排放现状分析

5.2.1　中部地区碳排放总量分析

1. 计算方法和数据来源

能源活动是碳排放产生的主要来源，本书仅估算由此产生的碳排放量。由于电力和热力等二次能源消费也属于碳排放的主要来源，所产生的碳排放来自生产过程中一次能源的能量转换和能量损失，所以本书计算的能源消费总量不但包括终端能源消费量，也包括能源损失量和能源加工损失量中的火力发电及供热两部分。计算公式采用联合国政府间气候变化专门委员会所指定的《2006 年 IPCC 国家温室气体清单指南》中第二卷第六章参考方法中的燃料燃烧的碳排放估算公式：

$$C = \sum E_i \cdot NVC_i \cdot CEF_i \cdot COF_i \quad i = 1, 2, \cdots, 17 \tag{5-1}$$

其中，C 表示碳排放总量，CO_2 排放总量的值在此基础上乘以 44/12；E_i 表示第 i 种能源消费量；NCV_i、CEF_i 及 COF_i 分别表示第 i 种能源的平均低位发热量、碳排放系数和碳氧化因子，碳氧化因子按照联合国政府间气候变化专门委员会的缺省值处理，统一为 1。本书采用的各种能源碳排放系数也来源于该清单（表 5-5）。另外，书中的能源包括原煤、洗精煤、其他洗煤、型煤、焦炭、焦炉煤气、其他焦化产品、原油、汽油、煤油、柴油、燃料油、液化石油气、炼厂干气、天然气、其他石油制品和其他焦化产品等共 17 种能源。本书的研究时段为中部地区六省1995～2012 年共 18 年。能源相关数据来源于 1995～2013 年《中国能源统计年鉴》，各省及全国人口和地区生产总值数据来源于 1995～2013 年《中国统计年鉴》，其中地区生产总值按 1995 年不变价格处理。

表 5-5　17 种能源碳排放系数

能源种类	系数	能源种类	系数
原煤	0.7552	煤油	0.5737
洗精煤	0.7552	柴油	0.5913
其他洗煤	0.7552	燃料油	0.6176
型煤	0.7552	液化石油气	0.5035
焦炭	0.8547	炼厂干气	0.4614
焦炉煤气	0.3542	天然气	0.4479
其他煤气	0.3542	其他石油制品	0.5854
原油	0.5854	其他焦化产品	0.6700
汽油	0.5532		

注：洗精煤、其他洗煤和型煤的系数参照联合国政府间气候变化专门委员会和日本科学技术厅科学技术政策研究所的研究成果，同原煤一致。其他焦化产品参照经验值

2. 碳排放总量现状分析

从六省的碳排放总量分析，各省之间总量差别显著。如图 5-9 所示，1995～2012 年河南省的碳排放总量处于较高位置，1995 年河南省的碳排放量高达4536.01 万吨，占全国碳排放总量的 5.63%，而同年碳排放量较低的安徽省和江西省仅为 2996.02 万吨和 1728.42 万吨，仅占河南省的 66.05% 和 38.10%。此后河南省的碳排放量逐年增加，2005 年已超过一亿吨，达 10 118.44 万吨，碳排放量占全国的比重也提高到 6.69%。以后各年中河南省的碳排放量一直以较高的幅度递增，至2011 年碳排放量已达到 15 339.6 万吨，占全国比重的 7.2%，2012 年高达 14 008.55万吨，占全国排放量的 6.38%。其次为山西省排放的较多，1995 年共排放了 4633.83

万吨，比河南省的还高，占全国比重的5.75%，之后在1996～2000年略有下降，变化不大，在全国的比重也由5.42%下降到5%，下降了0.42个百分点。但之后以年间186.04吨的幅度递增，2008年突破了一亿吨，2012年已高达13 333.96万吨，占全国的比重提高了0.68个百分点。排名第三位的为湖北省，1995年排放量为3539.85万吨，占全国总碳排放量的4.4%，在整个研究期间内湖北省的年均增加量相比较低，为126.61万吨，至2012年为10 347.63万吨，占全国的比重为4.71%，18年间湖北省的碳排放量在全国的比重始终未超过5%。各省中以江西省的排放量最低，1995年仅为1728.42万吨，2003年才超过2000万吨，至2012年总碳排放量仅为4280.56万吨，占全国的比重也一直不高。

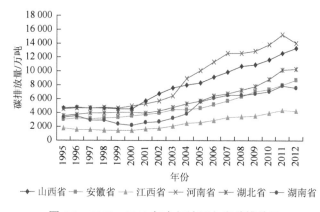

图5-9 1995～2012年中部地区六省碳排放量

从年均增长率来看，如图5-10所示，各省中除江西省其余五省的年均增长率均高于全国水平，其中以河南省和湖北省的年均增长率较高，分别为8.28%和6.98%，比全国平均水平高出1.89和0.59个百分点。河南省在2003～2007年的四

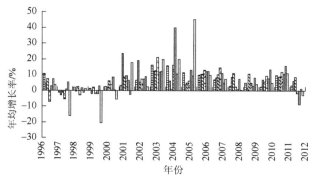

图5-10 1995～2012年全国和中部地区六省碳排放量年均增长率

年中均以超过两位数的速度递增，而湖北省在此期间的平均递增速度也超过两位数。山西省的年均增长率为 6.67%，高出全国平均水平 0.29 个百分点，安徽省和湖南省的年均增长率持平，基本一致。最低的为江西省，仅为 6.24%，比全国平均水平低 0.14 个百分点。

从人均碳排放量来看，如图 5-11 所示，山西省的人均碳排放量在研究期间内每年都为最高，1995 年山西省人均排放 1.51 吨，而江西省人均排放仅为 0.43 吨，其次为湖北省的 0.61 吨，安徽省、河南省和湖南省三省基本差别不大，在 0.5 吨左右。直到 2011 年山西省的人均碳排放量仍然是最高，达 2.16 吨，2012 年山西省的该值又有所上升至 2.2 吨，最低的江西省仅为 0.53 吨。纵向来看，六省的人均碳排放量均以 2009 年为转折点分为两个阶段，1995～2009 年 15 年间各省的碳排放量均稳步增长，而 2010～2012 年各省碳排放量均呈现下降的趋势，这与全国的趋势相吻合，1995 年全国的人均碳排放为 0.66 吨，之后快速增加到 2009 年的 1.42 吨，但 2010 年碳排放量开始下降到 2012 年 0.99 吨。从增长率来看，六省之间无明显差异，安徽省和湖南省年均增长率持平，为 6.46%，低于全国平均水平的 0.08 个百分点，年平均增长率最高的为河南省的 8.20%，最低的为江西省的 6.24%，湖北省和山西省年均增长率分别为 6.99% 和 6.77%。

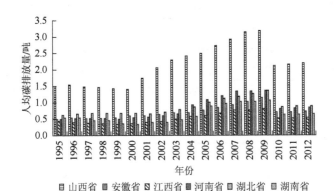

图 5-11　中部地区六省 1995～2012 年人均碳排量

5.2.2　中部地区碳排放结构分析

1. 产业部门碳排放结构分析

本书计算的各产业碳排放量以《中国能源统计年鉴》终端能源消费量中各产业的消费量为准，即农、林、牧、渔业为第一产业，工业和建筑业为第二产业，交通运输业、仓储和邮电通信业及批发、零售业和住宿、餐饮业为第三产业。产业部门碳排放比重按占三次产业能源消费碳排放量的比率计算。

如表 5-6 所示，1995～2011 年三次产业碳排放量以第二产业碳排放量最高，1995 年六省中第二产业碳排放量最高的为山西省的 2171.77 万吨，占全国比重的 5.35%，但经过十几年的发展山西省第二产业碳排放量占全国的比重没有明显上升，到 2011 年仅为 6.41%，上升了 1.06 个百分点，占全国碳排放量比重较高的省份为河南省和湖北省，1995 年河南省第二产业碳排放量仅为 1854.32 万吨，占全国 4.57%，但 2012 年碳排放量就上升到 5517.96 万吨，所占比重也上升到 6.92%，上升了 2.35 个百分点。碳排放量和占全国比重最低的为江西省。第三产业的碳排放量仅次于第二产业且上升速度很快，其中以湖北省的增长幅度最大，从 1995 年的 175.21 万吨增长到了 2012 年的 1295.69 万吨，增长了 6.4 倍。其次为湖南省和山西省，分别增长了 5.38 倍和 4.68 倍，增长幅度最小的为安徽省的 3.27 倍。三次产业中以第一产业的碳排放量最低。

表 5-6　中部地区六省 1995～2012 年三次产业碳排放量　　　单位：万吨

年份	产业	山西省	安徽省	江西省	河南省	湖北省	湖南省
1995	第一产业	183.95	54.23	47.93	97.20	88.54	182.05
	第二产业	2171.77	1730.02	961.50	1854.32	2162.25	1893.55
	第三产业	104.00	108.63	53.07	150.25	175.21	120.45
1996	第一产业	183.30	57.82	34.64	87.50	84.16	205.12
	第二产业	2235.83	1901.90	844.64	1822.42	1964.99	1953.81
	第三产业	111.17	113.05	48.45	149.50	181.80	126.37
1997	第一产业	189.11	63.29	33.33	77.16	91.8	240.31
	第二产业	2180.56	1850.40	838.13	1782.66	2345.21	1602.80
	第三产业	121.59	115.08	53.51	148.31	195.89	126.56
1998	第一产业	195.99	67.62	42.02	74.73	88.35	250.16
	第二产业	2107.94	1976.28	807.56	1901.04	2348.26	1626.09
	第三产业	125.89	126.43	82.28	149.93	199.01	131.49
1999	第一产业	198.97	61.15	27.68	74.45	89.79	175.58
	第二产业	2049.44	2063.25	742.39	1918.11	2469.04	1203.98
	第三产业	125.60	123.85	90.38	92.07	208.42	141.43
2000	第一产业	177.17	62.00	28.05	86.25	93.63	133.54
	第二产业	2139.74	2195.38	690.87	2037.01	2400.36	1100.05
	第三产业	133.79	135.67	99.37	146.04	242.43	170.14
2001	第一产业	218.72	66.67	22.53	85.80	123.89	125.72
	第二产业	2857.39	2257.25	743.76	2108.99	2236.72	1411.11
	第三产业	162.72	130.13	135.25	147.11	289.25	166.93

续表

年份	产业	山西省	安徽省	江西省	河南省	湖北省	湖南省
2002	第一产业	193.91	65.34	22.03	89.49	132.68	116.19
	第二产业	3541.72	2303.36	725.10	2173.49	2367.13	1517.79
	第三产业	179.90	142.77	183.86	135.41	368.87	105.19
2003	第一产业	196.27	68.45	18.55	86.62	129.09	127.70
	第二产业	3982.09	2396.27	823.28	2406.31	2563.31	1604.56
	第三产业	198.19	159.39	244.36	140.95	484.40	251.14
2004	第一产业	148.73	72.33	20.82	84.87	125.75	138.27
	第二产业	4027.74	2222.22	1020.42	3239.56	2847.02	1902.29
	第三产业	235.81	184.57	196.25	302.83	464.54	298.15
2005	第一产业	122.61	67.12	88.27	137.28	151.84	218.17
	第二产业	3744.82	2325.42	1070.89	4428.22	3027.72	3355.29
	第三产业	280.37	203.84	195.76	322.01	481.93	560.05
2006	第一产业	135.58	70.43	82.07	157.98	171.56	184.41
	第二产业	4095.20	2604.99	1356.81	5315.82	3371.47	3569.13
	第三产业	294.66	228.85	206.11	339.64	654.37	595.89
2007	第一产业	99.18	74.53	67.86	141.9	177.34	193.38
	第二产业	4439.57	2835.97	1585.75	5813.92	3675.31	3749.41
	第三产业	303.37	261.46	214.52	398.94	740.00	647.32
2008	第一产业	153.64	89.72	58.10	148.75	189.14	203.26
	第二产业	4485.01	2917.89	1727.37	5752.18	3834.31	3718.26
	第三产业	563.23	252.37	217.77	422.32	890.45	598.34
2009	第一产业	153.75	93.90	54.81	140.10	207.79	209.23
	第二产业	4461.79	3064.66	1860.85	6155.34	4245.15	3766.98
	第三产业	594.88	264.01	225.74	469.92	1027.48	692.45
2010	第一产业	153.98	97.38	59.60	144.84	201.59	208.20
	第二产业	4516.76	3193.36	1916.37	6454.75	4795.77	3667.74
	第三产业	566.35	297.99	268.69	542.66	1092.53	698.64
2011	第一产业	156.03	105.16	59.02	165.86	237.53	235.22
	第二产业	4778.19	3490.44	2140.25	6727.73	5529.91	3742.98
	第三产业	572.07	335.65	290.64	602.01	1358.12	781.79
2012	第一产业	165.63	105.12	54.06	176.29	247.61	254.50
	第二产业	5117.87	3544.30	2279.16	5517.96	5998.87	3964.10
	第三产业	590.93	464.28	310.87	666.61	1295.69	768.04

资料来源：根据《中国统计年鉴》《中国能源统计年鉴》相关年份数据计算

从中部地区各省三次产业所占比重来看（图 5-12），1995～2012 年六省的第一产业和第二产业的碳排放比重均高于全国平均水平，其中碳排放比重最高的为第二产业，其次为第三产业。第一产业以湖南省的年平均排放比重最高，为 7.04%，其次是山西省的 4.89%，其余四省基本持平，保持在 3% 左右。第二产业碳排放所占比重六省间差别不大且 18 年间波动不明显，除湖南省外其余五省的年均碳排放所占比重均超过全国平均水平（83.14%），其中只有河南省和山西省的第二产业碳排放比重分别上升了 1.8 和 0.4 个百分点，其余四省的碳排放比重均有所下降，以湖北省下降的幅度最大，从 1995 年的 89.13% 下降到 2012 年的 83.18%，其次为江西省，下降了共 5.76 个百分点，安徽和湖南省分别下降了 1.11 和 4.55 个百分点。第三产业中所占比重均高于全国平均水平（14.24%），其中以湖北省的比重最高，平均为 13.07%，其次为湖南省的 11.29%，其余为江西省、安徽省、山西省和河南省，分别为 11.99%、7.00%、6.78% 和 6.88%。

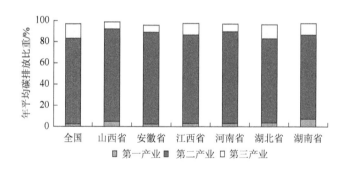

图 5-12　1995～2012 年全国和中部六省三次产业碳排放比重

2. 能源消费碳排放结构分析

通过分析可以发现，各省以煤为主的碳排放结构尤为显著，其中燃煤碳排放比重在 1995～2012 年均高于全国平均水平，燃油和燃气碳排放比重分别低于全国平均水平。其中山西省的各类能源的碳排放中煤炭的比重最高，1995 年山西省的燃煤排放了 4484.43 万吨 CO_2，占总碳排放量的比重高达 96.78%，比全国平均水平高出 12.18 个百分点，也比其他五省高。在整个研究期间，山西省的燃煤碳排放比重一直高于全国平均水平和其他五省，且下降的幅度不大，至 2012 年该比重仍高达 94.93%。但同时其燃油和天然气的碳排放的比重很低，每年都低于全国平均水平。河南省的燃煤碳排放总量和比重也很高，仅次于山西省。1995 年燃煤共排放了 4180.93 万吨 CO_2，占总碳排放量的 92%，之后燃煤排放的总量不断上升，2006 年已超过 10 000 万吨，达 10 576.35 万吨，占总碳排放量的 93%。至 2012

年由燃煤排放的 CO_2 已经达到 12 683.96 万吨，占总碳排放量的 90.51%。纵向来看，1995～2012 年河南省的碳排放结构中，燃煤的比重变化不大，且有上升的趋势。同时，河南省燃油和天然气排放的比重很低，远低于全国平均水平，在整个研究期间内燃油的碳排放比重未超过两位数，天然气的碳排放所占的比重虽然不断上升，但至 2011 年也仅占 0.31%。

虽然安徽省的燃煤碳排放总量不高，但安徽省的燃煤的碳排放比重在研究期间内不低且无明显变化，在 92% 左右浮动。各省中燃煤碳排放比重较低的为湖北省和湖南省，在研究期间年平均比重分别为 84.31% 和 85.90%，略高于全国平均水平。湖北省的燃煤比重变化不大，在 84% 左右浮动，仅在 2008 年和 2009 年两年下降到了 80% 以下；湖南省的变化较大，燃煤的比重在不断下降，至 2011 年已下降至 67.08%，比 1995 年下降了 24.05 个百分点。但从总量来看，湖南省在此期间的燃煤碳排放总量不断上升，从 1995 年的 3082.96 万吨增长到了 2012 年的 6571.35 万吨，表明在此期间内湖南省的能源结构得到了很大程度的改善和优化。整体来看，湖北省和湖南省两省的燃油碳排放比重也是较高的，均在两位数以上，年均比重分别为 15.62% 和 11.73%，其中湖北省的燃油碳排放比重在各省中最高，各省中燃油碳排放比重最低的省份为山西省（3.96%）。

3. 城乡消费碳排放结构分析

中部地区各省中生活消费的碳排放总量差异较大，与总碳排放量一致。河南省和山西省两省的生活消费碳排放量较高，1995 年两省的生活消费碳排放量分别为 611.99 万吨和 435.65 万吨，分别为江西省的 3.6 和 2.56 倍，安徽省也仅排放了 186.50 万吨 CO_2。至 2011 年河南省来自生活消费的碳排放量已经高达 658.33 万吨，年均增长 2.9 万吨，2012 年又在 2011 年的基础上增长了 127.48 万吨。从增长幅度来看，以山西省的增长幅度最大，以年均 11.08 万吨的速度递增到 2011 年的 612.95 万吨，2012 年又增长到 636.61 万吨。而江西省和湖南省的生活消费碳排放总量出现了不同程度的下降，分别从 1995 年的 170.01 万吨和 441.21 万吨下降到了 2011 年的 141.90 万吨和 426.03 万吨。

分结构来看，中部地区六省各省城镇居民生活消费排放的 CO_2 比重差异很大，安徽省、江西省和湖北省的城镇生活消费碳排放比重在大多年份均超过全国平均水平，其余三省低于全国平均水平。各省中以安徽省的城镇居民生活消费碳排放比重最高，年均为 62.78%，在整个研究期间内呈现出了上下波动不稳定态势，与此同时，乡村排放比重较低。各省中江西省的情况与其他五省不同，在研究期间内城镇居民的碳排放比重不断下降，从 1995 年的 80.40% 下降到 2004 年的 36.72%，之后虽又上升，但上升的幅度不大，2012 年为 45.71%，较 1995 年共下降了 34.69% 个百分点（表 5-7）。

表 5-7　1995～2012 年全国和中部地区六省城镇居民生活消费碳排放总量和比重

年份	项目	全国	山西省	安徽省	江西省	河南省	湖北省	湖南省
1995	总量/万吨	3682.85	114.51	104.25	136.69	114.64	201.19	101.31
	比重/%	46.61	26.29	55.90	80.40	18.73	59.77	22.96
1998	总量/万吨	2742.72	105.26	116.57	84.75	248.81	177.91	76.47
	比重/%	45.32	26.00	56.69	62.75	40.85	49.16	21.23
2001	总量/万吨	2610.58	100.30	166.67	68.77	172.04	91.40	37.85
	比重/%	45.35	24.50	71.47	48.90	33.69	30.58	19.98
2004	总量/万吨	3242.89	72.40	192.24	46.94	177.90	119.11	43.30
	比重/%	45.17	16.63	62.55	36.72	38.58	43.50	27.59
2007	总量/万吨	3673.80	122.82	147.30	58.77	251.73	199.24	49.66
	比重/%	46.45	29.74	62.06	39.90	41.46	49.96	17.18
2010	总量/万吨	3377.72	229.48	176.18	65.73	159.54	285.53	87.46
	比重/%	42.32	41.25	71.82	42.92	31.06	57.10	29.84
2011	总量/万吨	3602.04	246.73	113.54	68.86	222.29	273.16	132.11
	比重/%	42.57	40.25	58.35	47.07	33.77	60.11	33.50
2012	总量/万吨	3657.90	256.84	115.31	64.86	264.17	241.97	178.26
	比重/%	42.09	40.35	63.39	45.71	33.62	53.22	41.84

资料来源：根据《中国统计年鉴》《中国能源统计年鉴》相关年份数据计算

5.2.3　中部地区碳排放区域比较

全面认识我国中部地区的碳排放情况，在此引用空间计量方法对中部地区与东西部地区的碳排放分布进行比较。

1. 研究方法

1）探索性数据分析

探索性数据分析（exploratory spatial data analysis，ESDA），是一种借助空间统计、具有识别功能的空间数据分析方法，在空间自相关和空间分布随机性的相关研究中有较多应用。它主要借助了现代图形技术和统计学相关理论，用更为直观的方式来表现研究变量的空间分布特征、空间模式等，其本质是数据推动。本书中主要借助了 ESDA 中的全局空间相关性分析和局部空间相关性分析，衡量指标分别为全局 Moran 指数和局部 Moran 指数，通过 GeoDa 软件进行计算处理及检验，得出相关结论。

2）全局空间相关性分析

全局空间相关性分析是对研究对象在整个区域的空间分布情况的总体描述，一般用全局 Moran 指数来衡量。Moran 指数 I 的计算公式如下：

$$I = \frac{n\sum_{i=1}^{n}\sum_{j=1}^{n}w_{ij}(x_i-\overline{x})(x_j-\overline{x})}{\sum_{i=1}^{n}\sum_{j=1}^{n}w_{ij}\sum_{i=1}^{n}(x_i-\overline{x})^2} = \frac{n\sum_{i=1}^{n}\sum_{i\neq j}^{n}w_{ij}(x_i-\overline{x})(x_j-\overline{x})}{S^2\sum_{i=1}^{n}\sum_{i\neq j}^{n}w_{ij}} \quad (5\text{-}2)$$

$$Z(I) = \frac{I-E(I)}{\sqrt{\text{var}(I)}} \quad (5\text{-}3)$$

其中，$\overline{x}=\dfrac{1}{n}\sum_{i=1}^{n}x_i$，$w_{ij}=\begin{cases}1, & \text{区域}i\text{和区域}j\text{相邻}\\ 0, & \text{区域}i\text{和区域}j\text{不相邻}\end{cases}$。

n 为研究对象的总数，本书中为 31；w_{ij} 为空间权重；x_i 为区域 i；x_j 为区域 j 的全局 Moran 指数，可以用标准化统计量 $Z(I)$ 来检验空间自相关的显著性水平。

Moran 指数 I 的取值范围为[−1, 1]。当 $I>0$ 时，表示具有相同属性的区域聚集在一起，即正相关；当 $I<0$ 时，表示具有相异属性的区域聚集在一起，即负相关；当 $I=0$ 时，表明不存在空间自相关的关系，属性是随机分布的。

3）局域空间相关性分析

局域空间相关性分析是对研究对象在局部区域的空间分布情况的描述，来检测局部地区是否有相似或相异的观测值聚集，通常用局部 Moran 指数来衡量。局部 Moran 指数的计算公式如下：

$$I_i = \frac{(x_i-\overline{x})}{S^2}\sum_{i\neq j}^{n}w_{ij}(x_j-\overline{x}) \quad (5\text{-}4)$$

当 I 大于 0 时，表示高值属性的区域被高值所包围，即"高-高聚集"；或者低值属性的区域被低值所包围，即"低-低聚集"。当 I 小于 0 时，表示低值属性的区域被高值所包围，即"低-高聚集"；或者高值属性的区域被低值所包围，即"高-低聚集"。

2. 中部地区碳排放的省际空间比较

1）我国四大地区碳排放的分布总特征

整体上，如图 5-13 所示，2007~2012 年我国碳排放总量稳步增加，东部地区、中部地区、西部地区和东北地区四个地区的碳排放总量在五年间均增加了 20%以上。西部地区碳排放量增幅平均为 71.03%，位居第一，其中宁夏和新疆两个自治区的碳排放量都增加了 90%以上，增速十分惊人。中部地区在碳排放量基数较大的前提下，碳排放量增幅也高达 28.99%，稍高于东部地区。在碳排放强度方面，四大地区均有了明显的下降，尤其是中部地区下降最为显著。2007 年中部地区的碳排放强度为 0.9065，2012 年下降至 0.5371，下降幅度高达 40.75%。此外，各区域碳排放量均值由高到低进行排序，依次为东部地区、中部地区、东北地区和西部地区；而各区域的碳排放强度均值顺序恰恰与其相反，由高到低依次为西部地区、东北地区、中部地区和东部地区。这与四大地区的经济发展水平有着紧密的联系，经济越发达的地区，其碳排放量越高，碳排放强度越低；而经济发展越是落后的地区，其碳排放量越低，碳排放强度越高。

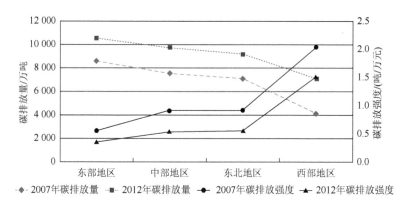

图 5-13 2007 年和 2012 年四大地区碳排放量与碳排放强度状况

如图 5-14 所示，以碳排放量总量在全国四大地区之间的分配进行分析，2007 年和 2012 年，东北地区的碳排放量占全国碳排放量的比重基本保持不变，中部地区碳排放比重稍微有所降低，但仍保持在 20% 以上，西部地区碳排放比重有了明显的增加，而东部地区有了显著的减少。但是这些并不能完全说明中部地区的碳排放量状况。

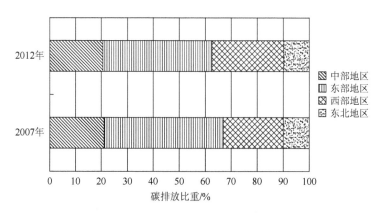

图 5-14 2007 年和 2012 年四大地区碳排放分布状况

　　从中部地区六省内部进行分析，河南省的碳排放量一直居于六省之首。河南省 2007 年的碳排放量为 12 541.17 万吨，2012 年的碳排放量为 14 008.55 万吨，增幅仅为 11.7%，远低于其他五个省份。但是由于河南省碳排放量基数很大，所以其碳排放量也有了较多的增加，2012 年河南省的碳排放量占据中部地区碳排放量的 24%，将近四分之一。除此之外，中部地区碳排放量较大的是山西省和湖北省，分别为 13 333.96 万吨和 10 347.63 万吨，安徽省和湖南省的碳排放量较少，江西省的碳排放量最少。在碳排放量增长速度方面，增长最快的是安徽省，增速达到 52.36%，其次是湖北省 44.62%，河南省和湖南省的增长速度较慢。而从碳排放强度进行分析，湖南省的碳排放强度降低了 51.48%，居于六个省份之首，江西省、河南省和湖北省紧随其后。而山西省碳排放强度降低的幅度为−36.39%，仅高于安徽省，这与以能源和原材料工业为主体的产业结构有着密切的联系。

　　总体而言，中部地区碳排放量增长速度较慢，但是碳排放总量在全国处于较高水平，中部地区作为经济发展的重要承接区和重要的能源基地，在节能减排和经济发展方式转变方面都面临着巨大的压力。有待于进一步分析和规划，从而实现中部地区的可持续发展。

　　2）全局空间相关性分析结果

　　使用全局空间相关性分析方法，引入一阶邻接"Queen 标准"权重矩阵，由 GeoDa 软件进行相关计算，得出 2007 年和 2012 年碳排放量的全局 Moran 指数分别为 0.2975 和 0.2450（表 5-8），全国各省份的碳排放量在空间上存在明显的正相关关系，即全国 31 个省份的碳排放量存在高值的空间聚集现象，碳排放量较高的省份，其周围省份的碳排放量也较高；碳排放量较低的省份，其周围省份的碳排放量也较低。随着时间的推移，碳排放量的这种空间集聚程度有所减弱，但是效果并不明显。

表 5-8　2007 年与 2012 年全国碳排放量的全局 Moran 指数 I 值与 P 值

资料来源	Moran 指数 I 值	P 值
《中国能源统计年鉴 2008》	0.2975	0.01
《中国能源统计年鉴 2013》	0.2450	0.03

　　对全局 Moran 指数的显著性进行检验（P 值），I 值的 P 值如表 5-8 所示。P 值小于 0.1、0.05、0.01 分别表示在 10%、5%、1%的水平上显著。2007 年和 2012 年全局 Moran 指数的 P 值为 0.01 和 0.03，通过 5%的显著性检验（$P \leqslant 0.05$）。

　　虽然全局 Moran 指数能在整体上反映碳排放量在空间上的聚集程度，但是并不能具体量化各个省份碳排放量的集聚类型和集聚程度，下面的局部空间相关性分析正好能弥补这一点。

3）局域空间相关性分析结果

使用局域空间相关性分析方法，引入一阶邻接"Queen 标准"权重矩阵，通过 GeoDa 软件对 2007 年和 2012 年我国各省份的碳排放量的局部空间相关性进行聚类分析，结果如图 5-15 所示。图 5-15 为 2007 年和 2012 年全国 31 个省份碳排放量 Moran 散点图，第 I 象限为"高-高"集聚区域，第 II 象限为"高-低"集聚区域，第 III 象限为"低-低"集聚区域，第 IV 象限是"低-高"区域。

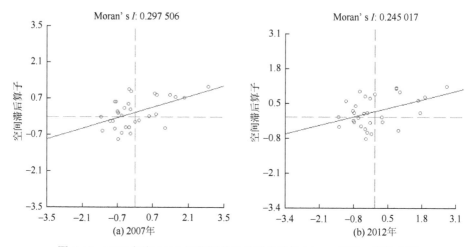

图 5-15 2007 年和 2012 年我国各省份碳排放的 Moran 指数 I 值散点图

根据 Moran 指数 I 值散点图可以看出，2007 年和 2012 年我国各省份的碳排放量的局部空间相关性聚类情况，大部分省份集中在第 I、II、III 象限，为了更好地比较四大地区各个省份的集聚情况，将 Moran 指数 I 值散点图绘制成表 5-9。

表 5-9 四大地区各省份 Moran 指数 I 值散点图局部空间关联性

区位	省份	2007 年		2012 年	
		象限	集聚类型	象限	集聚类型
东部地区	北京	第 II 象限	L-H	第 II 象限	L-H
	天津	第 II 象限	L-H	第 II 象限	L-H
	河北	第 I 象限	H-H	第 I 象限	H-H
	上海	第 II 象限	L-H	第 II 象限	L-H
	江苏	第 I 象限	H-H	第 I 象限	H-H
	浙江	第 I 象限	H-H	第 I 象限	H-H
	福建	第 II 象限	L-H	第 II 象限	L-H
	山东	第 I 象限	H-H	第 I 象限	H-H

续表

区位	省份	2007 年		2012 年	
		象限	集聚类型	象限	集聚类型
东部地区	广东	第Ⅳ象限	H-L	第Ⅳ象限	H-L
	海南	压线	不明显	压线	不明显
中部地区	山西	第Ⅰ象限	H-H	第一象限	H-H
	安徽	第Ⅱ象限	L-H	第一象限	H-H
	江西	第Ⅱ象限	L-H	第Ⅱ象限	L-H
	河南	第Ⅰ象限	H-H	第Ⅰ象限	H-H
	湖北	第Ⅳ象限	H-L	第Ⅳ象限	H-L
	湖南	压线	不明显	第Ⅲ象限	L-L
西部地区	内蒙古	第Ⅰ象限	H-H	第Ⅰ象限	H-H
	广西	第Ⅱ象限	L-H	第Ⅲ象限	L-L
	重庆	第Ⅲ象限	L-L	第Ⅲ象限	L-L
	四川	第Ⅲ象限	L-L	第Ⅲ象限	L-L
	贵州	第Ⅲ象限	L-L	第Ⅲ象限	L-L
	云南	第Ⅲ象限	L-L	第Ⅲ象限	L-L
	西藏	第Ⅲ象限	L-L	第Ⅲ象限	L-L
	陕西	第Ⅱ象限	L-H	第Ⅱ象限	L-H
	甘肃	第Ⅲ象限	L-L	第Ⅲ象限	L-L
	青海	第Ⅲ象限	L-L	第Ⅲ象限	L-L
	宁夏	第Ⅲ象限	L-L	第Ⅱ象限	L-H
	新疆	第Ⅲ象限	L-L	第Ⅲ象限	L-L
东北地区	辽宁	第Ⅰ象限	H-H	第Ⅰ象限	H-H
	吉林	第Ⅱ象限	L-H	第Ⅱ象限	L-H
	黑龙江	第Ⅱ象限	L-H	第Ⅱ象限	L-H

　　2007 年东部地区和中部地区各省份碳排放的集聚类型主要以"H-H"和"L-H"为主，西部地区省份大部分属于"L-L"类型，而东北地区省份则以"L-H"为主。对于中部地区内部而言，山西省和河南省的碳排放属于"H-H"集聚型。因为山西省是以煤炭产业为支撑的能源大省，当其煤炭生产总量增加，运送至毗邻省份的煤炭资源也增加，从而带动周边省份的碳排放量增加；而河南省属于人口大省，能源消费量与人口有着紧密的联系，当居民碳排放活动活跃，从而会影响和带动相邻省份的居民碳排放活动也增加。中部地区的安徽省和江西省属于"L-H"集聚型，即其碳排放量减少时而其相邻省份的碳排放量反而增加。湖北省的碳排放

属于"H-L"型，即其碳排放量增加时，与其相邻的省份碳排放量减少。而湖南省的 Moran 散点位于坐标轴上，集聚类型不明显，其自身碳排放量对与其相邻的其他省份碳排放之间的空间相关性不明显。

与 2007 年相比，2012 年四大地区碳排放的空间集聚类型大致相同，只有四个省份发生了变化，主要集中在中部地区的安徽省和湖南省与西部地区的广西壮族自治区和宁夏回族自治区。安徽省的碳排放由"L-H"集聚型转变为"H-H"集聚型，而湖南省的碳排放则由"不明显"转变为"L-L"集聚型，这与安徽省的碳排放量在 2012 年超过湖南省这一状况相吻合。

整体来看，H-H 集聚效果明显的省份为东部地区和中部地区，L-L 集聚效果明显的省份全部为西部地区。在 2007 年，H-H 集聚明显的省份有河北省、辽宁省、山西省、河南省、山东省和江苏省，至 2012 年，H-H 集聚省份减少了辽宁省和山西省，增加了安徽省。辽宁省碳排放的 H-H 集聚效果有所降低是因为吉林省碳排放量增幅较小，与此同时吉林省碳排放的"L-H"集聚效果也变得显著起来。而安徽省由 L-H 集聚型转变为 H-H 集聚型，说明在中部地区内安徽省的碳排放量有了显著的增加。从 2007 年至 2012 年，L-L 集聚效果明显省份减少了新疆维吾尔自治区，因为五年内新疆维吾尔自治区的碳排放量增加了 93.53%，与其相邻的甘肃省、青海省和西藏自治区也有了大幅度的增加。

5.3　中部地区碳排放影响因素分析

5.3.1　研究方法

根据以往相关文献研究，本书选用 STIRPAT 模型分析我国四大区域碳排放的驱动影响因素。STIRPAT 模型是 Diet 于 1994 年对 IPAT 模型（Ehrlich 和 Comnoner）的扩展和修正，其表达形式为

$$I = aP^b A^c T^d e \tag{5-5}$$

对两边同时取对数可得

$$\ln I = \ln a + b \ln P + c \ln A + d \ln T + e \tag{5-6}$$

其中，I 表示环境压力；P 表示人口规模；A 表示富裕程度；T 表示技术进步；a、b、c、d 分别表示模型的系数、人口条件指数、财富条件指数和技术条件指数；e 表示模型误差项。

根据以往相关文献研究可知 CO_2 排放是由多种因素共同作用造成的结果，本书在建立模型时除了考虑人口规模、富裕程度和技术进步之外，还加入了多个解释变量，包括城市化率（城镇人口比重）、能源消费结构、能源强度、产业结构和对外开放程度（外商投资规模）等。扩展之后的 STIRPAT 模型为

$$\ln C = \ln\alpha + \beta_1\ln P + \beta_2\text{lnURB} + \beta_3\text{lnGDP} + \beta_4\ln E + \beta_5\text{lnCS}$$
$$+ \beta_6\ln I + \beta_7\text{lnFDI} + \beta_8\text{APR} + \varepsilon \tag{5-7}$$

其中，C 表示碳排放量；P 表示人口规模；URB 表示城镇化率；GDP 表示经济发展水平；E 表示能源强度；CS 表示能源消费结构；I 表示产业结构（第二产业生产总值占该地区生产总值的比重）；FDI 表示对外开放程度（各地区外商投资企业年底投资总额）；APR 表示技术进步（该地区专利授权数与全国专利授权总数比值）；α 表示常数项；β_i 表示各解释变量的系数（i=1, …, 8）；ε 表示随机扰动项。

5.3.2　结果分析

借用 STIRPAT 模型分析碳排放的影响因素，对 2012 年 31 个省份的相关数据进行普通最小二乘法（ordinary least square，OLS）估计，结果如表 5-10 所示。因为 LM-Lag 在 1%的显著性水平下通过了检验，而 LM-Error 在 1%的显著性水平下没有通过检验，所以选用空间滞后模型（表 5-11）。加入空间滞后因素的 STIRPAT 模型为

$$\ln C = \ln\alpha + \rho W\ln C + \beta_1\ln P + \beta_2\text{lnURB} + \beta_3\text{lnGDP} + \beta_4\ln E$$
$$+ \beta_5\text{lnCS} + \beta_6\ln I + \beta_7\text{lnFDI} + \beta_8\text{APR} + \varepsilon \tag{5-8}$$

表 5-10　空间加权 OLS 估计结果

检验	MI/DF	估计值	P 值
Moran's I（error）	−0.149 972	−0.604 007 0	0.545 838 9
Lagrange Multiplier（lag）	1	6.748 958 1	0.009 380 2
Robust LM（lag）	1	7.550 769 5	0.005 998 4
Lagrange Multiplier（error）	1	1.488 723 9	0.222 414 6
Robust LM（error）	1	2.290 535 2	0.130 165 0
Lagrange Multiplier（SARMA）	2	9.039 493 3	0.010 891 8

表 5-11　空间滞后模型估计结果

变量	系数估计值	P 值	变量	系数估计值	P 值
W-C	0.076 607 99	0.002 723 4 （2.997 36）	CS	0.783 317 6	0.000 000 0 （7.230 747）
CONSTANT	−2.539 198	0.052 399 8 （−1.939 834）	I	−0.642 091 2	0.002 259 2 （−3.053 874）
P	1.178 488	0.000 000 0 （−6.518 312）	URB	−2.788 648	0.000 000 0 （−9.681 132）
GDP	1.711 393	0.000 000 0 （7.764 627）	FDI	0.294 402 7	0.000 411 2 （3.532 85）
E	0.716 579 8	0.000 001 8 （4.773 616）	APR	−0.031 746 59	0.623 346 0 （−0.491 113 8）

如表 5-11 所示，通过空间滞后模型的估计结果，对碳排放的影响因素进行逐一解释分析。

空间权重（W-C）对碳排放的影响：空间权重系数等于 0.0766，其 P 值等于 0.0027，通过了 1%显著性水平检验。空间权重系数为正值，说明一个地区的碳排放量受到了周边地区碳排放量的正向促进影响，即除了模型设定的影响因素之外，周边地区的碳排放量也是影响该地区碳排放量的主要因素。周边地区碳排放量的增加会促进本地区的碳排放量的增加，产生空间溢出效应。

人口规模（P）对碳排放的影响：在空间滞后模型中，人口规模的估计系数显著为正。说明人口规模增加是影响我国各省碳排放规模增加的主要因素。当人口增加 1%时，碳排放量增加 117.8%。随着人口规模的不断扩大，由能源消费产生的 CO_2 排放会越来越多，并且能源消费的碳排放量占碳排放总量的比重在不断增加。

经济发展水平（GDP）对碳排放的影响：在空间滞后模型中，经济发展水平的估计系数为 1.711，显著为正，说明我国经济水平的快速增长是碳排放量增长最主要的影响因素。当经济发展水平增加 1%时，会对碳排放的贡献率高达 171.1%。在当前阶段，我国处于城镇化、工业化快速发展时期，经济快速发展必然带来碳排放量的快速增加。由库兹涅茨曲线可知，碳排放量与 GDP 成倒 U 形关系，到了经济发展的中后时期，碳排放量会逐渐减少。但是有关研究显示，发展中国家的碳排放量拐点是年人均收入等于 24 517 美元，因此我国距离曲线的拐点还有较长的时期。

能源强度（E）对碳排放的影响：在空间滞后模型中，能源强度的估计系数为 0.7166，显著为正，说明能源强度对碳排放的贡献率很高，能源强度的下降更有利于减少碳排放量，当能源强度下降 1%时，碳排放下降 71.6%。能源强度的下降有赖于技术进步。因此，当一个区域引进先进的碳排放减排技术后，可能会引起邻近地区的模仿，从而形成技术进步的外溢，从而进一步形成区域间 CO_2 减排的带动效应，最终共同完成 CO_2 的减排工作。

能源消费结构（CS）对碳排放的影响：在空间滞后模型中，能源消费结构的估计系数显著为正，说明煤炭占能源消费比重的下降，有助于 CO_2 排放量的减少。由于我国资源储量及技术因素，在长期一段时间内，将保持以煤炭为主的能源消费结构。要想缩小 CO_2 的排放规模，必须从调整能源消费结构着手，需要大力发展非化石能源，提高风电、核电、水电、生物质能的应用比重。

产业结构（I）对碳排放的影响：与预期结果相反，在空间滞后模型中，产业结构的估计系数显著为负。加入空间因素后，第二产业比重的外溢效应会导致 CO_2 排放的集聚。即使一些地区采取了类似"腾笼换鸟"的产业转移政策，把一些高耗能、重污染的工业从发达地区转移到欠发达地区，从而造成了承接产业转移地

区 CO_2 排放量的增加。不难说明的是，要完成全国的 CO_2 减排工作，不能仅仅通过转移高耗能、重污染的工业，必须要通过彻底地改变产业结构，大力发展清洁工业和第三产业，这才能从根本上缩小 CO_2 的排放规模。

城镇化率（URB）对碳排放的影响：在空间滞后模型中，城镇化率的估计系数显著为负，说明随着城镇化进程的进一步加快，人口进一步集聚，会导致碳排放规模的进一步减少，这与人口规模估计结果一致。原因是：人口城镇化水平与碳排放规模呈倒 U 形关系，在城镇化初期，随着城镇化率增加会促进碳排放的增加，而随着城镇化率的不断升高，到达拐点后，会抑制碳排放总量的增加。

对外开放程度（FDI）对碳排放的影响：外商投资规模的增加会促进碳排放的增加。当外商投资规模增加 1%时，碳排放增加 29.4%。在当前阶段，外商投资对碳排放的正向促进影响高于其带来技术方面的负向影响。

技术进步（APR）对碳排放的影响：没有通过显著性检验。

综上所述，对碳排放拉动效应最明显的因素为经济发展水平（GDP）、人口规模（P）、能源强度（E）和能源消费结构（CS）。而产业结构（I）和城镇化率（URB）并没有对碳排放产生拉动效应。此外，对外开放程度在不同的经济发展阶段对碳排放的影响会有所不同，但是在当前阶段，外商投资的增加会促进碳排放的增加。

第6章 中部地区产业低碳化进程分析

在上一章中部地区产业发展及碳排放分析的基础上，本章将对中部地区产业低碳化进程进行实证分析。采用脱钩指数法、环境全要素分析方法对产业低碳化进程进行测度，并进一步对中部地区产业低碳化发展潜力进行分析，为中部地区产业低碳化进程发展提供参考依据。

6.1 基于脱钩指数法的产业低碳化进程测度

脱钩理论认为，当环境压力的增长率小于经济驱动力的增长率时，环境与经济增长会产生脱钩。该理论通过度量经济发展、物质消耗投入和生态环境之间的压力状况，来衡量经济发展模式的可持续性，为低碳研究提供了可靠依据。本节将采用脱钩指数法，对中部地区产业低碳化进程进行测度。

6.1.1 研究方法和数据来源

产业低碳化是从中观的产业层面对经济的低碳发展范式转型的动态化考量，其解释维度可以有很多，最直观的理解就是该产业年碳排放量下降的过程。但仅从年碳排放量这一绝对量指标进行考量未免片面，且无法与经济指标挂钩，不能体现出产业低碳化的内涵与本质，换言之，推进产业的低碳化不能以较大的经济产出损失为代价。为此，需要选择一个既便于考量又能反映减碳降耗的经济效率问题指标，将碳排放的变动幅度与经济产出的变动幅度联系起来——脱钩指标。关于脱钩指标的解释及分类已在第 2 章中进行了介绍，这里我们将运用 Tapio 脱钩指标作为分析产业低碳化的主要工具。

Tapio 脱钩指标的转化公式如下：

$$e_{(c,\mathrm{GDP})} = \frac{(C_1 - C_0)/C_0}{(P_1 - P_0)/P_0} \tag{6-1}$$

C_0、C_1 分别为某产业在基期和下一期的碳排放量，P_0、P_1 分别为某产业在基期和下一期的产值。考虑到产业能源消费量数据的可获得性及便于归类计算，产业数据选取三次产业中的五类产业，即农、林、牧、渔业（第一产业），工业，建筑业（第二产业），交通运输业、仓储和邮电通信业，批发、零售业和住宿、餐饮业（第三产业）。五类产业的产值来源于 1995～2013 年《中国统计年鉴》，由于 Tapio 脱钩指标属于弹性指标的一种,反映的是指标的相对变化,其不变价的调整意义不大,因此不做出处理。能源选取仍为原煤、洗精煤、其他洗煤、型煤、焦炭、焦炉煤气、其他煤气、原油、汽油、煤油、柴油、燃料油、液化石油气、炼厂干气、天然气、其他石油制品和其他焦化产品等 17 种能源,数据来源于 1995～2013 年《中国能源统计年鉴》。

6.1.2　产业增长与碳排放脱钩分析

以煤炭产业大省山西省为例,根据碳排放估算公式可计算出 1995～2012 年山西省五类产业的能源消费所产生的碳排放量,见表 6-1。

表 6-1　山西省各代表性产业碳排放与产业产值对比情况

年份	农、林、牧、渔业		工业		建筑业		交通运输业、仓储和邮电通信业		批发、零售业和住宿、餐饮业	
	碳排放/万吨	产值/亿元	碳排放/万吨	产值/亿元	碳排放/万吨	产值/亿元	碳排放/万吨	产值/亿元	碳排放/万吨	产值/亿元
1995	183.95	168.69	2235.21	429.05	45.62	58.07	73.34	82.31	30.66	73.68
1996	183.30	198.29	2321.72	599.48	45.72	70.93	78.22	101.98	32.95	104.36
1997	189.11	191.84	2175.12	703.02	47.59	86.43	87.74	111.31	33.84	115.07
1998	195.99	207.26	2103.51	745.47	51.70	110.66	89.55	123.8	36.35	122.94
1999	198.97	159.96	2031.46	650.62	64.41	110.10	88.13	137.67	37.50	124.61
2000	177.17	179.86	2125.98	706.39	56.93	121.20	93.72	146.01	40.39	135.19
2001	218.72	171.09	2832.98	779.78	59.93	138.2	119.77	157.2	43.32	146
2002	193.91	197.8	3622.27	921.99	64.37	161.8	131.99	177.6	47.91	157.98
2003	196.27	215.19	4090.90	1192.74	68.15	196.59	144.64	203.77	53.54	173.93
2004	148.73	253.37	4119.65	1568.5	100.61	241.61	170.61	235.77	65.20	201.24
2005	122.61	262.42	3809.95	2117.7	46.87	235.48	207.00	351.19	73.36	370.63
2006	135.58	276.77	4165.75	2485.1	48.32	263.27	219.38	383.38	75.28	408.56
2007	99.18	269.68	4909.36	3141.9	47.91	296.68	220.34	437.62	83.64	485.11
2008	153.64	302.48	4647.53	3919.8	52.40	345.97	425.74	476.52	137.49	592.89
2009	153.75	477.59	4527.42	3518.9	65.69	474.92	429.80	523.38	169.80	761.44
2010	152.28	554.48	4633.01	4658.00	63.91	576.03	406.85	654.00	150.48	927.13
2011	154.31	641.42	4700.82	5959.96	61.25	675.30	421.00	756.29	139.25	1007.98
2012	165.63	698.32	5054.46	6023.55	63.40	708.01	440.83	847.44	150.10	1290.75

资料来源:根据 1995～2013 年《中国统计年鉴》《中国能源统计年鉴》整理计算得出

如表 6-1 所示,通过观察各代表性产业的碳排放与产值的变化,不难发现碳排放与产值的变动并不表现出规律性的变化趋势,部分相邻年份波动较大,因此我们利用统计学中的移动平均法将 1995～2012 年的数据（碳排放和产值）进行三期移动平均，即将 1995 年、1996 年和 1997 年三年的平均值作为 1997 年的新值；1996 年、1997 年和 1998 年三年的平均值作为 1998 年的新值，以此类推。此做法的优点是：一是更易于看出脱钩状态的趋势性的变化规律；二是可以避免由经济政策时滞性或其他因素的影响而导致个别年份情况差异较大；三是可以抚平由各省统计口径的年际差异导致的相邻年份数值落差较大的情况。最后根据 Tapio 脱钩模型，利用经过三期移动平均法处理得到的新值，可进一步得出 1997～2012 年产业碳排放与产业增长脱钩指标和对应的脱钩状态。其他五省做出同样处理。

由于脱钩值、脱钩状态及其所对应的低碳化情形过于抽象，且难以直观地描述相互之间的差异和发展变化，为了更好地比较各个状态变化的优劣，或者是好转还是恶化，现根据经济、产业产值与碳排放的相对变化方向和程度，将八种脱钩状态及其所对应的低碳化情形进行等级划分。将低碳化程度等级划分为三级，其中，一级、二级和三级表示程度由弱到强、状态由差到优，即"低碳化三"优于"低碳化二"、"低碳化二"又优于"低碳化一"。而高碳化是与低碳化相反的发展状态，一级、二级和三级同样表示程度由弱到强、状态却由优到差，即"高碳化三"劣于"高碳化二"、"高碳化二"劣于"高碳化一"，意味着高碳化的发展状态是经济、产业发展中应避免出现的情形。两种联结状态所对应的脱钩弹性接近于 1，换言之，当年碳排放与经济产出（GDP）或产业产出的变化方向一致，变化量基本接近，因此，低碳化的方向不确定、程度不显著，"碳产同步+"表明二者变化均为正向，反之，"碳产同步-"表明二者变化均为负向。

通过计算可得出中部地区六省 1997～2012 年五类产业的碳排放脱钩弹性，借助 Tapio 脱钩状态对照表（表 6-2）和低碳化情形分类与等级对照表，最终得出各类产业的低碳化发展进程。之后将中部地区六省的各类产业进行省际比较分析，如表 6-2 所示。

表 6-2　TaPio 脱钩状态低碳化情形分类与等级对照表

Tapio 脱钩状态	低碳化情形	等级划分
强脱钩	绝对低碳化	低碳化三
弱脱钩	相对低碳化	低碳化二
衰退脱钩	衰退低碳化	低碳化一
增长联结	非显性低碳化	碳产同步+
衰退联结	非显性低碳化	碳产同步-
增长负脱钩	增长高碳化	高碳化一
弱负脱钩	衰退高碳化	高碳化二
强负脱钩	绝对高碳化	高碳化三

1. 农、林、牧、渔业

如表 6-3 所示，相对于 1997 年，六省 2012 年第一产业的脱钩弹性总体呈现脱钩状态，其中除江西省为强脱钩外，其他五省均为弱脱钩，即六省第一产业 16 年间基本处于低碳化发展态势，但整体低碳化水平不高。

表 6-3　1997～2012 年中部地区六省农、林、牧、渔业低碳化发展状态

年份	山西省	安徽省	江西省	河南省	湖北省	湖南省
1997	低碳化二	高碳化三	低碳化三	低碳化二	低碳化三	高碳化三
1998	低碳化二	碳产同步+	低碳化三	低碳化三	低碳化三	高碳化一
1999	高碳化三	低碳化二	低碳化三	低碳化三	高碳化三	低碳化一
2000	低碳化三	低碳化一	低碳化三	碳产同步+	高碳化三	低碳化一
2001	高碳化三	低碳化三	低碳化三	碳产同步+	高碳化三	低碳化一
2002	低碳化二	高碳化一	低碳化三	高碳化一	高碳化三	低碳化一
2003	低碳化二	高碳化一	低碳化三	低碳化二	高碳化三	低碳化二
2004	低碳化二	低碳化二	低碳化三	低碳化二	低碳化二	低碳化二
2005	低碳化三	低碳化二	高碳化一	高碳化一	低碳化二	高碳化一
2006	低碳化三	低碳化二	高碳化一	高碳化一	碳产同步+	碳产同步+
2007	低碳化三	低碳化二	高碳化一	高碳化一	碳产同步+	碳产同步+
2008	高碳化一	低碳化二	低碳化三	低碳化二	低碳化二	低碳化三
2009	低碳化二	低碳化二	低碳化三	低碳化二	低碳化二	低碳化二
2010	低碳化三	低碳化二	低碳化三	低碳化二	低碳化二	低碳化二
2011	低碳化二	低碳化二	低碳化三	低碳化二	低碳化二	低碳化二
2012	低碳化二	低碳化二	低碳化三	低碳化二	低碳化二	低碳化二

资料来源：根据 1995～2013 年《中国统计年鉴》《中国能源统计年鉴》整理计算得出

分省来看，江西省第一产业整体低碳化成效为六省中最为显著，低碳化三级出现的频次较其他省多些，仅在 2005～2007 年出现一级高碳化，意味着其第一产业产值逐年增长，而碳排放量逐年下降，其碳排放量增长率仅有三年高于产业产值增长率。同时山西省低碳化程度也较强，仅次于江西省。与江西省不同的是，河南省的产业产值年增长率虽均为正，但碳排放量增长率高于产业增长率的年份较多，且三级低碳化状态明显少于江西省。而山西省、安徽省、湖北省与湖南省均在 2002 年之前出现了三级高碳化的情况，第一产业产值在个别年份有所萎缩，碳排放量却不减反增。碳产同步是介于弱脱钩和增长负脱钩的状态，湖北省与湖南省在 2006 年、2007 年的产业产值增速与碳排放增速较为接近，之后均呈现出

低碳化发展态势。2010～2012 年，六省第一产业的低碳化发展成效较为明显，产业增长的同时碳排放增速放缓。

2. 工业

工业部门是碳排放量最多的部门，也是亟须低碳化升级的产业部门。如表 6-4 所示，16 年来，六省工业部门整体节能减排工作显现出一定的成效，而且优于其他四类产业的低碳化发展状态，即二、三级低碳化水平出现频率较高。具体来看，江西省各年均呈现出低碳化状态，仅在 2000 年和 2001 年出现了一级低碳化，虽然工业产值下降，但排放了更少的温室气体，之后又回归低碳化的正常轨道。山西省与安徽省呈现出较为相似的低碳化演变趋势，均在 2000～2003 年出现了低碳化程度的变化，工业增长速度与碳排放增长速度差距变化较大，其他年份的低碳化状态良好。河南省与湖北省的工业产值与碳排放量 16 年间逐年递增，除在 2004～2007 年四年间增速有所变化外，碳排放增长速度始终低于工业增长速度。六省中湖南省的工业碳排放量虽然较少，但碳排放增加趋势明显，高碳化及碳产同步的状态较其他省份更多，这可能与其重化工的工业结构有关。

表 6-4　1997～2012 年中部地区六省工业低碳化发展状态

年份	山西省	安徽省	江西省	河南省	湖北省	湖南省
1997	低碳化二	低碳化二	低碳化三	低碳化二	低碳化三	低碳化一
1998	低碳化二	低碳化二	低碳化三	低碳化二	低碳化二	低碳化三
1999	低碳化三	低碳化二	低碳化三	低碳化二	低碳化二	低碳化三
2000	低碳化三	高碳化三	低碳化一	低碳化二	低碳化二	低碳化三
2001	高碳化一	高碳化一	低碳化一	低碳化二	低碳化三	低碳化三
2002	高碳化一	碳产同步+	低碳化三	低碳化二	低碳化三	碳产同步+
2003	碳产同步+	低碳化二	低碳化二	低碳化二	低碳化二	高碳化一
2004	低碳化二	低碳化二	低碳化二	碳产同步+	碳产同步+	碳产同步+
2005	低碳化二	低碳化二	低碳化二	碳产同步+	高碳化一	高碳化一
2006	低碳化二	低碳化二	低碳化二	碳产同步+	碳产同步+	高碳化一
2007	低碳化二	低碳化二	低碳化二	碳产同步+	碳产同步+	碳产同步+
2008	低碳化二	低碳化二	低碳化二	低碳化二	低碳化二	低碳化二
2009	低碳化二	低碳化二	低碳化二	低碳化二	低碳化二	低碳化二
2010	低碳化二	低碳化二	低碳化二	低碳化二	低碳化二	低碳化二
2011	低碳化二	低碳化二	低碳化二	低碳化二	低碳化二	低碳化二
2012	低碳化二	低碳化二	低碳化二	低碳化三	低碳化二	低碳化二

资料来源：根据 1995～2013 年《中国统计年鉴》《中国能源统计年鉴》整理计算得出

3. 建筑业

从碳排放的绝对量上来说，建筑业是六省五类产业部门中碳排放最低的部门，而低碳化描述的是动态的发展变化，如表 6-5 所示，从低碳化水平看，建筑业的低碳减排成效却不容乐观。其中山西省与安徽省的建筑业低碳化发展状态较好，山西省 16 年间的建筑业增长速度基本高于碳排放增长速度，低碳化程度较高，安徽省除 2002 年、2005 年为强程度的高碳化外，其他年份与山西省基本一致。江西省的建筑业低碳化发展可分为两个阶段，2001 年以前发展态势很好，为三级低碳化，自 2002 起，碳排放的增速上升较快，一度超过了建筑业产值增长速度。河南省仅有三年的碳排放上升过快，其他年份低碳化发展状态良好。湖南省与湖北省的脱钩弹性变化均有较大起伏，尽管碳排放量变化不稳定，但两省的建筑业发展没有出现衰退的状态，且 2010～2012 年低碳化发展状态良好。

表 6-5　1997～2012 年中部地区六省建筑业低碳化发展状态

年份	山西省	安徽省	江西省	河南省	湖北省	湖南省
1997	碳产同步+	低碳化三	低碳化三	高碳化三	碳产同步+	低碳化一
1998	低碳化二	低碳化二	低碳化三	低碳化三	碳产同步+	碳产同步+
1999	低碳化二	低碳化二	低碳化三	高碳化一	低碳化三	低碳化二
2000	低碳化二	低碳化二	低碳化三	高碳化一	低碳化二	碳产同步+
2001	低碳化二	低碳化二	低碳化三	高碳化一	低碳化二	碳产同步+
2002	低碳化三	高碳化三	碳产同步+	低碳化二	低碳化二	碳产同步+
2003	低碳化二	低碳化二	碳产同步+	低碳化二	低碳化三	低碳化二
2004	碳产同步+	低碳化二	碳产同步+	低碳化三	碳产同步+	高碳化一
2005	低碳化三	高碳化三	高碳化一	低碳化二	低碳化三	高碳化一
2006	低碳化三	低碳化二	高碳化一	低碳化二	高碳化一	高碳化一
2007	低碳化三	低碳化二	高碳化一	低碳化二	高碳化一	高碳化一
2008	低碳化三	低碳化二	高碳化一	低碳化二	高碳化一	低碳化三
2009	低碳化三	低碳化二	高碳化一	低碳化二	低碳化三	低碳化二
2010	低碳化三	低碳化二	低碳化二	碳产同步+	低碳化二	低碳化三
2011	低碳化三	低碳化二	低碳化二	高碳化一	低碳化二	低碳化三
2012	低碳化三	碳产同步+	低碳化三	碳产同步+	低碳化二	低碳化二

资料来源：根据 1995～2013 年《中国统计年鉴》《中国能源统计年鉴》整理计算得出

4. 交通运输业、仓储和邮电通信业

第三产业所包含的门类很多，交通运输业、仓储和邮电通信业是其中碳排放

量较多的部门。由表 6-6 可知，六省的交通运输业、仓储和邮电通信业的低碳化水平普遍较低，多为一级或二级低碳化水平，且高碳化发展状态出现的年份较第一产业、第二产业多。

表 6-6 1997～2012 年中部地区六省交通运输业、仓储和邮电通信业低碳化发展状态

年份	山西省	安徽省	江西省	河南省	湖北省	湖南省
1997	高碳化一	低碳化三	低碳化二	低碳化一	低碳化二	高碳化三
1998	低碳化二	低碳化二	碳产同步+	低碳化二	低碳化二	低碳化二
1999	低碳化二	低碳化二	高碳化一	低碳化三	低碳化二	低碳化二
2000	低碳化二	低碳化二	高碳化一	低碳化三	低碳化二	碳产同步+
2001	碳产同步+	低碳化三	高碳化一	低碳化三	碳产同步+	碳产同步+
2002	高碳化一	低碳化二	高碳化一	低碳化二	高碳化一	高碳化一
2003	碳产同步+	低碳化二	高碳化一	低碳化三	高碳化一	高碳化一
2004	碳产同步+	低碳化二	碳产同步+	高碳化一	高碳化一	高碳化一
2005	低碳化二	低碳化二	低碳化三	高碳化一	高碳化一	高碳化一
2006	低碳化二	碳产同步+	低碳化三	高碳化一	高碳化一	高碳化一
2007	低碳化二	碳产同步+	低碳化二	碳产同步+	高碳化一	高碳化一
2008	高碳化一	碳产同步+	低碳化二	低碳化二	碳产同步+	低碳化二
2009	高碳化一	高碳化一	低碳化二	高碳化一	低碳化二	低碳化二
2010	低碳化三	高碳化一	低碳化二	高碳化一	低碳化二	低碳化二
2011	低碳化三	高碳化一	低碳化三	低碳化三	低碳化二	碳产同步+
2012	低碳化二	高碳化一	低碳化二	碳产同步+	低碳化二	低碳化二

资料来源：根据 1995～2013 年《中国统计年鉴》《中国能源统计年鉴》整理计算得出

　　湖北省与湖南省在 2001～2007 年碳排放量增速快于产业增速，2008 年以来低碳化发展有所好转。山西省的脱钩弹性值在 16 年间有较大波动，低碳化发展趋势不明显。安徽省在 2005 年以前低碳化发展状态持续良好，到 2009 年却出现了恶化。类似的变化态势还有河南省，1997～2003 年属于良性低碳化发展，2004～2012 年碳排放上升过快导致经常出现高碳化状态。与安徽省和河南省的情况相反，虽然江西省 1997～2003 年的低碳化不甚理想，但 2015～2012 年呈较强程度的低碳化发展状态，是六省中碳减排工作中最有成效的。

　　5. 批发、零售业和住宿、餐饮业

　　第三产业中，批发、零售业和住宿、餐饮业的碳排放量仅次于交通运输业、仓储和邮电通信业，然而，其低碳化的态势也不甚理想。如表 6-7 所示，一级高

碳化发展状态在六省中出现的频率均较高。湖北省仅在 1997~2000 年呈现短期低碳化发展，之后碳排放的增速持续加快，近 12 年间一直高于产业增长的速度，低碳化工作的成效在六省中最差。而河南省自 1998 年以来，仅有一年出现了高碳化发展状态，之后一直处于良性的低碳化状态。安徽省与湖南省的低碳化发展状态变化的阶段不同，但总体趋势相同，均是由低碳化到高碳化再到低碳化，即先变坏后好转。山西省批发、零售业和住宿、餐饮业的低碳化变化趋势与其交通运输业、仓储和邮电通信业基本一致，脱钩弹性起伏较大，表现为先是经历了一级低碳化后又经历了碳产同步和高碳化，碳排放增速不断逼近产业增速，尽管 2010 年以后有较大好转，但整体波动较大。与山西省相似的还有江西省，低碳化发展极不稳定，碳减排工作仍未到位，碳排放增长有增加的趋势。

表 6-7　1997~2012 年中部地区六省批发、零售业和住宿、餐饮业低碳化发展状态

年份	山西省	安徽省	江西省	河南省	湖北省	湖南省
1997	碳产同步+	高碳化二	低碳化三	高碳化三	低碳化三	低碳化一
1998	低碳化二	低碳化二	低碳化三	低碳化三	低碳化三	低碳化三
1999	低碳化二	低碳化二	碳产同步+	低碳化三	低碳化三	低碳化三
2000	低碳化二	低碳化二	低碳化三	低碳化三	低碳化三	低碳化三
2001	低碳化二	低碳化二	高碳化一	低碳化三	高碳化一	低碳化二
2002	碳产同步+	低碳化二	高碳化一	高碳化一	高碳化一	低碳化二
2003	碳产同步+	高碳化一	高碳化一	低碳化三	高碳化一	低碳化三
2004	高碳化一	高碳化一	高碳化一	低碳化三	碳产同步+	低碳化三
2005	碳产同步+	高碳化一	低碳化二	低碳化三	高碳化一	高碳化一
2006	低碳化二	低碳化三	低碳化二	低碳化三	高碳化一	高碳化一
2007	低碳化二	低碳化三	低碳化三	低碳化三	高碳化一	高碳化一
2008	高碳化一	低碳化三	高碳化一	低碳化三	高碳化一	低碳化二
2009	高碳化一	低碳化三	高碳化一	低碳化三	高碳化一	低碳化二
2010	低碳化三	低碳化三	碳产同步+	低碳化三	高碳化一	低碳化二
2011	低碳化二	高碳化一	低碳化三	低碳化三	高碳化一	低碳化三
2012	低碳化三	低碳化二	低碳化三	低碳化三	低碳化三	低碳化二

资料来源：根据 1995~2013 年《中国统计年鉴》《中国能源统计年鉴》整理计算得出

6.2　基于环境全要素分析方法的产业低碳化进程测度

前一节采用脱钩指数法，对中部地区产业低碳化进程进行了测度。本节将采用环境全要素分析方法再次对中部地区产业低碳化进程进行测度。

6.2.1 研究方法

1. 环境技术分析框架

传统的投入产出函数认为在投入一定的情况下，如果要实现环境污染排放物的减少就必须减少用于生产"好"产品的资源，因此，"好"产品的产出也就会相对减少。但是在实际生产过程中，被用于生产"好"产品和"坏"产品的资源很难确切地区分开来。学者们在这一问题上进行了很多探索，使环境技术分析框架不断发展成熟。Shephard（1970）最早开始将产品分为"好"产品和"坏"产品，后来这一思想得到了继承和发展。在区分"好"产品和"坏"产品的基础上，Shephard（1970）还构造了谢泼德距离函数，用以测度两种产品同时扩张的最大可能倍数是多少，认为两种产品可以同比例地扩张。之后 Luenberger 1995 年在此基础上构造了方向性环境产出距离函数，即式（6-2），认为"好"产出和"坏"产出不一定都是同方向变动，有可能出现反方向变动的情况。

$$D(y^t, x^t, b^t; g_y, -g_b) = \sup[\beta : (y^t + \beta g_y, b^t - \beta g_b)] \tag{6-2}$$

其中，x、y、b 分别代表投入、产出和污染；β 代表产出增长和污染减少时的最大可能比；g_y 表示期望产出，即"好"产品的产出；g_b 表示非期望产出，即"坏"产品的产出。

而 Fare 等（2007）在综合前人研究的基础上，系统归纳和总结了环境技术分析框架，提出了可以用产出集合模拟环境技术。即假设每一个国家或地区使用 N 种投入 $x = (x_1, x_2, \cdots, x_N) \in R_N^+$，得到 M 种"好"产出 $y = (y_1, y_2, \cdots, y_M) \in R_M^+$ 和 I 种"坏"产出 $b = (b_1, b_2, \cdots, b_I) \in R_I^+$，用 $P(x)$ 表示生产可能性集，则：

$$P(x) = \{(y, b) : x可以生产（y, b）\}, x \in R_N^+ \tag{6-3}$$

其中，$P(x)$ 是生产集合，表示的是投入 N 种生产要素后能产生的所有"好"产品和"坏"产品的产量的所有生产可能性组合。上述 x、y 和 b 分别表示投入、"好"产出和"坏"产出的向量，"坏"产出主要是指生产过程中所排放的各种环境污染污染物，包括 SO_2、CO_2、废水、废气和固体废物等。该生产集合具有以下四个特性。

（1）产出的联合弱可处置性（joint weak disposability），即在一定的技术条件下"好"产出和"坏"产出具有同比例增减的特性，如果要实现环境污染的减少就必须要付出代价，也就是要增加环境规制成本。从数学集合的角度看，也就是如果 $(y, b) \in P(x)$，$0 \leq \theta \leq 1$，则 $(\theta_y, \theta_b) \in P(x)$。这一特性考虑了要减少"坏"产出需要增加减少环境污染治理所需的成本，因此"好"产出就会因投入的减少而减少。

（2）强可处置性（strong or free disposability），也就是说正常产出具有完全可处置性,在投入和环境污染规模相同的条件下"好"产出可多可少,即 $(y,b) \in P(x)$,且 $y' \leqslant y$,则 $(y',b) \in P(x)$ 。"好"产出与最大"好"产出之间的差额反映了环境技术效率水平。

（3）如果 $(y, b) \in P(x)$,且 $y=0$,则 $b=0$ 。也就是说,如果没有"坏"产品的产出那么也没有"好"产品的产生,"坏"产品是"好"产品的必然的副产品,生产过程中一定会有环境污染物的产生。

（4）如果 $x' \geqslant x$,那么 $P(x') \supseteq P(x)$ 。也就是说,投入要素 x 具有自由可处置性（free disposability）,投入的越多则产出的就越多。运用数据包络分析可以将满足上述公式的环境技术用以下模型概括:

$$F(x^{k^t},b^{k^t}) = \max \sum_{k=1}^{K} z_k y_k \qquad (6\text{-}4)$$

$$\text{s.t.} \sum_{k=1}^{K} z_k b_{ki} = b_{ki}, \quad i=1,2,\cdots,I$$

$$\sum_{k=1}^{K} z_k x_{kn} \leqslant xk^t n, \quad n=1,2,\cdots,N$$

$$\sum_{k=1}^{K} z_k \geqslant 0, \quad k=1,2,\cdots,K$$

其中, z_k 表示每一个决策单元的横截面观察值的权重,权重为正数表示生产技术为规模报酬不变。在上述模型中,"好"产出和投入变量的不等式约束条件表示"好"产出和生产要素投入是自由可处置的,而把环境污染等污染物"坏"产出加入的等式,就表示"好"产出和"坏"产出是联合起来弱可处置的。另外,为了表示产出的零结合需要对上述模型强调以下两个条件:

$$\sum_{k=1}^{K} b_{ki}^{\ t} > 0, \quad i=1,2,\cdots,I \qquad (6\text{-}4a)$$

$$\sum_{i=1}^{I} b_{ki}^{\ t} > 0, \quad k=1,2,\cdots,K \qquad (6\text{-}4b)$$

条件（6-4a）表示至少有一个国家或地区生产每一种环境污染等"坏"产出;条件（6-4b）表示至少每一个国家或地区都至少生产一种环境污染等"坏"产出。

2. 方向性距离函数

为了将碳排放作为生产过程中得到的一种非期望产出,本书引入可以增加正常产出同时减少碳排放的测算方法,即方向性距离函数。在现有文献的研究中,处理非期望产出的方法主要有四种,包括投入处理法、数据转换处理法、曲线测度评价法和方向性距离函数法,这些方法在处理非期望产出时各有利弊。Hailu和 Veeman（2001）提出把非期望产出作为投入变量来处理,将污染物作为投入要素纳入到测度模型中。曲线测度评价法由 Färe 等（1989）提出，用双曲线形式的非线性规划方法处理，但由于其求解非常麻烦而在实际过程中应用很少。Seiford 和 Zhu（2002）提出数据转换处理法。但这三种处理方法因应用不方便或其处理方法不符合生产过程等原因而在实际中应用很少。

为了克服以上方法的种种缺陷，Chung 和 Färe（1997）在研究瑞典纸浆厂的绩效时提出了方向性距离函数，该方法是由谢泼德传统的产出距离函数发展而来。Färe 等（2007）提出了一个产出角度的方向性距离函数，能够识别出环境污染等非期望产出不同于"好"产出的负外部性，能够同时实现"好"产出的扩张和"坏"产出的减少。

1）方向性距离函数的表达式

基于产出的方向性距离函数表达式如下：

$$D_o(x,y,b;g) = \sup\{\beta : (y,b) + \beta_g \in p(x)\} \tag{6-5}$$

其中，g 表示产出扩张的方向向量，该方向向量的选择并不是唯一的，根据研究者的研究需要不同而选择。主要有三种情形：第一，方向向量 $g=(y, 0)$ 并且在构造生产技术时不考虑非期望产出，表示没有环境管制的存在；第二，方向向量 $g=(y, 0)$ 并且非期望产出具有弱可处置性，表示在环境管制存在的情况下，"好"产出增加而非期望产出保持不变；第三，方向向量 $g=(y, -b)$ 并且非期望产出具有弱可处置性，表示在投入要素给定的情形下，沿着方向向量正常产出成比例扩大，而非期望产出成比例缩小。在本书中，根据研究需要把方向向量写成 $g=(y, -b)$。方向性距离函数转化成为如下表达形式：

$$D_o(x,y,b,y,-b) = \sup\{\beta : (y + \beta g_y, b - \beta g_b) \in p(x)\} \tag{6-6}$$

该方向性距离函数可以通过数据包络分析来求解，需要求解下面的线性规划：

$$D_O(x^k, y^k, b^k; g_{y_,} - g_b) = \max \beta^k \tag{6-7}$$

$$\text{s.t.} \sum_{k=1}^{K} z_k y_{km} \geq (1+\beta)y_{km}, \quad m = 1,2,\cdots,M$$

$$\sum_{k=1}^{K} z_k b_{kj} \leq (1-\beta)b_{kj}, \quad j = 1,2,\cdots,J$$

$$\sum_{k=1}^{K} z_k x_{kn} \leq x_{kn}, \quad n = 1,2,\cdots,N$$

$$z_k \geq 0, \quad k = 1,2,\cdots,K$$

2）全要素生产率指数

有了方向性距离函数，我们便可以构造全要素生产率指数（Malmquist-Luenberger，ML）。该指数测算全要素生产率是基于动态分析的视角，可以分析和

考虑全要素生产率跨时期的演变规律。根据 Chung 和 Färe（1997）基于产出的 ML
第 t 期和 $t+1$ 期之间的生产率指数为

$$\text{ML}_t^{t+1} = \left[\frac{(1+D_o^t(x^t, y^t, b^t, -b^t))}{(1+D_o^t(x^{t+1}, y^{t+1}, b^{t+1}; y^{t+1}, -b^{t+1}))} \times \frac{(1+D_o^{t+1}(x^t, y^t, b^t; y^t, -b^t))}{(1+D_o^{t+1}(x^{t+1}, y^{t+1}, b^{t+1}; y^{t+1}, -b^{t+1}))} \right]^{1/2} \quad (6\text{-}8)$$

ML 指数可以进一步分解为效率改进指数（efficiency change index，EFFCH）
和技术进步指数（technical change index，TECH）：

$$\text{ML}=\text{EFFCH}\times\text{TECH}$$

$$\text{MLEFFCH}_t^{t+1} = \frac{1+D_o^t(x^t, y^t, b^t, -b^t)}{1+D_o^{t+1}(x^{t+1}, y^{t+1}, b^{t+1}; y^{t+1}, -b^{t+1})} \quad (6\text{-}9)$$

$$\text{MLTECH}_t^{t+1} = \left[\frac{\{1+D_o^{t+1}(x^t, y^t, b^t, -b^t)\}}{\{1+D_o^t(x^t, y^t, b^t, -b^t)\}} \times \frac{\{1+D_o^{t+1}(x^{t+1}, y^{t+1}, b^{t+1}; y^{t+1}, -b^{t+1})\}}{\{1+D_o^t(x^{t+1}, y^{t+1}, b^{t+1}; y^{t+1}, -b^{t+1})\}} \right]^{1/2} \quad (6\text{-}10)$$

全要素生产率指数、效率改进指数和技术进步指数大于（小于）1 分别表示
全要素生产率在研究期间内增长（下降）、效率改善（恶化）和技术进步（退步）。
由上述求解全要素生产率指数的公式可知，求解该指数需求解四个线性规划，也
就是要求解四个方向性距离函数的值。其中，有两个线性规划求解的是当期的方
向性距离函数（即利用的是 t 期的技术和 t 期的投入产出值及 $t+1$ 期的技术和 $t+1$
期的投入产出值），另外两个线性规划需要求解混合方向性距离函数（即利用的是
t 期的技术和 $t+1$ 期的投入产出值及 $t+1$ 期的技术和 t 期的投入产出值）。

3. 产业低碳化指数

根据本书所定义的产业低碳化的概念，参照陈诗一（2010a）所构造的低碳转
型评估指数，用环境全要素生产率与地区生产总值增长的比值来表示地区产业低
碳化程度，该指数是由经济增长质量贡献度量。由环境全要素生产率对产出贡献
度所度量的是要素投入质量贡献，这个指数可以描述产业低碳化的动态演进过程。
第 i 产业或地区的低碳化指数用公式表示为

$$\text{DC}_t^{t+1} = \left\{ \left[\frac{(1+D_o^t(x^t, y^t, b^t, -b^t))}{(1+D_o^t(x^{t+1}, y^{t+1}, b^{t+1}; y^{t+1}, -b^{t+1}))} \times \frac{(1+D_o^{t+1}(x^t, y^t, b^t; y^t, -b^t))}{(1+D_o^{t+1}(x^{t+1}, y^{t+1}, b^{t+1}; y^{t+1}, -b^{t+1}))} \right]^{1/2} -1 \right\}$$

$$\div \frac{y^{t+1} - y^t}{y^t}$$

$$(6\text{-}11)$$

其中，该指数的前半部分表示的是环境全要素生产率增长率，该部分需要运
用数据包络分析对当期方向性距离函数和混合方向性距离函数的线性规划进行求
解，即式（6-12），后半部分表示的是地区生产总值的增长。当该指数小于零时，
表示其产业的发展完全是由能源和资本等要素驱动发展的，为产业低碳化的低度

低碳化阶段，相反，则为产业低碳化的高度低碳化阶段。

$$D_o^t(x^{t,k'}, y^{t,k'}, b^{t,k'}; y^{t,k'}, -b^{t,k'}) = \max \theta \qquad (6\text{-}12)$$

$$\text{s.t. } \sum_{k=1}^{K} z_k y_{km}^t \geqslant (1+\theta) y_{k'm}^t, \quad m = 1, 2, \cdots, M$$

$$\sum_{k=1}^{K} z_k b_{ki}^t = (1-\theta) b_{k'i}^t, \quad i = 1, 2, \cdots, I$$

$$\sum_{k=1}^{K} z_k x_{kn}^t \leqslant (1-\theta) x_{k'n}^t, \quad n = 1, 2, \cdots, N, \ z_k \geqslant 0, k = 1, 2, \cdots, K$$

6.2.2 变量和数据说明

本章以中国中部地区六省（安徽省、河南省、湖北省、湖南省、江西省和山西省）为研究对象，研究区间为 1995～2012 年共 18 年的面板数据。数据均来源于 1995～2013 年各省统计年鉴及《中国统计年鉴》《中国能源统计年鉴》《中国工业统计年鉴》《中经网统计数据库》。选取资本、劳动和能源为投入变量，CO_2 排放量作为非期望产出，各地区生产总值为期望产出，利用所构建的模型和指数测算中部地区六省的产业低碳化程度。各变量的界定如下，其基本描述统计见表 6-8。

表 6-8 1995～2012 年变量基本描述统计

地区	指标	均值	标准差	最大值	最小值
安徽省	地区生产总值/亿元	5 997.69	4 702.42	1 488.47	17 212.05
	从业人员数/万人	3 618.80	323.27	3 119.50	4 206.80
	能源消费总量/万吨	6 483.17	2 316.30	3 738.14	11 357.95
	固定资产净值/亿元	4 015.87	4 692.14	376.30	15 054.95
	CO_2 排放量/万吨	4 700.30	1 679.32	2 710.15	8 234.51
河南省	地区生产总值/亿元	10 991.29	8 592.71	2 216.83	29 599.31
	从业人员数/万人	5 461.78	548.40	4 448.00	6 243.00
	能源消费总量/万吨	12 896.23	6 250.44	6 225.00	23 647.13
	固定资产净值/亿元	6 042.66	6 679.76	628.03	21 449.99
	CO_2 排放量/万吨	9 349.77	4 531.57	4 513.13	17 144.17

续表

地区	指标	均值	标准差	最大值	最小值
湖北省	地区生产总值/亿元	7 537.93	6 157.24	1 700.92	22 250.45
	从业人员数/万人	3 465.57	153.74	3 196.90	3 687.00
	能源消费总量/万吨	9 273.46	4 251.98	4 762.86	17 675.00
	固定资产净值/亿元	4 217.01	4 617.17	593.07	16 504.17
	CO$_2$ 排放量/万吨	6 723.26	3 082.68	3 453.07	12 814.38
湖南省	地区生产总值/亿元	7 549.96	6 178.32	1 650.02	22 154.23
	从业人员数/万人	3 726.21	193.13	3 400.29	4 019.31
	能源消费总量/万吨	8 582.26	4 393.10	4 070.71	16 744.08
	固定资产净值/亿元	3 713.78	4 203.35	420.89	14 576.61
	CO$_2$ 排放量/万吨	6 222.14	3 184.99	2 951.26	12 139.46
江西省	地区生产总值/亿元	4 474.05	3 666.46	948.16	12 948.88
	从业人员数/万人	2 239.59	179.48	2 007.70	2 556.00
	能源消费总量/万吨	3 889.20	1 773.03	2 028.37	7 232.92
	固定资产净值/亿元	2 758.44	3 170.69	237.45	10 774.16
	CO$_2$ 排放量/万吨	2 819.67	1 285.47	1 470.57	5 243.87
山西省	地区生产总值/亿元	4 364.96	3 545.02	826.66	12 112.83
	从业人员数/万人	1 513.96	126.86	1 392.40	1 790.17
	能源消费总量/万吨	11 063.77	4 526.19	5 552.53	19 335.54
	固定资产净值/亿元	2 414.36	2 689.67	290.90	9 176.31
	CO$_2$ 排放量/万吨	8 021.23	3 281.49	4 025.58	14 018.27

资料来源：根据《中国统计年鉴》《中国能源统计年鉴》相关年份数据整理计算

（1）期望产出。本章选取地区生产总值作为期望产出指标，并以 1990 年为不变价格进行了平减处理。

（2）非期望产出。选取 CO$_2$ 排放量为环境污染的代表指标，由于无法直接获得该数据，本章采用各能源种类消费总量与其碳排放系数的乘积总和来估算，即式（6-13）。能源消费总量统一转化为标准煤。

$$C = \sum_{i=1}^{n} A_i \times B_i \qquad (6-13)$$

其中，C 为碳排放总量；i 为能源消费种类；n 为能源种类的数量；A_i 为第 i 种能源的消费量；B_i 为第 i 种能源的碳排放系数。关于各种能源的碳排放系数本书选取日本能源经济研究所、美国能源信息署和国家科学技术委员会气候变化项目测算系数的平均值,作为煤炭、石油和天然气这三种主要化石能源的碳排放系数进行计算,其值分别为0.733标准煤/吨、0.558标准煤/吨和0.423标准煤/吨。

(3)资本投入。关于该变量的估算,部分文献直接采用行业固定资产净值年平均余额或固定资产净值来作为资本投入,多数文献中资本存量是根据永续盘存法来计算的,但学者们使用该方法进行资本存量的估算时得出的结果不一致,差别较大,主要是因为几个变量的选取不统一,如当年投资的选取、投资品价格指数的构造和经济折旧率。所以,本书选用固定资产投资额来表示资本存量。

(4)劳动投入。劳动时间是表示该项变量较为准确的指标,但在我国无法获得该数据,因此在衡量该变量时很多研究采用规模以上工业企业年平均从业人员数或从业人员数来表示,考虑到数据的可得性,本章根据《中国统计年鉴》的数据采用从业人员数,这一变量为单位从业人员数、私营和个体从业人员数的总和。

(5)能源投入。选取能源消费总量为指标,单位为万吨标准煤。

6.2.3 实证研究

根据上述研究方法和经过处理的数据,基于方向性距离函数运用GAMS软件测算了1995～2012年的环境全要素生产率,并在此基础上计算出了各省的低碳化指数。

1. 中部地区六省环境全要素生产率分析

首先,对各省的环境全要素生产率进行分析。如图6-1所示,各省在不同的时间段环境全要素生产率差别较大,在研究期间内环境全要素生产率增长率平均值最高的为河南省,年均增长2.3%,最低的为山西省,其年均环境全要素生产率年均增长值为负值。这一研究结果与其他学者的研究结果基本一致(陈诗一,2010b;王兵等,2010),因此测算的结果具有可靠性。

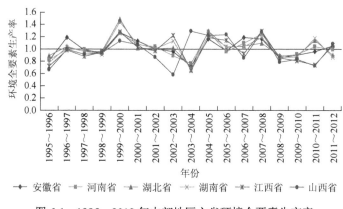

图6-1 1995～2012年中部地区六省环境全要素生产率

从各省情况看，在研究期间内中部地区中以湖北省和湖南省两省每年的环境全要素生产率超过 1 的年数最多，均为 11 年，且两省均集中在 1999～2003 年、2005～2008 年及 2010～2011 年这三个时间段中。两省的全要素生产率总体上均呈现曲折上升的趋势。安徽省在研究期间内累计有九年的环境全要素生产率超过 1，在 1999～2004 年下降的幅度较大，1999～2000 年环境全要素生产率增长率高达 26.80%，但在此后急剧下降至 2003～2004 年的–27.80%。2004 年后曲折上升至 2011～2012 年的 5.60%。山西省累计有八年的环境全要素生产率超过 1，但与其他五省相比较来看，其环境全要素生产率最低。1995～1996 年生产率增长率仅为–0.332，远低于同期的湖北省（–0.109）和安徽省（–0.186），2001～2002 年其余五省的环境全要素生产率均超过或接近 1，而山西省仅为 0.86%。

2. 中部地区六省产业低碳化总体分析

利用上述构造的测度产业低碳化指数计算出各省低碳化指数后，为便于各省进行比较，对所得数据统一进行标准化（此处的数据标准化后没有改变其正负方向）。根据所得结果，以零为分界点，将大于零的年份定为该省达到了高度低碳化，而小于零则为低度低碳化。因该指数分子和分母分别是环境全要素生产率的增长率和地区生产总值的增长率，当该指数大于零时则意味着环境全要素生产率对经济增长的贡献为正，此时的经济增长主要是依靠技术进步等因素拉动，而不是传统的依靠资本和劳动投入的粗放型经济。

如表 6-9 所示，中部地区六省的低碳化指数波动幅度较大，根据其波动特征可以将 1994～2012 年分为五个子时期进行具体分析。

表 6-9　中部地区六省 1994～2012 年产业低碳化指数

年份	安徽省	河南省	湖北省	湖南省	江西省	山西省
1994～1995	0.0452	0.1364	0.1210	0.2816	0.3602	0.3487
1995～1996	–0.2103	–0.2002	–0.1430	–0.2954	–0.2559	–0.2922
1996～1997	0.1409	–0.0530	0.0109	0.0242	–0.0412	0.0057
1997～1998	–0.0918	–0.0424	–0.1220	–0.1600	–0.3100	–0.1648
1998～1999	–0.3474	–0.2823	–0.2479	–0.3220	–0.1442	–0.3447
1999～2000	0.8061	0.7529	0.8380	0.4991	0.5906	0.2493
2000～2001	0.2222	0.1364	–0.0014	0.2217	0.0338	0.1631
2001～2002	–0.0419	0.0565	–0.0311	–0.0113	–0.0587	–0.1573
2002～2003	–0.1047	–0.2065	–0.0223	0.2150	0.2450	–0.3260
2003～2004	–0.2375	–0.2297	–0.3179	–0.3797	–0.2803	0.2381
2004～2005	0.1423	0.2122	0.2609	0.2772	0.1700	0.2437

续表

年份	安徽省	河南省	湖北省	湖南省	江西省	山西省
2005~2006	−0.0861	−0.0803	−0.0101	0.0264	0.1124	0.2999
2006~2007	0.0780	0.0628	0.0039	0.0108	−0.0866	−0.0955
2007~2008	0.0681	0.2248	0.0441	0.1484	0.2363	0.2568
2008~2009	−0.2032	−0.3307	−0.1727	−0.2510	−0.2803	−0.3204
2009~2010	−0.1133	−0.1350	−0.1185	−0.1623	−0.1581	−0.1105
2010~2011	−0.0790	0.0186	0.0721	0.1396	−0.2070	−0.2135
2011~2012	0.0124	−0.0403	−0.1640	−0.2621	0.0740	0.2194

第一阶段为 1994~1999 年，这一时期环境全要素生产率除 1996~1997 年的安徽省、湖北省和湖南省三省外其余时间各省的环境全要素生产率均不到 1，年增长率为负值，低碳化指数小于 0，属于产业低度低碳化阶段。此时，东部地区的山东省、浙江省、江苏省、辽宁省和河北五省的低碳化也处于低碳发展阶段，但略高于中部各省份。一个可能的解释就是这段时间受亚洲金融危机的影响，我国经济受到了较大的打击，同时从 20 世纪 90 年代中后期开始，产能过剩的问题较为突出，从而导致技术效率及环境全要素生产率的下降。各省的低碳化指数从高到低平均依次为：湖北省−0.0762、安徽省−0.0909、河南省−0.0883、江西省−0.0782、湖南省−0.0883 和山西省−0.0985。

第二阶段为 1999~2001 年，这段时间各省的低碳化指数大多大于零，为高度低碳化阶段。这一时期各省的产业发展成功跨入了高度低碳化阶段，各省的经济发展处于良性的低碳经济发展状态。1999~2000 年安徽省和湖北省两省的低碳化指数分别高达 0.8061 和 0.8380，接近于 1，这一阶段低碳化程度最高的省份为安徽省 0.5142 和河南 0.4446。

第三阶段为 2001~2005 年，这一时期中部地区再一次跌入产业低度低碳化阶段，低碳指数大多小于零。其中安徽省和湖北省在 2001~2004 年低碳化指数均在零以下。这主要是因为 21 世纪初以来，我国经济发展中再次出现以高能耗、高污染为特征的重化工业问题，采掘业和金属加工业等重化工产业得到了极大的发展。

第四阶段为 2005~2012 年，这一时期先是中部地区实现了从低度低碳化到高度低碳化的跨越，低碳化指数又一度上升，但从 2009 年之后部分省份的低碳化指数又开始下降。

3. 中部地区六省产业低碳化区域比较

从中部地区各省的情况分析，如图 6-2 和图 6-3 所示，研究期间内低碳化指数最高的省份为安徽省。1995～1996 年安徽省的低碳化指数为-0.2103，仅次于湖北省-0.1430 和河南省-0.2002，在六省中排名第三，而 1996～1997 年排名第一，低碳化指数超过零，达到 0.1409，达到高度低碳化时期，在六省中最高，但仍低于东部地区五省。之后在 1997 年有短暂的下降外，于 1999～2000 年低碳化指数达到最高为 0.8061，也是安徽省在研究期间内的低碳化指数最高值，仅次于湖北省 0.8380。此后安徽省的低碳化指数逐步下降至 2003～2004 年的负值，这一阶段安徽省进入低度低碳化阶段。但从 2005 年安徽省又开始步入高度低碳化阶段，之后呈现出不稳定的低度低碳化发展趋势。总体来看，安徽省在研究期间内累计共有七年的时间产业发展达到了高度低碳化阶段。

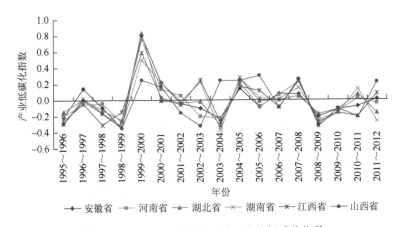

图 6-2　1995～2012 年中部地区产业低碳化指数

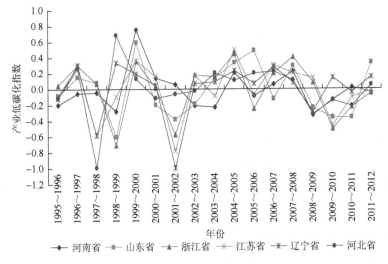

图 6-3　1995～2012 年河南省和东部地区五省低碳化指数

　　研究期间内低碳化指数较高的省份为湖北省，排名第二位，纵向来看湖北省的低碳化同样呈现出波动的不稳定趋势，与其他五省的情况一致。2004 年之前除 1996～1997 年和 1999～2000 年两个时间段外，总体处于低度低碳化阶段，低碳化指数小于零，1999～2000 年湖北省的低碳化指数达到研究期间内的最高值，为 0.8380，同时也远高于同时期的其他五省和东部地区五省，这一时期的低碳化指数均值也低于山东省、浙江省、江苏省、辽宁省和河北省。2004～2008 年湖北省进入高度低碳化阶段，2004～2005 年的低碳化指数为 0.2609，在六省中排名第二，仅次于湖南省 0.2772，同时也高于辽宁省和和河北省。但 2008 年之后湖北省的低碳化发展又转入了低度低碳化阶段，至 2011～2012 年低碳化指数只有 -0.1640，远低于安徽省 0.0124 和江西省 0.0740。与山东省、辽宁省和河北省三省相比也有很大的差距。在六省中的排名由 1995～1996 年的第一位下降到第五位。总体来看，研究期间内湖北省累计有六个研究段处于高度低碳化阶段。

　　研究期间内排名第三位和第四位的分别为河南省和湖南省，河南省在此期间内有三个时期处于低度低碳化阶段：1995～1999 年、2002～2006 年和 2008～2012 年。累计有七年的时间实现了产业的低碳化发展。其产业低碳化程度最高的年份为 1999～2000 年，这与其他五省的情况一致，主要是因为这一时期中部地区各省的生产总值增长率很低，而环境全要素生产率仍以较高的幅度增长，从而导致该年份的低碳化指数均较高。其排名在六省中由 1995～1996 年的第二位下降到 2011～2012 年的第四位。湖南省在 2004 年之前低碳化指数在零上下螺旋浮动，不稳定性趋势较为明显，但在 2004～2008 年转入了产业的高度低碳化阶段，这一时期的低碳化指数均大于零，2005～2006 年的低碳化指数高于安徽省 -0.0861、河南省 -0.0803 和湖北省 -0.0101，也高于东部地区的浙江省 -0.2499 和江苏省 -0.0705。但 2008 年后其低碳化指数开始出现下降甚至为负值，进入低度低碳化阶段。其排名在研究期间内未发生变动。

　　排名较低的为山西省和江西省。江西省在研究期间内的排名变动较大，研究初期排名第四，但至 2011～2012 年已经上升到第二位。江西省在 1999 年之前处于产业的低度低碳化阶段，1997～1998 年其低碳化指数只有 -0.3100，远低于其他五省和东部地区的河北省、辽宁省。和其他省份一样，在 1999～2000 年低碳化程度达到最高值 0.5906，仅次于东部地区的山东省，比浙江省、江苏省、辽宁省和河北省都高。2001～2008 年的时间内处于不稳定时期，但 2008 年之后进入低度低碳化发展时期，低碳化指数较低。山西省总体上看呈现出低度低碳化发展趋势，在研究期间内除 1999～2001 年和 2003～2006 年两个集中的时间段外，其他时间的低碳化指数均较低。

4. 中部地区六省分产业低碳化进程分析

　　本小节按产业来分析中部地区六省的产业低碳化进程，根据研究数据的可得性，除山西省外，其他省份分产业的能源消费总量和固定资产净值量在 2005 年之前均不全，因此将研究区间定为 2005～2012 年，研究结果见表 6-10。

表 6-10　中部地区六省 2005～2012 年三次产业低碳化指数

省份	产业	2005～2006 年	2006～2007 年	2007～2008 年	2008～2009 年	2009～2010 年	2010～2011 年	2011～2012 年
安徽省	第一产业	−1.5430	0.9351	−0.0220	−1.5948	1.0884	−3.4606	10.3713
	第二产业	−0.8264	0.1071	0.3501	−0.5469	−0.2691	−0.6736	0.1289
	第三业产	−3.1142	1.3502	−3.8317	−1.2636	1.2401	0.3109	−0.9151
河南省	第一产业	−13.01	0.6688	0.8898	−4.2436	−2.7179	2.8075	15.2884
	第二产业	0.3827	0.7121	−0.0670	0.1640	−0.8696	1.7309	1.8957
	第三产业	0.8186	0.6543	0.2303	0.2715	−1.6217	3.4428	0.4798
湖北省	第一产业	−3.9178	0.2688	0.7541	−10.2994	0.5115	−2.9081	11.0597
	第二产业	1.5680	−0.2249	1.2883	−0.5103	−0.5063	−0.9478	1.6964
	第三产业	−0.3145	−0.2399	0.0582	0.8998	0.4373	−0.3803	−1.1757
湖南省	第一产业	−0.9688	0.1652	5.7556	−10.6752	2.2918	−3.1793	11.2864
	第二产业	0.9232	0.1169	0.3216	−0.7029	−0.0309	−0.8657	0.4172
	第三产业	0.5491	0.3517	−0.3315	0.5000	−0.1286	0.0000	−1.4819
江西省	第一产业	−1.6090	1.3209	0.6444	−3.5180	4.7468	−3.9273	10.0916
	第二产业	1.0842	0.1611	−0.0360	−0.1072	−0.1954	−0.7719	0.3126
	第三产业	0.9750	0.7429	−0.0132	1.2818	−1.2904	1.5260	−1.1662
山西省	第一产业	−7.2417	−0.7784	3.2970	−0.4206	1.1180	−3.7756	14.1586
	第二产业	−2.6431	−0.0868	0.7542	1.9799	−0.6119	−0.0822	1.5420
	第三产业	−3.4742	−2.2729	0.1351	−1.9485	0.4505	0.0871	−0.5047
全国	第一产业	−3.5429	−0.7704	1.9235	1.1278	−3.9689	5.3228	5.3147
	第二产业	−0.0978	0.4878	0.0652	−0.1553	−0.6731	1.3048	4.4234
	第三产业	0.2088	0.1476	0.5627	1.1405	−0.2433	1.9358	−0.5275

资料来源：笔者统计分析结果

　　如图 6-4 所示，从分产业统计分析结果来看，第一产业中各省差别较大，研究期间内第一产业低碳化程度最高的为江西省，平均为 1.107，比全国平均水平高出 0.335 个单位。可以看出江西省的第一产业低碳化程度提高很快，2005～2006 年低碳化指数为−1.609，但之后的两年时间内低碳化指数快速提升，进入到高度低碳化阶段，产业低碳化指数大于零，但 2008～2009 年低碳化指数又下降到零以下，至 2011～2012 年转入高度低碳化阶段，这一方面与这一时期的环境全要素生产率提高有关，另一方面也与地区生产总值增长率较低有很大关系。其次为山西省，2005～2012 年低碳化指数平均为 0.908，高于全国平均水平，其低碳化指数呈现出曲折上升的趋势。由 2005～2006 年的−7.242 上升至 2007～2008 年的 3.297

后波动下降至 2010～2011 年的-3.776，但之后又上升到 14.159。其余四省的排名从高到低依次为安徽省 0.825、湖南省 0.668、河南省-0.045 和湖北省-0.647。湖南省、河南省和湖北省三省的低碳化指数均值均低于全国平均水平。

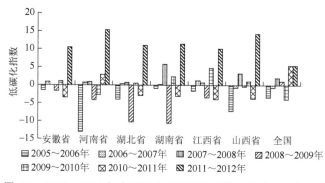

图 6-4　2005～2012 年全国和中部地区六省第一产业低碳化指数

　　如图 6-5 所示，中部地区各省第二产业的低碳化指数在研究期间内的均值均低于全国平均水平，各省的指数从高到低依次为河南省 0.564、湖北省 0.338、山西省 0.122、江西省 0.064、湖南省 0.026 和安徽省-0.247。总体来看，各省的低碳化趋势不一。河南省和湖北省的低碳化趋势基本一致，均表现出波折的上升趋势，河南省仅在 2007～2008 年和 2009～2010 年两个时间段处于低度低碳化状态，其他五个时间段均处于高度低碳化发展状态，湖北省低碳化也呈现出高度化—低度化—高度化的发展趋势，至 2011～2012 年达到最高值 1.696。湖南省和江西省的情况基本一致，在研究期间内的前期第二产业处于高度低碳化阶段，2005～2006年两省的产业低碳化指数分别高达 0.923 和 1.084，但经过两三年的高度低碳化发展后随即转入产业的低度低碳化发展阶段。安徽省和山西省的第二产业低碳化趋势与全国的一致，表现为产业的低碳化—高碳化—低碳化—高碳化的波动状态中。

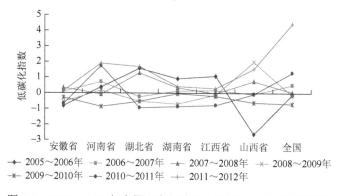

图 6-5　2005～2012 年全国和中部地区六省第二产业低碳化指数

如图 6-6 所示，描述的统计结果可以看出，在研究期间内第三产业除河南省外其他五省的低碳化指数均值均低于全国平均水平，其中安徽省、湖北省、湖南省和山西省的低碳化指数均值均在零以下，表明这四个省份的低碳化程度总体上很低。河南省的第三产业只有在 2009～2010 年处于低度低碳化状态，其他时间均处在高度低碳化状态，且低碳化程度较高，表明在此期间河南省的第三产业环境全要素生产率对经济增长的贡献较高，技术进步和资源的优化配置得到了很好的发展。江西省和湖南省的第三产业在低碳化过程中，均经历了高度低碳化—低度低碳化—高度低碳化—低度低碳化的螺旋式发展趋势，其低碳化处于不稳定状态。安徽省和山西省的低碳化趋势一致，为低度低碳化—高度低碳化—低度低碳化的发展状态，而湖北省则呈现出低度低碳化—高度低碳化—低度低碳化的趋势。

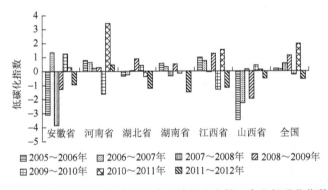

图 6-6　2005～2012 年全国和中部地区六省第三产业低碳化指数

总体上看，中部地区各省中江西省在三次产业中低碳化排名最高，在第一产业、第二产业和第三产业中依次排名第一、第三和第二位；其次为河南省，在第二产业和第三产业的低碳化指数中均排名第一；排名最靠后的为山西省，第二产业和第三产业的排名仅为倒数第二和倒数第一。

5. 中部地区六省分行业低碳化进程分析

本小节研究分行业的低碳化进程，由于各省研究数据的统计口径不一致，在此仅以江西省为例进行分析。数据以《江西统计年鉴 2012》《中国工业统计年鉴 2012》《中国工业统计年鉴 2011》中共有的 24 个行业为准，各行业工业总产值以当年价格计算，各行业的碳排放量以 4.2 节的方法计算，仅选取煤炭、石油和天然气来计算。

如表 6-11 所示，江西省分行业的低碳化指数数据差异很大。工业总产值年均增长率从黑色金属矿采选业的 30.1034 到烟草制品业的 0.2907 不等，黑色金属矿采选业的工业总产值 2000 年仅为 0.51 亿元，而 2011 年就已达到 169.39 亿元，工业总产值年均增长率较快的行业还有有色金属冶炼及压延加工业 4.3167，电气机械及器材制造业 3.5238，化学原料及化学制品业 2.6258，通信设备、计算机及其他 2.5521，食品制造业 2.4531。而烟草制品业和石油加工、炼焦及核燃料业的工业总产值年均增长率则比较低。产出增长慢且环境全要素生产率不高的行业基本上都是高消耗、高排放的重化工业的行业，如煤炭开采和洗选业、非金属矿物制品业、化学原料及化学制品业、仪器仪表及文化办公用机械制造业及电力、热力的生产和供应业，这一方面显示了高能耗和高排放行业的弊端，另一方面也表明对传统重化工业行业进行更新改造、节能减排和升级换代等低碳化发展的紧迫性。可以看出，江西省 24 个行业中低碳化指数均不高，低碳化指数较高的行业为烟草制造业、电气机械及器材制造业和通信设备、计算机及其他等轻工业行业。而环境全要素生产率为负增长的行业对产出的贡献也为负，这些行业都是纯粹由能源和资本等要素驱动的重工业行业，其中，石油加工、炼焦及核燃料业和电力、热力的生产和供应业的低碳化指数较低，分别为 -0.1912 和 -0.0721。

表 6-11　2000～2011 年江西省各行业低碳化指数

行业	环境全要素生产率	工业总产值年均增长率	低碳化指数
煤炭开采和洗选业	1.0015	0.8318	0.0018
黑色金属矿采选业	1.1174	30.1034	0.0039
有色金属矿采选业	1.0124	2.2198	0.0056
农副食品加工业	1.0021	1.0867	0.0019
食品制造业	1.0022	2.4531	0.0009
饮料制造业	1.0025	0.7099	0.0035
烟草制品业	1.1418	0.2907	0.4876
纺织业	1.0080	1.3498	0.0059
造纸及纸制品业	1.0027	1.3020	0.0021
石油加工、炼焦及核燃料业	0.9200	0.4184	-0.1912
化学原料及化学制品业	1.0050	2.6258	0.0019
医药制造业	1.0032	1.1524	0.0028
化学纤维制造业	1.1559	0.3601	0.4329
非金属矿物制品业	1.0237	2.4435	0.0097
黑色金属冶炼及压延加工业	1.0096	1.4382	0.0067
有色金属冶炼及压延加工业	1.0121	4.3167	0.0028
金属制品业	1.6205	2.9575	0.2098
通用设备制造业	1.2776	1.7751	0.1564
专用设备制造业	1.1651	1.2812	0.1289

续表

行业	环境全要素生产率	工业总产值年均增长率	低碳化指数
交通运输设备制造业	1.1182	0.6606	0.1789
电气机械及器材制造业	2.7872	3.5238	0.5072
通信设备、计算机及其他	2.0137	2.5521	0.3972
仪器仪表及文化办公用机械制造业	1.2682	0.9027	0.2971
电力、热力的生产和供应业	0.9290	0.9850	−0.0721

资料来源：笔者统计分析结果

6.3 中部地区产业低碳化的发展潜力

前面章节我们运用 Tapio 脱钩指标工具，对中部地区六省分产业部门低碳化发展的状态和趋势进行了研究分析，发现不同产业部门的低碳化发展程度各有差异，然而，产业低碳化是一项艰巨的任务，需要经历漫长的过程，低碳产业的建设与发展不可能一蹴而就，这就要分阶段、按步骤进行，最终达到碳排放总量的绝对下降。因此，现阶段的目标是跨越碳排放"三个过山车"的第一个曲线，即实现碳排放强度下降。究竟产业的低碳化发展潜力如何，仍需以产业碳排放强度为切入点进行研究。

6.3.1 分析方法

我们这里借助美国著名人口学家 Paul R.Ehrlich 的 IPAT 模型来进行模拟。该模型对研究人口、富裕程度、技术三要素与环境影响的关系提供了依据。该模型的原型为

$$I = P \times A \times T \tag{6-14}$$

其中，I 为环境影响；P 为人口数量；A 为富裕程度（用人均 GDP 表示）；T 为技术的环境效率（用单位 GDP 造成的环境影响表示）（杨振，2011）。若以碳排放作为环境影响的表征指标，可以将式（6-14）演化为

$$I = P \times \frac{GDP}{P} \times \frac{I}{GDP} = G \times T \tag{6-15}$$

我们用碳排放 C 代表环境影响 I；G 为产业 GDP；D 为碳排放强度，代表单位 GDP 造成的环境影响 T，因此我们称该模型为 CGD 模型：

$$C = G \times D \tag{6-16}$$

设研究周期为 $t_0 \sim t_n$ 年，某产业基期 t_0 和 t_n 期的 GDP 分别为 G_0 和 G_n，其年增长率分别为 g_0 和 g_n（$g > 0$），碳排放强度分别为 D_0 和 D_n，其年下降率分别为

d_0 和 d_n，碳排放分别为 C_0 和 C_n，由此可得

$$G_n = G_0 \times (1+g)^n \qquad (6\text{-}17)$$

$$D_n = D_0 \times (1-d)^n \qquad (6\text{-}18)$$

$$C_n = G_n \times D_n = G_0 \times D_0 \times (1+g-d-d \times g)^n \qquad (6\text{-}19)$$

令
$$s = (1+g-d-d \times g)^n \qquad (6\text{-}20)$$

当 $s=1$ 时，即 $d=g/(1+g)$，$C_n=C_0$，周期内产业产出增加而碳排放总量维持不变的水平；当 $s>1$ 时，即 $d<g/(1+g)$，$C_n>C_0$，周期内产业产出增加而碳排放总量也上升；当 $s<1$ 时，即 $d>g/(1+g)$，$C_n<C_0$，周期内产业产出增加的同时碳排放总量却得以下降。鉴于此，我们将产业低碳化的潜力定义为，碳排放强度的年下降率与某一临界值的差值 r，称为低碳化潜力指数，r 越大，表明其减排的潜力越大，即低碳化的潜力越大。

$$r = d - d^* \qquad (6\text{-}21)$$

$$d^* = g/(1+g) \qquad (6\text{-}22)$$

需要注意的是，我们这里所界定的低碳化表现为产业增长与碳排放逐渐脱钩的态势，因此要求碳排放强度下降率大于零（一般情况下小于1），即与基期相比，当期碳排放强度是降低了，若碳排放强度下降率为负值，那么就不能称为低碳化发展。

根据前面的假定，有

$$0 < d < 1 \qquad (6\text{-}23)$$

$$0 < d^* = g/(1+g) < 1 \qquad (6\text{-}24)$$

$$-1 < d - d^* < 1 \qquad (6\text{-}25)$$

$$-1 < r < 1 \qquad (6\text{-}26)$$

规定当低碳化潜力指数大于–1小于0时，产业增长与碳排放变化对应于弱脱钩状态趋势的相对低碳化，即低碳化潜力较小；当低碳化潜力指数大于0小于1时，产业增长与碳排放变化对应于强脱钩状态趋势的绝对低碳化，即低碳化潜力较大；当低碳化潜力指数为0时，低碳化趋势不确定。

由此，CGD模型通过建立产业减排与产业GDP的关系，将低碳化用简单直观的数学模型予以表述，其中碳排放强度是产业低碳化过程中关注的重点。

6.3.2 潜力分析

首先，我们来关注一下中部地区六省各类产业的碳排放强度的变化。如图6-7所示，纵观六省，山西省、安徽省、江西省和河南省四省各类产业的碳排放强度近17年间年均下降率均大于0，湖北省与湖南省有个别产业碳排放强度是在逐年

上升的。从产业类别来看，六省工业部门的碳排放强度均呈现逐年下降的趋势，年均下降率在5%左右，是五个产业部门中下降幅度最大的一类产业。农、林、牧、渔业方面，山西省、江西省、河南省和湖南省的碳排放年均下降率均在4%以上，安徽省略低为2.64%，湖北省最低。建筑业方面，湖南省的低碳化发展最不理想，碳排放强度不降反增，年均增长率超过15%，山西省、安徽省、江西省与河南省的碳排放年均下降率较为接近。而第三产业是三次产业中碳排放强度降幅最小的产业部门，其中，六省的交通运输业、仓储和邮电通信业的碳排放强度虽然呈现逐年下降态势，但下降幅度低于第一产业、第二产业；批发、零售业和住宿、餐饮业方面，安徽省与河南省减排工作成效最大，山西省、江西省次之，湖北省和湖南省的碳排放强度却在增加，湖南省的年均增长率竟达到了12%。

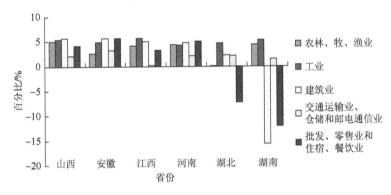

图 6-7　1996～2012 年中部地区六省分产业碳排放强度年均下降率

根据 CGD 模型得出中部地区六省产业低碳化潜力指数。如表 6-12 和图 6-8 所示，六个省的产业低碳化指数均在-1 和 0 之间，未呈现出大的低碳化潜力，即产业增长与碳排放的响应关系趋向于弱脱钩，可见碳排放总量仍呈现出继续增长的趋势，但增长速度慢于产业增长。从产业角度来看，六省农、林、牧、渔业的低碳化潜力指数最高，均在-0.2 以上，且各省差异不大，碳排放持续增加的势头在减弱，其中山西省、安徽省、江西省的指数已接近于 0。交通运输业、仓储和邮电通信业的低碳化潜力次之，六省指数平均值为-0.25，高于同为第三产业的批发、零售业和住宿、餐饮业 0.1 个指数，碳排放变化趋势较为接近。六省的工业低碳化潜力差异较大，安徽省与湖北省的指数相对较高，平均水平为-0.23，江西省的碳排放增长趋势最为强劲。建筑业方面，湖南省的低碳化潜力指数最低，为-0.519，其他五省在-0.4 和-0.3 之间。批发、零售业和住宿、餐饮业方面，湖南省的低碳化潜力同样最差，江西省、河南省和湖北省相近，均在-0.35 左右。从各省产业低碳化潜力的整体平均水平来看，安徽省最高，湖南省最低，其他四省相近。

表 6-12   中部地区六省产业低碳化潜力指数

省份	农、林、牧、渔业	工业	建筑业	交通运输业、仓储和邮电通信业	批发、零售业和住宿、餐饮业
山西省	−0.082	−0.343	−0.316	−0.302	−0.407
安徽省	−0.090	−0.225	−0.357	−0.218	−0.302
江西省	−0.088	−0.400	−0.308	−0.236	−0.356
河南省	−0.143	−0.320	−0.306	−0.217	−0.343
湖北省	−0.144	−0.245	−0.368	−0.271	−0.359
湖南省	−0.102	−0.316	−0.519	−0.256	−0.466

资料来源：根据 1995～2013 年《中国统计年鉴》及《中国能源统计年鉴》整理计算得出

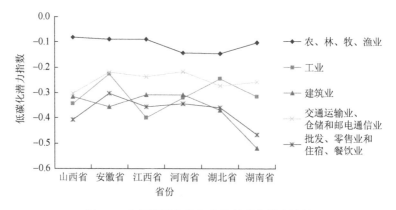

图 6-8   中部地区六省各产业低碳化潜力比较

资料来源：笔者根据统计分析结果绘制

上面运用的模型用于分析低碳化潜力简单易行，可以直观地看出产业增长与碳排放（或经济增长与碳排放）之间的关系演进和变化趋势，对于产业低碳化的潜力评价提供了依据，并为低碳产业的选择和低碳产业政策的制定起到了指导性作用，然而它又存在一定的局限性。一是它只是对狭义的产业低碳化进行了解释，而低碳化是个相当宽泛的概念，涵盖多方面的内容，因此具有片面性；二是在设定周期内，如果产业 GDP 年增长率按年均数值来计，可能会对临界值的确定产生偏差，影响判定。因此，该评价模型有待进一步研究和改进。

第7章 中部地区产业低碳化的影响因素

第6章构建了产业低碳化指数，并利用该指数分析了中部地区六省环境全要素生产率的总体和六个省域的内部差异，从总体和分区域的角度分析了中部地区六省的产业低碳化程度，研究结果表明各省之间的产业低碳化程度差距较大，进程不一。在此基础上我们进一步分产业和分行业分析中部地区六省的产业低碳化进程，发现各产业和各行业之间的低碳化进程不一致，各产业和各行业之间的差距明显。因此，本章将从实证角度，根据相关理论选取影响产业低碳化的因素进行实证分析，分析是哪些因素导致中部地区六省之间产业低碳化差距，同时也可以根据分析结果为各省提高产业低碳化程度提供一定的建议。

7.1 产业低碳化的主要影响因素分析和数据说明

为从实证角度准确度量影响产业低碳化的因素，本节拟根据产业低碳化的相关理论选取指标，采用实证方法得出影响产业低碳化的因素。根据本书构建的低碳化指数，分子是环境全要素生产率，分母是国民生产总值的增长率，因此决定和影响低碳化指数的因素，在一定程度上由环境全要素生产率的影响因素决定。

关于这方面国内外学者的研究较多：王兵和王丽（2010）在研究中国1998~2007年各省份工业的环境全要素生产率的影响因素时，选取了发展水平、外商直接投资、资本-劳动比、工业增加值占GDP的比重、煤炭消费量占能源消费量的比重和人口密度等指标，认为发展水平和人口密度对环境全要素生产率具有正向作用，而外商直接投资、资本-劳动比、工业增加值占GDP的比重和煤炭消费量占能源消费量的比重对环境全要素生产率具有负向作用。石风光和何雄浪（2010）从环境全要素生产率的视角研究全国省际经济差距，选取R&D费用支出占GDP的比重、人均受教育年限、进口贸易、出口贸易、外商直接投资占GDP的比重、劳均资本、资本形成额占GDP的比重和工业化水平等指标来解释影响环境全要素生产率的原因，认为进口贸易、外商直接投资占GDP的比重对环境全要素生产率的提高有阻碍影响，出口贸易、R&D费用支出占GDP的比重、人均受教育年限和工业化水平能够提高环境全要素生产率的水平。马丹丹（2012）在分析影响我国环境全要素生产率的影响因素时，从技术进步和产业结构两方面选取了R&D

投入强度、第二产业占 GDP 的比重、第三产业占 GDP 的比重及国外技术引进合同金额等指标，认为 R&D 投入强度和国外技术引进合同金额对环境全要素生产率的促进作用不大，环境全要素生产率的提高主要是靠第二产业和第三产业占 GDP 的比重的提高。许小雨（2011）在测算了长江三角洲环境全要素生产率后，从科技投入、经济开放度、产业结构、政府财政支出、经济增长速度等方面选取了研发投入、进出口占 GDP 的比重、政府影响、第二产业占 GDP 比重、第三产业占 GDP 的比重和经济增长速度等指标来分析影响环境全要素生产率的因素。

7.1.1　指标选择

根据前人的研究并结合低碳经济的相关理论，本书从经济发展水平（GDPPC）、产业结构（ISTR）、能源结构（ESTR）、人口密度（POPD）和能源效率（EEF）等方面选取指标。①经济发展水平：人均 GDP 代表区域经济发展水平，是影响产业低碳化的重要因素，在此采用 1990 年的不变价格处理。②产业结构：用第二产业占 GDP 的比重表示。产业结构是影响产业低碳化最重要的因素，在相同的经济规模下，区域的产业结构不同则碳排放量的差别也很大，如果第二产业所占比重过高而含碳量较低的第三产业所占比重较低，则产业的低碳化水平就会比较低。相反，在第三产业所占比重较高的情况下各产业的低碳化程度就会高出很多。③能源结构：在影响产业低碳化的所有因素中，除产业结构外能源结构是影响碳排放的最重要的因素，在化石能源所占比重较高的省份中其碳排放量也会很高，相应的产业低碳化程度就会低很多。而新能源或碳排放系数较低的石油和天然气在能源结构中所占比重较低的省份中，在经济规模相同的情况下，其碳排放量就会低很多，与此同时该区域的产业低碳化程度会高出很多。在此能源结构使用燃煤占能源消费总量的比重表示，受研究数据的可得性限制，以能源平衡表中的终端能源消耗量来表示能源消费总量，燃煤包括原煤、洗精煤、其他洗煤、型煤、焦炭、焦炉煤气和其他煤气等七种能源，各种能源统一转换成标准煤。④人口密度：人口密度是影响碳排放的重要因素，国内外学者关于碳排放影响因素的研究中已经证实了这一点，人口密度在一定程度上可以极大影响碳排放量的大小，用单位国土面积的人口数量来表示，表示的是自然地理因素对产业低碳化的影响程度，通常在人口密度较低的情况下产业的碳排放量就会较低，因为该产业生产的产品会少很多，相应的产业低碳化程度会高出很多。⑤能源效率：能源效率也是影响低碳化进程的主要因素，在此用 GDP 和能源消耗总量的比值表示，即单位能源的产出。该比值越高表示产业低碳化程度越高，反之则越低。

各省各解释变量指标的基本统计量见表 7-1。

表 7-1　中部地区各省各解释变量的基本统计量

地区	变量	均值	标准差	最小值	最大值
安徽省	人均 GDP/元	10 425.42	7 809.92	3 357.00	28 792.00
	第二产业所占比重/%	39.84	9.65	25.48	54.64
	人口密度/(人/千米²)	441.10	10.91	427.33	463.49
	燃煤比重/%	0.85	0.02	0.80	0.88
	能源效率/(万元/吨)	0.83	0.33	0.43	1.52
河南省	人均 GDP/元	12 251.37	9 066.63	3 297.00	31 499.00
	第二产业所占比重/%	50.425	5.16	43.80	57.28
	人口密度/(人/千米²)	563.11	9.70	544.90	581.86
	燃煤比重/%	0.84	0.02	0.80	0.86
	能源效率/(万元/吨)	0.77	0.22	0.46	1.25
湖北省	人均 GDP/元	13 584.00	10 788.63	3 671.41	38 502.25
	第二产业所占比重/%	42.61	4.22	37.00	50.30
	人口密度/(人/千米²)	314.14	6.73	306.20	324.26
	燃煤比重/%	0.75	0.05	0.66	0.86
	能源效率/(万元/吨)	0.73	0.24	0.41	1.26
湖南省	人均 GDP/元	12 255.50	9 375.44	3 359.00	33 480.00
	第二产业所占比重/%	55.21	5.79	46.70	65.30
	人口密度/(人/千米²)	315.76	9.91	301.80	336.90
	燃煤比重/%	0.81	0.04	0.74	0.87
	能源效率/(万元/吨)	0.81	0.23	0.39	1.32
江西省	人均 GDP/元	10 707.28	8 085.82	2 896.00	28 800.00
	第二产业所占比重/%	43.58	8.13	34.10	54.60
	人口密度/(人/千米²)	256.74	8.13	243.40	268.86
	燃煤比重/%	0.76	0.06	0.65	0.88
	能源效率/(万元/吨)	1.03	0.36	0.49	1.79
山西省	人均 GDP/元	13 356.00	9 774.12	3 515.00	33 628.00
	第二产业所占比重/%	51.97	4.77	46.00	59.00
	人口密度/(人/千米²)	213.24	10.13	197.00	231.18
	燃煤比重/%	0.91	0.33	0.85	0.94
	能源效率/(万元/吨)	0.35	0.14	0.15	0.63

资料来源：根据《中国统计年鉴》《中国能源统计年鉴》相关年份数据计算

从表 7-1 中可以看出，中部地区六省各解释变量之间差距较大。从人均 GDP

分析，六省中安徽省的人均 GDP 最低，研究期间内的均值为 10 425.42 元，而最高的为湖北省的 13 584.00 元。横向来看 1995 年以江西省的人均 GDP 最低，仅为 2896 元，比同年人均 GDP 最高省份湖北省低 775 元。至 2011 年中部地区六省中人均 GDP 最高的仍然为湖北省，其他五省从高到低依次为山西省、湖南省、河南省、安徽省和江西省。从第二产业所占比重分析，研究期间内第二产业所占比重年平均值最高的省份为湖南省的 55.21%，表明湖南省的工业化进程要明显高于其他省份。其次为山西省，其他四省从高到低依次为河南省、江西省、湖北省和安徽。在研究期间内安徽省的第二产业所占比重最低，1995 年仅为 29.01%，比湖南省和河南省低 17.69 个百分点，但之后上升的幅度较大，至 2012 年已经达到 54.64%。其他三个变量无论在均值、标准差、最大值和最小值四个方面均有明显不同。

7.1.2　数据说明及来源

由于在上一章本书在研究中部地区六省产业低碳化进程时以 1995 年作为基期，研究期间中部地区六省的煤炭、石油、天然气等分类能源的每年消费量只能在《中国能源统计年鉴》的能源平衡表中查到，同时在能源结构中的各类能源的消耗量研究期间只能找到 2012 年的数据，因此本书的研究区间定为 1995~2012 年。本书的各省地区生产总值、总人口、能源消费总量等数据来自 1996~2013 年各省的统计年鉴及《中国统计年鉴》，终端能源消费量及原煤、洗精煤、型煤等数据来自《中国统计年鉴》中的各省的能源平衡表，其中表示能源结构中的燃煤包括原煤、洗精煤、其他洗煤、型媒、焦炭、焦炉煤气和其他煤气，各种能源统一按照国家统计局公布的转换系数转换成标准煤。人口密度中的人口总量以各省的常住人口为准，GDP 按 1990 年不变价格处理。

7.1.3　面板数据的单位根检验

对面板数据进行回归首先要对数据进行单位根检验，检验面板数据是否具有单位根以保证所用数据是平稳的，如果面板数据是非平稳的，那么回归的结果会存在虚假性，即虚假回归。格兰杰（Granger）和纽博尔德（Newbold）于 1974 年首次提出虚假回归的问题，认为当用两个相互独立的非平稳时间序列建立回归模型时，常常可以得到一个具有统计显著性的回归系数。近年来对经济变量尤其是时间序列和面板数据的非平稳性研究，即单位根检验已经成为计量经济学领域的研究热点，并取得了大量的研究成果。

检验面板数据采用的是面板数据的单位根检验，而面板数据的单位根检验分为同质面板单位根检验和异质面板单位根检验。同质面板单位根即假设面板数据只有一个单位根，检验方法主要有 LLC（Levin-Lin-Chu）检验、Breitung 检验和 Hadri 检验等，异质面板单位根即假设面板数据具有多个单位根的情况，检验方法主要有 Fisher-PP 检验、Fisher-ADF 检验和 IPS 检验等。针对同质面板数据单位根本书采用 LLC 检验方法，对异质面板数据单位根检验采用 Fisher-PP 检验、Fisher-ADF 检验和 IPS 检验三种方法。同时，为消除面板数据的异方差问题，本书对面板数据先取自然对数，然后再进行单位根检验，检验结果如表 7-2 所示。

表 7-2　主要影响因素的检验结果

变量	检验方法对应的统计量及相应 P 值			
	LLC 检验	Fisher-PP 检验	Fisher-ADF 检验	IPS 检验
lnDI	−5.0485 (0.0000)	43.9568 (0.0000)	39.5841 (0.0001)	−4.3982 (0.0000)
lnGDPPC	−3.4046 (0.0003)	25.4569 (0.0000)	20.9430 (0.0005)	−1.8293 (0.0337)
lnISTR	−6.0645 (0.0000)	51.9976 (0.0000)	54.8252 (0.0000)	−5.8996 (0.0000)
lnPOPD	0.4596 (0.0000)	82.5605 (0.0000)	57.3529 (0.0000)	−5.2968 (0.0000)
lnESTR	−5.7353 (0.0000)	42.8744 (0.0000)	52.8496 (0.0000)	−5.6857 (0.0000)
lnEEF	−4.7414 (0.0000)	48.6013 (0.0000)	39.0429 (0.0000)	−4.1710 (0.0000)

资料来源：笔者统计分析

如表 7-2 所示，针对 1995～2012 年的中部地区六省各影响因素均通过检验，四种检验方法所得到的各变量的 P 值均在 5% 的显著水平上通过显著性检验，也就是说各变量均为平稳序列，可以对面板数据进行下一步的回归和处理。

7.2　产业低碳化影响因素的静态面板数据分析

静态面板数据可以采用固定效应模型、随机效应模型和混合模型三种模型，通过 Wald 检验、B-P 检验和 Hausman 检验认为本书应采取固定效应模型对影响产业低碳化的因素进行回归。

7.2.1　固定效应模型

固定效应模型分为三种类型，即个体固定效应模型、时间固定效应模型和个体时间双固定效应模型。

1. 个体固定效应模型

个体固定效应模型是对于不同的纵剖面时间序列（个体）只有截距项不同的模型。如果一个面板数据模型定义为

$$y_{it} = \alpha_i + \beta X_{it} + u_{it}, \quad i = 1, 2, \cdots, N; \quad t = 1, 2, \cdots, T \qquad (7\text{-}1)$$

其中，y_{it} 为被解释变量；X_{it} 为被解释变量，表示 $k \times 1$ 阶列向量；α_i 为随机变量，表示对于 i 个个体有 i 个不同的截距项，且其变化与 X_{it} 有关系；β 为 $k \times 1$ 阶回归系数列向量，对于不同个体的回归系数 β 相同；u_{it} 为随机误差项，则称此模型为个体固定效应模型。个体固定效应模型的假定条件为，在给定每个个体的条件下随机误差项 u_{it} 的期望为零。α_i 为随机变量描述不同个体建立的回归函数间的差异，因为 α_i 是不可观测的，且与可观测的解释变量列向量 X_{it} 的变化相联系，所以上式为个体固定效应模型。

对于个体固定效应模型，每个个体的回归函数的斜率都相同，但截距项却因个体的不同而有所变化。个体固定效应模型中的截距项包括那些随个体变化但不随时间变化的难以观测的变量的影响。当对个体固定效应模型中的变量进行差分时，可以剔除只随个体变化但不随时间变化的难以观测的能力的影响。

2. 时间固定效应模型

如果一个面板数据模型定义为

$$y_{it} = \gamma_i + \beta X_{it} + u_{it}, \quad i = 1, 2, \cdots, N; \quad t = 1, 2, \cdots, T \qquad (7\text{-}2)$$

其中，y_{it} 为被解释变量；X_{it} 为被解释变量，表示 $k \times 1$ 阶列向量；β 为 $k \times 1$ 阶回归系数的列向量；γ_i 为模型的截距项，是随机变量，表示对于 T 个截面有 T 个不同的截距项，且其变化与 X_{it} 有关；u_{it} 为随机误差项，满足通常假定条件。

此模型为时间固定效应模型。对于每个截面，回归函数的斜率相同，但系数却因截面的不同而有差异。时间固定效应模型中的截距项，包括那些随不同截面变化但不随个体变化的难以观测的变量的影响。

3. 个体时间双固定效应模型

如果一个面板数据模型定义为

$$y_{it} = \alpha_i + \gamma_t + \beta X_{it} + u_{it}, \quad i = 1, 2, \cdots, N; \quad t = 1, 2, \cdots, T \qquad (7\text{-}3)$$

其中，y_{it} 为被解释变量；X_{it} 为被解释变量，表示 $k \times 1$ 阶列向量；α_i 是随机变量，表示对于 N 个个体有 N 个不同的截距项，且其变化与 X_{it} 有关；γ_t 是随机变量，表示对于 T 个截面有 T 个不同的截距项，且其变化与 X_{it} 有关系；β 为 $k \times 1$ 阶回归系数的列向量；u_{it} 为随机误差项。此模型为个体时间双固定效应模型。

7.2.2　固定效应模型分析结果

为从实证角度检验影响产业低碳化的因素，本节利用 1995～2012 年的中部地区六省的面板数据构建以下模型，为保证各变量的平稳性及消除异方差问题，对各变量首先进行取对数的处理。

$$\ln DI_{it} = c + a_1\ln GDPPC_{it} + a_2\ln ISTR_{it} + a_3\ln POPD_{it} + a_4\ln ESTR + a_5\ln EEF + \varepsilon_{it}$$

其中，DI 是产业低碳化指数，为被解释变量；GDPPC、ISTR、POPD、ESTR、和 EEF 是影响产业低碳化的因素，分别表示经济发展水平、产业结构、人口密度、能源结构和能源效率，为解释变量；ε_{it} 是扰动项，分为正交的两部分，随机干扰项 v_{it} 和个体差异 η；i 和 t 分别代表地区和年。

本书使用 STATA11.0 软件采用固定效应模型对上述模型进行估计，结果见表 7-3，在对固定效应模型的估计中，采用稳健性检验估计方法（1）和直接估计方法（2）。如表 7-3 所示，可以看出固定效应模型回归效果显著，除人口密度系数不显著外，其他变量的回归系数至少在 5% 的显著水平上通过了显著性检验。另外，R^2 的值为 0.980，调整后的 R^2 值也高达 0.975，表明固定效应模型的整体回归效果较好，固定效应模型的拟合优度较高。

表 7-3　产业低碳化影响因素的固定效应模型回归结果

项目	（1）	（2）	项目	（1）	（2）
	DI	DI		DI	DI
经济发展水平（GDPPC）	0.164**	0.164**	能源效率（EEF）	0.8322***	0.8322***
	(0.0239)	(0.0476)		(0.0478)	(0.1097)
产业结构（ISTR）	−0.419***	−0.419***	常数项（_cons）	−0.0810	-0.0810
	(0.0679)	(0.1006)		(0.241)	(0.3920)
人口密度（POPD）	0.0060	0.0060	N	102	102
	(0.203)	(0.3249)	R^2	0.980	0.980
能源结构（ESTR）	−0.699***	−0.699***	调整后 R^2	0.975	0.975
	(0.1083)	(0.0788)			

***、**分别表示在 1%、5%显著水平上通过检验

注：括号内的数值为标准误

如表 7-3 所示，经济发展水平和能源效率的回归系数均显著为正，说明人均

国民生产总值和能源效率对产业低碳化水平的提高有明显的促进作用。而产业结构和能源结构的回归系数均显著为负，对产业低碳化水平的提高具有明显的阻碍作用，这和预期的结果一致。人口密度对产业低碳化的影响不显著。经济发展水平在两种估计方法下的系数均为0.164，且在5%的显著水平通过检验，表明经济发展水平对提高产业低碳化进程具有明显的正向影响，同时表明经济发展水平的差异是影响中部地区六省产业低碳化进程不一的主要影响因素。如第3章所述，中部地区六省的人均国民生产总值在研究期间内无论是横向还是纵向比较差距均较大。

能源效率在两种估计方法下的系数为0.8322，且均在1%的水平上通过显著性检验，是除了经济发展水平对产业低碳化具有正向影响的第二个因素，其系数远高于经济发展水平的系数，是对产业低碳化具有最大正面影响的因素，表明能源效率的提高对产业低碳化的进程具有重要作用。同时表明中部地区六省能源效率的差异，是导致各省产业低碳化指数差距的主要原因。

在研究期间内中部地区六省中年均能源效率最高的省份为江西省的0.99，其次为安徽省和河南省，分别为0.79和0.74，年均能源效率最低的为山西省，仅为0.34，比江西省低0.65，表明山西省的能源利用效率极低，虽然消耗了大量能源，但国民生产总值极低。从年增长率来看，以山西省的能源效率增长率最高，年平均增长10%，从1995年的15%增长到2011年的61%，其中1996年的增长率高达26%，2010年的增长率也高达16%，比其他五个省份要高。安徽省、湖南省和江西省三个省份的年均增长率基本持平，在8%左右，其次为湖北省和河南省。

产业结构在回归方程中的系数为−0.419，且在1%的水平上通过显著性检验，表明产业结构对产业低碳化具有明显的阻碍作用。这和预期结果一致，因为在本书中产业结构是以第二产业占国民生产总值的比重来表示的，而第二产业中建筑业和制造业等高消耗、高污染行业的所占比重大，在历年的碳排放总量中钢铁、有色金属、煤炭、电力、石化、建筑和建材等行业在总碳排放量的比重很大，因此，在经济结构中第二产业所占比重越大则产业低碳化程度会越低。

同时中部地区各省第二产业所占比重的差异也是导致各省产业低碳化进程有差距的主要原因。1995~2012年中部地区六省的第二产业占国民生产总值的比重差距较大。横向来看，1995年安徽省的第二产业占国民生产总值的比重仅为29.01%，不到30%，工业化程度极低，而同年河南省和湖南省的第二产业所占比重已经高达46.7%，比安徽省所占比重高出17.69个百分点。安徽省直到2010年第二产业比重刚超过50%，而湖南省早在1999年就达到51%，山西省和河南省也分别在2003年和2005年第二产业所占比重超过50%。

能源结构的回归系数为负，为−0.699，并且在1%的水平上通过显著性检验，说明能源结构对提高各省的产业低碳化指数具有显著的负向效应。这和本书的预期一致，因为在本书中能源结构是以燃煤占能源消费总量的比重来表示的，燃煤包括能源平衡表中的原煤、洗精煤和型煤等六种煤炭资源。因此，这种燃煤结构在能源消费总量中所占比重越大则在生产和生活中产生的碳排放量就会越大，对环境的污染也越大，相应的产业低碳化程度就会越低。

因此，提高各省产业低碳化的重要对策在于改善能源结构、提高清洁能源的比重、逐步降低煤炭资源在总能源消费总量中的比重，但是由于受资源禀赋及技术的制约，这种能源结构在短时间内难以发生实质性的改变，六省均以碳排放系数最高的煤炭为主，有些省份煤炭的比重高达 80%，清洁能源，如水电和太阳能等所占比重太小。中部地区六省中以煤炭为主要能源的生产和消费方式将在未来一段时间内仍然存在。

另外，可以看出人口密度对产业低碳化也具有正向作用，但并不显著。这是因为人口越是密集的地区，则人们对生活的环境的要求就会越高，当地政府就会改善环境质量，实施节能减排和倡导新能源等一系列政策。

7.3　产业低碳化影响因素的动态面板数据分析

上一节使用静态面板数据对中部地区六省 1995～2011 年的产业低碳化影响因素进行了分析，但由于各种影响因素具有一定的持续性，需要利用个体水平上的动态面板数据模型进行回归分析。由于本书的估计是采用具有动态性质的面板数据来估计各解释变量对产业低碳化的影响，所以根据 Guan 和 Lansink 于 2006 年提出的建议，对于该类数据和情况应该采用动态广义矩估计（generalized method of moments，GMM）来分析各因素对产业低碳化的影响。采用广义矩估计相对于其他方法有两个优点：一是可以有效地解决序列相关的问题，保证数据能够有效使用；二是可以解决各解释变量的内生性问题。本节在介绍所采用的动态面板数据模型后，采用广义矩估计方法对影响产业低碳化进程的各影响因素进行回归分析。

7.3.1　广义矩估计方法

广义矩估计分为两种类型，即差分广义矩估计和系统广义矩估计，Arellano 和 Bover 于 1995 年提出系统广义矩估计方法，但由于该方法在使用过程中有一些缺点，所以 1998 年 Blundell 和 Bond 又对该方法进行了改进，这样系统广义矩估计方法不但可以利用各变量的水平变化，而且可以利用各变量的差分变化两种信息，比传统的差分广义矩估计的效果要好很多，目前已有很多学者使用这种方法进行了影响因素研究。

具有外生变量的线性动态面板数据模型的一般形式如下：

$$y_{it} = c + \sum_{l=1}^{p} \lambda_l y_{i,t-1} + \sum_{k=1}^{k} \gamma_k x_{kit} + \eta_i + \varepsilon_{it} \tag{7-4}$$

当只考虑包含被解释变量的一阶滞后项的情形下，模型为

$$y_{it} = c + \lambda y_{i,t-1} + \sum_{k=1}^{k} \gamma_k x_{kit} + \eta_i + \varepsilon_{it} \tag{7-5}$$

对于 $i=1, 2, \cdots, N$；$t=1, 2, \cdots, T$；$s=0, 1, 2, \cdots, T$；$E(x_{kit}\varepsilon_{it})=0$，即 $X_{i1}, X_{i2}, \cdots, X_{iT}$ 都是一阶差分模型

$$y_{it} = \lambda y_{i,t-1} + \sum_{k=1}^{K} \gamma_k x_{kit} + \varepsilon_{it} \tag{7-6}$$

滞后项 $y_{i,t-1} = (y_{i,t-1} - y_{i,t-2})$ 的工具变量。其中 $X_{it} = (x_{1it}, x_{2it}, \cdots, x_{kit})$。

7.3.2　广义矩估计方法结果分析

为从实证角度检验影响产业低碳化的因素，本节利用 1994~2011 年的中部地区六省的面板数据构建以下模型，为保证各变量的平稳性及消除异方差问题，首先对各变量进行取对数的处理。

$$\ln DI_{it} = c + a_1 \ln DI_{it-1} + a_2 \ln GDPPC_{it} + a_3 \ln ISTR_{it} + a_4 \ln POPD_{it} + a_5 \ln ESTR$$
$$+ a_6 \ln EEF + \varepsilon_{it}$$

其中，$\ln DI_{it}$ 表示产业低碳化指数；$\ln DI_{it-1}$ 表示产业低碳化指数的滞后一期；a 表示滞后一期对前一期产业低碳化的影响因素。

根据上述研究方法，采用 Stata1 1.0 软件对影响产业低碳化的因素进行回归，结果如表 7-4 所示。通过 Sargan 检验、二阶序列相关检验所对应的 P 值可以看出，所选取的工具变量是有效的，模型通过了检验，并且 F 统计量显著，F 统计量所对应的 P 值表明整个模型是有效和显著的，因而模型的估计结果具有较高的有效性。

表 7-4　产业低碳化影响因素的回归结果

变量	FE	GMM	变量	FE	GMM
产业低碳化指数（lnDI）	—	0.257***	能源结构（ESTR）	−0.699***	−0.3663***
	—	(0.421)		(0.1083)	(0.0890)
经济发展水平（GDPPC）	0.164**	0.0759**	能源效率（EEF）	0.8322***	0.6836***
	(0.0239)	(0.0233)		(0.0478)	(0.0507)

续表

变量	FE	GMM	变量	FE	GMM
产业结构（ISTR）	−0.419***	−0.1969**	常数项（_cons）	−0.0810	0.0900
	(0.0679)	(0.0680)		(0.241)	(0.1855)
人口密度（POPD）	0.0060	−0.0041			
	(0.203)	(0.1558)			

***、**分别表示在 1%、5%显著水平上通过检验
注：括号内的数值为标准误

　　如表 7-4 所示，产业低碳化指数的一阶滞后项、经济发展水平和能源效率三个变量的回归系数为正，对产业低碳化的提高具有显著的正向影响；产业结构和能源结构两个变量的回归系数为负，对产业低碳化的提高具有阻碍作用。产业低碳化指数的回归系数显著为正，在 1%的水平上通过了显著性检验，并且在所有变量的回归系数中是第二大的，这说明前期的产业低碳化指数对后期产业低碳化指数的提高具有十分显著的正向影响。可以看出，产业低碳化指数的一阶滞后项是促进产业低碳化提高的最重要的因素，如果当期的产业低碳化水平较高，则下一期的低碳化指数也会相应较高。

　　对产业低碳化的提高具有促进作用的第二个因素为能源效率，为 0.6836，且在 1%的水平上通过了显著性检验，表明能源效率的提高对产业低碳化的提高具有十分重要的作用，这一点和使用静态面板数据得出的结论一致。中部地区六省的能源效率的差异是影响其产业低碳化进程的重要因素之一。对产业低碳化的提高具有促进作用的因素还包括经济发展水平，在动态面板数据中该值为 0.0759，在 5%的水平上通过了显著性检验。表明经济发展水平的提高能够在一定程度上影响产业低碳化的水平，但作用小于产业低碳化指数的一阶滞后项和能源效率。中部地区六省的经济发展水平无论是横向还是纵向分析差距都很大，从而导致各省间的产业低碳化程度不一致。最后，人口密度在使用广义矩估计方法进行回归时作用仍然不明显，表明人口密度不是影响产业低碳化进程的重要因素。

　　对产业低碳化的提高具有阻碍作用的因素为产业结构和能源结构。如表 7-4所示，产业结构对产业低碳化进程影响的负向作用最大，系数为−0.1969，在 5%的水平上通过显著性检验。这是因为在本书中产业结构是用第二产业在国民生产总值中所占比重来表示的，第二产业是典型的高污染、高排放行业，而且行业内部高能耗、高排放的行业所占比重高，重化工业所占比重大。第二产业所占比重越大则产业低碳化程度就会越低，而目前中部地区六省正处于工业化进程的中后期，这一时期典型的特点就是高污染和高消耗，工业化进程中需要消耗大量的能

源和资源，城镇化的推进过程中必然伴随着大规模的基础设施建设。能源结构对产业低碳化也具有负向影响，本书中能源结构以燃煤占能源消耗总量的比重表示，以原煤和洗精煤为代表的燃煤在各类能源中的碳排放系数最高，因此这种以煤炭为代表的能源结构比重越高，则产业低碳化程度就会越低。由此可以看出，推进中部地区六省产业低碳化进程的重要举措，应从改善产业结构和能源结构入手。

7.4　实证结果的比较与分析

本章通过选取经济发展水平、能源结构、产业结构、人口密度和能源效率五个变量，对产业低碳化的影响因素进行了实证分析。首先使用静态面板数据选用固定效应模型对产业低碳化的影响进行了分析，其次使用动态面板数据选用广义矩估计方法进行了分析。两种方法的回归结果具有一致性。

两种方法均表明，经济发展水平、能源效率和人口密度三个变量对产业低碳化具有促进作用。在固定效应模型中能源效率的回归系数高达 0.8322，动态面板回归中该系数也高达 0.6836，且在两种估计方法中能源效率均在 1% 的水平上通过了显著性检验，表明能源效率对产业低碳化具有十分显著的促进作用，能源效率在静态和动态面板数据的估计中均是对产业低碳化促进作用最大的正向因素，这和实际情况是一致的。经济发展水平对产业低碳化促进作用也比较大，在固定效应模型中该变量的回归系数为 0.164，在广义矩估计方法中该变量的系数为0.0759，广义矩估计中的系数要高于在固定效应模型中的系数，表明提高经济发展水平、促进当地的经济发展水平仍然是提高区域产业低碳化水平的重要措施。在两种估计方法中人口密度对产业低碳化的作用不明显，没有通过显著性检验，但该变量的回归系数在两种方法下均为正，表明人口密度仍然能在一定程度上促进产业低碳化的发展。

产业结构和能源结构在两种方法中都是对产业低碳化起负向作用的因素。在固定效应模型中对产业低碳化负向作用最大的因素为能源结构，该变量在回归系数中的值为–0.699，表明能源结构对产业低碳化水平提高的阻碍作用最大。而在广义矩估计模型中该系数的值也较高，并且在两种模型中能源结构的回归系数均在 1% 的水平上通过了显著性检验。这主要是因为在本书中能源结构是以燃煤在能源消费总量中所占比重来表示的，燃煤的所占比重越高，则意味着在生产和生活过程中使用的煤炭越多，排放的 CO_2 也就越多，而煤炭的碳排放系数在所有能源中是最高的。对产业低碳化的提高有阻碍作用的第二大因素为产业结构，两种估计方法都表明了这一点。在固定效应模型中产业结构在方程中的回归系数为–0.419，且在 1% 的水平上通过了显著性检验，在广义矩估计方法中该变量的回归系数为–0.1969，在 5% 的水平上通过了显著性检验。表明第二产业在国民生产总值中的比重与产业低碳化的水平成反比。

　　综上所述,我国中部地区六省应从进一步提高能源效率和经济发展水平入手,提高产业低碳化的发展水平。在现有的基础上采用提高能源效率的技术不断提高能源利用效率,节约能源,提高单位能源的产出。同时需要大力优化产业结构和能源结构,产业结构和能源结构对产业低碳化水平的提高具有极大的阻碍作用,通过发展太阳能等新能源,逐步降低煤炭在能源消费总量中的比重,提高清洁能源的比重。中部地区六省的煤炭在能源总量中的比重与全国平均水平相比明显偏高,但受制于资源禀赋和技术条件,这种以煤炭为主的能源结构在未来一段时间内难以发生根本性的改变。最后,需要积极发展战略性新兴产业等具有前瞻性的产业,提高第三产业在国民生产总值中的比重,调整和优化第二产业尤其是工业内部的行业结构,通过淘汰落后产能等措施,逐步降低高能耗、高污染行业在整个国民经济中的比重,培育新的经济增长点,以此来推动中部地区六省的产业低碳化水平的提高。

第8章 中部地区产业低碳化发展的战略选择

根据前文分析，本章针对中部地区产业低碳化转型，提出相关政策及建议。

8.1 促进产业低碳化的产业政策

由于垄断、公共产品、外部性和信息不对称等市场失灵问题的存在，国家或政府有必要通过行政、法律和经济的措施纠正产业发展中的偏差，以促进产业的健康稳定发展，即采取一定的产业政策。其目的在于促进产业发展的合理化和推动经济结构转换。产业政策根据不同的分类标准其内容也不同：根据功能定位，可以将产业政策分为产业组织政策、产业结构政策、产业布局政策和产业技术政策；根据调节对象，可以将产业政策分为农业、能源、工业、中小企业、对外贸易、金融和环保等。本节从功能定位的角度，着重分析促进产业低碳化发展的产业结构政策和产业技术政策。

8.1.1 产业结构政策

1. 发展新能源产业，优化能源结构

如前文所述，中部地区六省的能源结构中以煤炭为主的特征明显，煤炭在能源消费总量中所占比重高于全国平均水平，新能源所占比重较低。表现在碳排放结构上各省以煤炭为主的碳排放结构也非常显著。在研究期间内燃煤所占碳排放比重各省均高于全国平均水平，而碳排放强度较低的燃油和天然气所占比重均低于全国平均水平。同时中部地区六省的能源消费总量大且能源利用效率低，2012年中部地区六省消耗了全国 26.54% 的能源，比 1994 年增加了 3.37 个百分点，但 GDP 占全国的比重仅为 22.54%，中部地区能源消费总量占全国的比重高于中部地区生产总值的比重，表明中部地区六省的能源利用效率低。因此，中部地区六省能源结构调整和优化的任务非常迫切，通过发展新能源等措施来调整能源结构、降低煤炭等高碳燃料在能源消耗总量中的比重，是促进产业低碳化发展的重要途径。

中部地区六省自然条件较为优越，发展新能源产业的基础较好，具备良好的发展太阳能、水能、风能和生物质能等新能源的优势。通过发展新能源可以优化能源结构，减少传统化石能源在能源构成中的比重，从而减少生产和消费过程中

的碳排放，实现产业的低碳化发展。近年来中部地区六省在新能源发展方面已经取得了较大的成就，但仍需要进一步发展。

1）选择和发展主导新能源产业

由于资源禀赋的差异中部地区六省的新能源产业主导选择不同。例如，湖北省在水资源、风力资源和太阳能资源方面具有较大的优势，可以依靠长江三峡水电站，在水资源利用方面具有极大的优势，风力资源也很丰富，可以大力发展风力资源。目前，湖北省的风能已经有了较大的发展，通过发展风光互补发电装置促进了风能的发展。江西省在太阳能、水能和生物质能方面具有较大优势，目前江西省在这三方面已经有了很大的发展，其农业大省的基础为发展生物质能提供了有力支持。

2）积极培育新能源市场

由于新能源产业本身所固有的特性，其发展需要政府积极培育市场。首先，新能源初期投资较高，新能源产业面临的最大问题就是技术和产业化问题，而其不能实现产业化发展或产业化程度较低的原因在于其前期的投入和成本较高。不但在新能源产业的创业初期需要较大的资金投入，在中期也同样需要较大的资金支撑用来开发产品，另外还需要大规模的相关配套的基础设施。例如，在生物质能发展过程中需要建设专门的燃料储备站和购买配套的燃料储备设备，一次性投资大且折旧费用等固定成本高。其次，在开发新能源初期阶段，其技术不稳定。在开发初期新能源技术不稳定导致其对相关配套设备要求较高，这就需要政府部门出台政策进行扶持。最后，新能源市场的前景不稳定。从最开始的产品研发到产品实现商业化甚至产业化的发展，这中间每一个环节都面临许多不确定因素。

3）完善新能源产业发展的投融资市场

新能源产业在不同的产品周期会涉及不同的技术和市场，因此在不同阶段对资金的需求也不同，这就需要有与其相配套的金融和风险管理思路。除采用财政政策保障新能源产业的发展外，还应该建立和完善新能源产业发展的投融资市场。首先，要鼓励和放开民间资本的融入，鼓励民间资本投入到新能源产业的发展中。可采取公私合作伙伴关系和建设-运营-转移等多种市场手段，鼓励政府投资和民间投资相结合的融资方式，使社会能够参与到新能源的建设中。其次，对新能源企业采取低息或贴息的政策以解决其资金匮乏问题。虽然国家已经出台了一系列财政投入政策来鼓励新能源的发展，但这种财政投入对新能源企业来说远远不够。例如，江西省的风电发展虽然较快但已经受到了成本的制约，仅是固定资产投资就占总投资的 85%以上，仅依靠国家的财政投入无法保证其长期健康发展。

4）完善新能源产品的价格机制

由于新能源产品在开发过程中投入较大，不仅在初期的固定资产投资而且在中期和其他配套设施方面都需要大规模的投资,其投资成本远超过其他一次能源,所以新能源产品从市场的角度分析定价也较高,比传统的化石能源价格要高很多,消费者通常无法接受。在经济性上与传统一次能源相比没有竞争力,这也是新能源产品不能较快商品化和产业化发展的原因。这就需要国家针对新能源出台较为完善的定价机制。虽然我国近年来也出台了一些相关的定价政策,但是效果并不明显,需要借鉴国外先进经验,采取合理的新能源定价机制。法国在新能源定价方面建立了健全的能源价格体系,在新能源发电方面自 2011 年开始,对不同类型的新能源发电的上网设定了不同的价格和有效期,对装机容量小于 12 兆瓦的新能源发电厂的上网设定了较高的价格。并且在 2000 年和 2004 年通过了法令对管制电价设定了相关规定,从 2007 年开始在之前法令的基础上创建了过渡管制市场调节电价体系。

2. 优化产业结构

中部地区六省的产业结构不合理,在研究期间内各省的产业结构水平虽然得到了一定程度的优化但仍落后于全国平均水平,与东部地区相比差距很大。农业所占比重过大,各省中只有山西省的农业比重较低,同时工业化进程发展缓慢,现代服务业发展滞后。第三产业中湖南省的发展速度最慢。另外,各省中工业内部结构以高能耗和高污染行业为主,高能耗和高污染行业增长快,在工业生产过程中排放了过多的污染物,造成了严重的环境污染。这种产业结构的发展将来会受到资源和环境的严重制约,不具有可持续发展性,将会造成资源的极大浪费和环境的严重污染,因此亟须转变发展方式,调整产业结构和工业内部结构。

1)高碳产业的低碳化

产业结构是与一定的经济发展阶段相适应的,我国目前处于工业化进程的中后期,这一发展阶段决定了目前的产业结构是以第二产业为主,工业在国民生产总值中所占比重大,这个产业结构特征不是短时期内能够转变的。中部地区六省长期以来以煤炭、电力和化工产业为主的产业布局特征明显,这些产业也都是各省的支柱产业,而且这种高能耗、高污染产业在研究期间内没有明显改善,依然是各省的支柱产业。例如,湖北省在研究期间内汽车、冶金、化工、建材依然是其支柱产业,这类行业在国民生产总值中的比重没有明显下降的趋势。因此,在短时间内优化产业结构较为可行的措施是针对这些产业进行低碳化发展,即高碳产业的低碳化发展。第一,针对传统的高能耗、高污染产业,运用先进的生产工艺进行低碳化改造,进一步推进节能减排工作,降低单位产值的碳排放量和能源消耗量,提高产品的低碳含量,实现传统产业的低碳化生产过程;第二,淘汰落后产能和高能耗、高污染、低产值的行业,提高市场准入标准,建立清洁生产机制,逐步实现和加快传统高碳产业的低碳化发展。

2）根据自身优势发展战略性新兴产业

根据 2010 年国务院发布的《国务院关于加快培育和发展战略性新兴产业的决定》，战略性新兴产业是指节能环保、新一代信息技术、生物、高端装备制造、新能源、新材料和新能源汽车等产业。这些产业具有知识技术密集度高、物质消耗低、成长潜力大和综合效益高的特点，符合产业低碳化发展的要求，可以缓解目前各省发展所面临的巨大的资源和环境压力，形成新的经济增长点，促进资源节约型和环境友好型社会的发展。扶持和壮大战略性新兴产业的发展能够在一定程度上优化产业结构，降低单位 GDP 的能源消耗和碳排放量，提高单位 GDP 的科技含量，实现产业的低碳化发展。各省应结合自身的情况选择和发展具有低碳性质的战略性新兴产业。湖北省应结合自身的优势，大力发展低碳农业、电子信息业、低碳装备制造业、生态文化旅行和金融服务业。作为全国重要的农产品基地，湖北省的农产品产量和农业综合实力已经位于全国前列，应进一步发展低碳农业。目前湖北省在电子信息业方面已经有了很大发展，科研实力雄厚，应以此为基础进一步发展电子信息业，同时依托现有的新能源装备基础优势，大力发展风电机组、核电设备和太阳能电池板等产业。

8.1.2　产业技术政策

产业技术政策是指，政府从科学技术的角度为促进产业的发展而采取的政策，包括技术发展规划、技术引进政策、技术开发政策和技术结构政策。受资源禀赋的约束，煤炭在中部地区六省中的主导地位将会持续很长时间，以煤炭为主的能源格局在短时间内难以改变，太阳能、风能和生物质能等新能源受成本的影响，商品化和产业化目前还存在很大的难度，无法取代煤炭、石油和天然气在工业生产与生活中的作用。因此，通过采取一定的技术政策对化石能源的利用进行改造以提高能源利用效率，在产业低碳化的发展过程中具有十分重要的作用。

1. 新能源技术

新能源技术是产业技术中的重要组成部分，属于能源供应环节的低碳技术，在能源使用环节的技术主要是节能减排技术。新能源技术主要包括风力、太阳能、核能、生物质能、潮汐能等清洁能源的利用技术，新能源技术具有无碳排放特征，是决定新能源是否能替代化石能源的关键因素。目前，中部地区六省的新能源技术开发已经取得了一定成效，为有效降低化石能源在能源消费结构中的比重及减少工业生产和消费过程中的碳排放做出了一定的贡献，但仍然面临成本高和难以产业化等问题，在未来仍然需要投入较多资本以大力发展。

1）太阳能技术

太阳能技术主要包括太阳能光伏电池技术、热发电技术和太阳能建筑一体化技术等，其中以太阳能光伏电池技术最为关键，是太阳能能否实现光电和光热能量转换的决定性技术。经过近些年的发展，我国太阳能光伏电池技术已经较为成熟，太阳能光伏电池产业产量高，市场供给充足，世界40%左右的太阳能光伏电池是由我国所生产的。但在发展过程中面临一些困难，第一，国内市场需求不足。虽然太阳能光伏电池供给充足但国内需求增长缓慢，造成产能过剩的问题，产品主要依靠出口。第二，我国太阳能产业自主创新能力不强，核心技术主要依靠国外，在设备制造等关键环节与国际先进水平有较大的差距。第三，利用太阳能发电的成本较高，比火电和水电的成本都高，光伏发电的产业化面临较大的成本问题。因此未来还需要加大对太阳能技术的补贴和研发力度，一方面要加大财政资金补助力度；另一方面也要附加可再生能源支持项目。

2）风电技术

近年来我国风电产业发展较快，风能发电装机规模呈现快速发展的势头，无论是装机总量还是增长速度均较高。2008年我国的风能发电装机总量位于全球第四，占全球风能发电装机总量的10%，2010年年底，风能发电装机总量已经上升为全球第二，仅次于美国，成为世界风能发电第二大国。中部地区六省中江西省的风电产业发展较快，在2011年全国各省（直辖市、自治区）风力发电年平均利用小时数中排名第三，风电利用率高，在全国的风电发展中位于前列。江西省利用风能资源丰富的资源禀赋优势大力发展风能，目前风力发电的产业集聚效应已经形成。2013年江西省又在九江、赣州、吉安、南昌和宜春增加了12个风力发电项目，风力发电项目将得到进一步发展。但目前由于政策扶持和财政补贴的过度，风电产业的发展和市场化遇到了瓶颈，应通过技术创新和税收等手段综合促进风电产业的健康、绿色发展。

3）核电技术

经过近40年的努力我国的核电已经有了很大的发展，具备了一定的自主研究和开发能力，核电技术不再全部依靠国外先进技术，我国的核电技术日渐成熟。在国家大力发展新能源技术的支持下，我国的核电发展迅速，目前已经成为全球核电在建规模最大的国家。虽然核电初期的投资大、建设周期长，但从长期来看具有较大的价格优势。已经建成投入运行的包括秦山核电站、大亚湾核电站和岭澳核电站已经开始为周边地区供电。中部地区湖北省依靠湖北省第二大水库即富水水库的资源优势，已于2009年开始投入建设第一个内地核电站——咸宁核电站，该核电站是全球核电市场中安全性最高和设计理念最先进的核电站，建成后对优化全国电源布局、提高电网安全稳定运行、缓解湖北运输压力具有重要意义。但目前我国在核电技术的关键设备的制造方面自主研究能力不够，需要依赖进口，而且面临原料稀缺的问题。因此未来一段时间内还需要全面提高核电核心技术的研发能力，并通过各种手段解决原料的供应问题。

2. 节能减排技术

中部地区六省的能源结果中煤炭占有非常大的比重，是促进各省经济发展的主要行业，而且这一特点将长期存在。因此，提高能源利用效率对中部地区六省的重要性不言而喻。各省可以借鉴发达国家和典型发展中国家在这方面的先进经验：美国为节约能源和推广新能源产品采取了需求侧管理政策；英国对工业企业现有设备的节能改造提供了较大的财政资助，并为中小企业获取高效能源技术提供无息贷款政策；新加坡在提高能源效率方面实施了能效设计计划、能效改进援助计划、能效技术资助和注册能源管理师培训资助四个方面的措施。并且这些国家非常注重节能政策和节能知识的宣传与推广工作。我国自1997年以来也出台了许多旨在提高能源效率的政策措施，并在努力完善能源效率标识制度，并通过实施节能产品、惠民工程等大力推广和宣传高效节能产品在全国范围内的使用。对中部地区六省来说，推进煤炭技术的研发水平和促进煤炭技术的产业化十分关键，发展和推广洁净煤技术将成为未来一段时间内各省提高能源效率与改善能源结构的重要任务。另外，通过在钢铁、有色金属、轻工业和纺织业等高能耗、高污染行业淘汰落后产能，实现节能减排也是重要途径，也是实现节能减排任务的重要手段。

3. 碳捕捉与封存技术

碳捕捉与封存技术是将生产和消费过程中产生的碳排放进行收集、运输并存储，以实现CO_2与大气长期隔离的过程，它是低碳技术的重要内容，是实现低碳发展和发展低碳经济的重要途径。根据国际能源署的预测，到2050年碳捕捉与封存技术将可能成为减少碳排放的最重要的单个技术，对减少碳排放的技术贡献较大，在零排放和负排放的减排情境下，该项技术将成为必然选择。碳捕捉与封存技术将有效地帮助我国实现碳排放的减少，有利于我国的燃煤发电和煤化工清洁化与低碳化发展，在一定程度上保证能源安全的同时积极应对气候变化。目前世界上主要的发达国家和部分发展中国家及地区已经投入到对该项技术的研发中，美国、欧盟、澳大利亚、挪威等国家或地区都已经针对该项技术制订了相应的研究规划。美国2005年已经开展了25个CO_2地下构造注入、储存与监测的实验，2009年由美国能源部正式开展了碳捕捉与封存技术的研究和开发项目。我国也非常重视该项技术的研发工作，已作为前沿技术被列入到国家中长期科技发展规划中。2008年国家科学技术部将碳捕捉与封存技术作为控制温室气体排放和减缓气候变化的技术重点，将其列入专项行动的四个主要活动领域之中，中国石油天然气集团公司也率先在国内开展了利用碳捕捉与封存技术来提高油田采集率的研发工作。

8.2 促进产业低碳化的财政政策

产业低碳化发展离不开国家财政政策的大力支持，产业低碳化的关键在于优化能源结构和产业结构，核心是低碳技术，通过新能源技术、节能减排技术和去碳技术实现能源结构与产业结构的优化，逐步降低化石能源在能源消费总量中的比重，降低能源使用过程中的含碳量，并通过发展具有低碳性质的产业优化产业结构。但这些低碳技术的开发成本非常高，单靠企业融资无法实现，需要各级政府提供大量的财政支持。政府加大对低碳发展的资金投入是国外促进产业低碳化发展的普遍做法，通过加大政府对低碳产业、低碳技术创新和低碳消费的财政投入力度，一方面鼓励企业研发和生产具有低碳性质的产品，另一方面鼓励大众消费节能和环保产品。同时，采取财政补贴的手段加大企业对传统产业的低碳化改造和低碳技术研发，对消费低碳产品的公众给予一定的财政补贴以促进低碳消费。财税政策具体包括政府预算拨款、财政补贴、税收优惠政策和征收碳税及相关税等方面。

8.2.1 政府预算拨款

美国在低碳领域的研究和开发方面每年都安排很多预算，并实施多项政策措施支持新能源技术和节能减排技术的发展，对风力发电的项目补贴较高、先后对农业部清洁能源系统、能源效率改进项目、智能电网技术研究和开发、小企业清洁能源技术商业化项目提供大量的财政资助。德国对低碳技术的研究和开发资助的力度也很大，在新能源技术等能源领域给予了大力支持，与其他国家不同的是德国建立了非常完善的能源研究资助体系，该体系覆盖包括太阳能光伏发电、太阳能发电、太阳能热电厂、地热发电、水电和海洋发电等几乎所有能源种类。在该能源研究资助体系下，出台了很多关于能源的综合研究计划。通过这一系列的措施，目前德国在可再生能源领域的研发水平处于全球领先地位。各国政府在低碳领域的财政预算拨款每年都在递增，仅2008年美国、日本和德国对新能源技术的研发与示范的投入就已经高达24.55亿美元、31.19亿美元和4.59亿美元。

我国对低碳发展的拨款力度也很大，2006～2007年，国家发展和改革委员会对风力发电、太阳能光伏发电和太阳能热利用技术装备等新能源急需发展的产业安排了2.2亿元的资金，并同时带动了50多亿元的社会资金参与其中。2009年又安排了 2100 亿元的资金用于节能减排。同时各级政府也加大了对低碳领域的财政支出力度。安徽省在 2007～2009 年安排了 7.99 亿元的资金，淘汰了一批小水泥和小冶炼等高碳落后产能，省财政每年安排大量资金用于传统高碳产业，如钢铁、化工和水泥进行节能技术改造和环保基础设施建设。但与发达国家相比，我国用于低碳领域的预算拨款比重提高的空间还很大，应进一步加大对新能源、节能减排和去碳技术、低碳领域的财政支持力度。

8.2.2　财政补贴

发达国家在低碳发展方面，除了安排大量的预算拨款外还进行一定的财政补贴。美国对新能源产业和节能减排方面每年都有大量的财政补贴，以保障美国能源安全和减少温室气体的排放。美国政府对风力发电的补贴逐步加大，并且规定每个受助项目的前十年都可以享受到该种补贴。2009 年针对低收入家庭实施了不受气候影响的援助计划，对低收入家庭提供不受气候影响的大幅度补贴。早在 2002 年和 2004 年，英国就针对家庭微型发电项目和房屋住户的节能举措进行了较大幅度的补贴，并在 2010 年又向海上风力技术发展提供 1000 万英镑的补贴。对于购买新能源汽车，日本早在 1999 年就已经开始对购买新能源汽车的消费者进行补贴，而且 2008 年又对引进节能设备、节能项目和技术的工业、商业、交通部门进行一定数额的财政补贴。我国也实施了一系列措施对环境和资源领域的低碳发展进行财政补贴，2009 年 6 月，国家发展和改革委员会规定了对可再生能源的电价补贴范围。但是目前我国的财政补贴仍存在一些问题，表现在财政补贴对低碳发展的作用不明显及对传统化石能源的补贴过高，从而导致新能源的发展受到限制等问题。因此，应进一步完善财政补贴机制，稳定低碳领域的资金收入来源，以充分发挥财政补贴对产业低碳化发展的作用。

8.2.3　税收优惠政策

通过对发展低碳领域的主体实施税收优惠政策，鼓励企业研发和生产具有低碳性质的产品，同时激励消费者进行低碳消费，促进全社会参与节能减排，是实现减少碳排放和实现产业低碳化发展的重要经济手段。可以考虑多种方式的税收优惠政策：首先，对涉及低碳性质的产品生产实施减免税政策，如对生产新能源汽车、太阳能光伏产业、节能环保领域的投资等，对生产节能型家电的厂商给予一定的减免税额度，同时对使用节能设备和购买节能建筑的消费者给予减税优惠，鼓励消费者购买节能产品进行低碳消费。其次，对采购节能减排和新能源技术与设备的企业实施加速折旧政策，在设备普通折旧的基础上再按照一定的比率加速折旧，或给予高于一般设备的折旧率，用以鼓励企业购买节能减排和新能源设备。可在此基础上进一步扩大加速折旧的设备范围，对购买提高能源效率而投资的设备相关的无形支出也给予加速摊销，如购买设备的可行性研究费用支出和谈判成本等。最后，对投资提高能效和新能源设备的企业实施税前扣除政策，即根据企业的投资成本来计算税前投资额度，根据企业购置的节能减排设备和技术，可以从当年企业的税前利润中设定一定比率的成本从该利润中扣除，同时政府规定可以享受税前扣除的设备类型。

8.2.4 征收碳税及相关税

碳税是为应对气候变化和减少温室气体排放而针对化石能源的使用征收的一种税，主要是按照化石能源的含碳量或碳排放量而征收。碳税最早在北欧国家开始征收，后来逐步推广到欧盟一些国家。目前我国已经具备开始征收碳税的条件，但在操作过程中要注意以下几点。

（1）合理确定碳税征收的对象和范围。包括在生产过程中因使用化石能源而排放 CO_2 的企业和在生活中因消耗化石能源而产生碳排放的个人。

（2）选择合理的碳税征收依据和碳排放量计算方法。选择能充分反映市场波动性的依据，如根据化石能源的市场价格。目前计算碳排放量的方法有很多，应选择能综合反映能源生产和使用环节的计算方法，或依据联合国政府间气候变化专门委员会提供的计算方法，但在使用该方法时注意尽可能多地把能源品种纳入进来。

（3）选择合理的利率形式。碳税的税率包括定额税率和定率税率两种形式，这两种税率形式各有利弊。定额税率的好处是比较容易计算碳税，但化石能源价格具有较大的波动幅度而导致定额税率调整的困难大；而定率税率则比较容易根据化石能源价格的波动而相应地做出调整。

（4）碳税利率水平的合理确定。制定碳税利率需要综合考虑多种因素，在制定时要遵循以下原则。第一，使 CO_2 的边际成本能够最大限度被体现出来，即所征收的碳税能够对碳排放的主体产生作用。第二，需要考虑到碳税对整个宏观经济和产业发展的影响，能够促进而不是阻碍产业的健康、绿色发展。第三，应该对不同的能源品种制定不同的碳税利率，实行差别利率政策，如根据能源品种含碳量的差异来制定碳税利率等。第四，利率水平应该遵循循序渐进提高的原则，避免对经济造成过大的冲击。

（5）碳税收入的使用。征收的碳税应该用于提高能源效率、新能源技术和设备、碳捕捉与封存等节能减排和控制温室气体排放的领域，以实现征收碳税的初衷。同时碳税的收入应该归属于中央税，由中央统一进行碳预算和使用。

8.3　促进产业低碳化的碳交易政策

碳交易是指买方为了获得温室气体减排额和排放温室气体的权利而向卖方购买合同的行为，通过这种方式买方可以兑现减少温室气体的承诺。碳交易市场上的产品包括配额、减排量、衍生产品和各种碳保险产品及结构性产品。建立和完善碳交易市场是应对气候变化的重要措施，2011 年我国提出要建立碳排放权交易市场，2008~2010 年我国地方先后成立了北京环境交易所、上海环境能源交易所、天津排放权交易所、湖北环境资源交易中心、昆明环境能源交易所和大连环境交易所，2011 年国家在部分省市设定了碳排放权交易试点。目前我国明确研究建立全国性的碳排放权交易市场，以推动节能减排工作和控制碳排放。我国建立碳排放权交易市场应注意以下几点。

8.3.1　制定合理的碳排放权定价

碳排放权交易是指排污单位把政府给予的污染物排放权当成一种商品进行买卖的行为，通过出售剩余的污染物排放权而获取经济回报，而温室气体的排放者也通过这种方式对其排放的超出规定额度的温室气体付出经济代价，目的是在大范围内实现污染物的总量控制目标。通过这种方式会极大地鼓励生产者在生产过程中采用低碳技术和设备进行生产。而碳排放权的定价是碳交易市场构建的难点。首先，碳排放权应该从生产者的角度入手，也就是由购买碳排放权的那一方决定，因为生产者是基于实现自身利润最大化而进行这种购买行为的。其次，如果是基于生产者的角度对碳排放权进行定价，交易中的碳排放权的产出弹性会与碳排放权的价格有很大关联。从现金流的视角上分析（假定碳排放权是一种生产要素），生产者用来购买碳排放权的资金应该与该碳排放权未来产出的贴现相等。

8.3.2　实行统一的碳排放标准

目前我国的碳交易市场试点工作进展顺利，各交易所发展势头较好，但也存在一些问题。比较明显的表现为没有统一的碳排放标准，各交易所都是根据自己研究制定的碳排放标准和配额进行碳排放权的交易。而各交易所的研究都是出于初期的摸索阶段，还不够不成熟，因此这种情况会导致各地区催生区域性和地方性的碳交易市场。这样不但不利于形成全国性统一的碳交易市场，而且给与国际碳交易市场的接轨带来很大阻碍。因此，各环境和碳排放交易所应尽快统一碳排放标准，为各碳交易所的健康可持续发展提供保障。

8.3.3　建立多层次的碳交易市场

根据我国实际情况，未来碳排放交易市场应该是多层次的，包括两个方面：第一，分别建立区域性和全国性碳交易市场。由于经济发展阶段和能源结构的不同，我国的温室气体排放呈现出明显的区域特征，表现为东部、中部、西部地区递减的趋势，各区域之间的碳排放量差别非常大，即使是同一区域内部的碳排放差距也很大。因此，应根据不同区域的碳排放情况和所承担的碳减排责任，建立不同的区域性碳交易市场。在建立区域性碳交易市场的基础上也应该建立全国性的碳交易市场，实行统一的碳排放标准，以实现碳排放交易市场与国际接轨的目标。第二，需要建立综合性和专业性两种碳交易市场。综合性碳交易市场一方面是指在建立和完善碳交易市场的基础上建立环境排放权交易市场，甚至是节能减排领域的交易市场。另一方面是指建立广义上的碳交易市场，即从碳交易和碳金融市场的基础上进一步延伸到低碳领域的技术和设备市场。而专业性的碳交易市场是从行业或领域角度提出的，主要是基于碳排放的碳源和行业之间的差别角度来考虑的，而且行业减排也是总体碳减排管理的重要组成部分。

8.3.4　完善碳交易市场体系

目前我国的碳交易市场虽然已经通过试点有了一定的进展，成交额在上升，但仍然存在一些问题。碳交易市场的主体分散导致碳交易的信息零散，参与买卖的双方得到的交易信息非常有限，而且议价能力不强，无论是碳交易平台水平还是市场的软硬件配置跟国际碳交易市场相比有很大的差距。因此，应尽快完善碳交易市场。

首先，完善碳市场交易体系。作为碳市场的注册与结算平台，碳市场交易体系是开展碳交易的重要组成部分，是保障碳交易能够高效和以较低成本进行的重要因素。上海环境能源交易所、北京环境交易所和天津排放权交易所分别建立了世博自愿减排平台、现货电子交易平台用以保障碳交易的顺利进行。美国、欧盟和澳大利亚也都建立了碳市场的交易平台。

其次，完善信息体系平台。碳交易市场的信息体系平台是进行碳交易的基础和基本组成部分。买方和卖方根据碳交易市场的排放信息和减排信息决定是否进行交易，排放信息和减排信息的数量、质量及时效性是决定碳交易是否能顺利进行的决定性因素。但由于碳交易市场上产品的特殊性，该市场上的信息严重不对称，表现为作为碳配额和碳排放权、碳减排的项目信息和政府规制中的信息不对称。因此，应进一步完善碳交易市场的信息体系平台，以促进碳交易市场的顺利发展。

最后，完善制度体系平台。为保障碳交易市场的健康发展，有必要建立和完善碳交易市场的制度体系平台，保护交易参与者的合法和公平权益。随着碳交易市场的发展，关于碳交易及碳金融方面的交易活动也在逐渐增加，如果碳交易市场的制度体系不完善则有可能引发金融风险，造成不必要的损失。因此，应从碳交易市场的规则制定、碳排放总量的制定（完善碳排放标准）、碳排放权的分配及碳排放量的核证等方面考虑，来完善碳交易市场的制度体系平台建设。

8.3.5　进一步完善清洁发展机制

清洁发展机制是《京都议定书》设立的一种全球温室气体减排的机制，是通过发达国家向发展中国家提供资金和技术，从而帮助发展中国家减少温室气体排放的机制。该机制为我国引进先进的低碳技术提供了良好的机遇。经过近些年的努力，我国清洁发展机制已经取得了很大进步，成为全球清洁发展机制和核证温室气体减排量的最大供应方。清洁发展机制为我国控制温室气体排放和促进产业的低碳发展提供资金支持的同时，也为我国的碳排放交易市场培养了一大批人才。但清洁发展机制也存在一些问题，其内在的问题在一定程度阻碍了我国的低碳发展，并且面临大量隐藏风险的威胁，如清洁发展机制交易成本非常高，而且我国在实际上是处于该机制全球交易的最低端，没有掌握清洁发展机制的话语权。

完善清洁发展机制可以从以下几个方面着手：第一，平衡项目的分布。提高农林类项目和能源利用效率方面项目在总项目中的比重，加强这两方面项目的研究和开发力度，并根据各地方的具体情况具体实施项目。加强注册签发较少但项目申请较多地方的项目实施能力，采取一定的措施促使项目较少的地区多申请项目。第二，在理论方法和规范研究方面，加强对清洁发展机制的研究和开发力度，简化项目的审批程序，提高项目操作程序和透明度，减少清洁发展机制项目的交易成本，降低该机制给我国企业带来的风险。第三，争取在清洁发展机制交易中的话语权，争取更多机会参与到产品标准制定和评估中，在产品的定价上有更多的话语权，以降低清洁发展机制的风险和可能的隐患。

8.4　促进产业低碳化的国际合作政策

8.4.1　完善国际低碳技术合作与转让机制

目前我国的低碳技术通过自主创新和低碳技术引进有了一定的发展，但是跟发达国家相比差距还非常大。我国整体的能源利用效率远低于发达国家，化石能源低碳化和新能源技术也有较大差距,需要进一步加强与国际合作以引进先进技术,加快实现温室气体减排的目标。而发达国家目前面临更大的节能减排压力,迫切需要寻找减排市场。因此,建立和完善有效的低碳技术合作与转让机制是发达国家和发展中国家应对气候变化的共同意愿。但由于发达国家在低碳技术市场方面处于垄断地位,先进的提高能效技术和新能源技术掌握在发达国家手中,发展中国家进入低碳技术市场的难度提高,低碳技术的信息不对称也会增加技术转让的成本。另外,发展中国家在政策方面给予的支持力度不够大,不能充分吸收发达国家转让的先进技术,在一定程度上影响了技术转让的进程。我国应尽快完善低碳技术的国际合作与转让机制以更好地应对气候变化。

首先,要借鉴发达国家的经验。完善相关的低碳技术国际合作方面的制度政策,减少和消除技术合作中存在的政策障碍,为本国企业引进先进低碳技术提供良好的条件,在政策上给予优惠。美国的部分地区和欧盟制定了将减排目标分解到企业的政策,通过这种政策增加了企业面临的减排压力,从而促使企业通过与发展中国家合作获取碳排放权和实现碳排放的减少。其次,要推动和加深政府间合作。政府间合作是推动低碳技术引进和转让的主要推动力。通过拓宽政府间国际合作机构功能,加强关于低碳技术合作的多边和双边合作等措施,推动低碳技术合作与转让机制的发展。不仅要加强同发达国家的合作,也要与在低碳技术领域领先的发展中国家合作。最后,要促进企业间的低碳技术合作与转让。企业是实施节能减排和控制温室气体排放的主要参与者,合作双方企业的参与对国际低碳技术合作越来越重要(薛勇等,2011)。

8.4.2 全球碳预算

全球碳预算是指碳排放权在不同国家和地区的分配政策及机制,是对全球碳排放额度的一种量化限制,不仅是全球碳交易市场发展的依据和基础,也是各国家和地区实现温室气体减排目标的基础性制度。碳排放权的分配原则决定各国得到的碳排放权的分配目标和分配结果,直接影响到各国家和地区的切身利益与经济发展水平。全球碳预算在发达国家与发展中国家、发展中国家和发达国家内部都存在利益与矛盾分歧。现行的碳预算政策是在《京都议定书》和《联合国气候变化框架公约》的机制上建立起来的,后来在此基础上又衍生出包括欧盟排放交易体系在内的政府间和区域间的碳预算计划或体系。全球碳预算应该坚持共同但有区别的责任。

完善全球碳预算政策需要综合考虑碳预算总额、转移协调、初始分配及碳预算的失衡原因。如果以人口为分配标准确定碳预算的初始分配,进而确定各国的初始碳预算额,则应该在人口标准的基础上把自然资源、地理和气候等因素综合考虑进行一些调整，包括增加寒带地区、人口密度低和单位能源碳强度较高的国家的碳预算。另外，确定初始碳预算时需要考虑国家的历史碳排放。因为目前的温室气体大多是由发达国家在工业化过程中排放的，发展中国家占的份额较少，相应地在确定碳预算时，发展中国家的预算应该高于发达国家，以保证发展中国家的经济社会发展。另外，需要完善全球碳预算转移机制，目前国际碳排放贸易、清洁发展机制和联合履约机制是国际社会通行的碳预算转移机制，依靠碳项目市场和碳配额作为市场平台发展，未来应考虑国际碳配额交易，深入发展全球碳预算。

参 考 文 献

安伟.2005.绿色金融的内涵、机理与实践初探.经济经纬,（5）:156.

鲍健强,苗阳,陈锋.2008.低碳经济:人类经济发展方式的新变革.中国工业经济,（4）:158-159.

蔡芳.2008.环境保护的金融手段研究——以绿色信贷为例.中国海洋大学博士学位论文.

蔡景庆.2009.经济危机视域下的长株潭"两型"产业构建.湖南行政学院学报,（5）:35-36.

柴建,郭菊娥,席酉民.2009.我国单位 GDP 能耗的投入占用产出影响因素分析.管理科学学报,
　　（10）:140-147.

陈茜,苏历阳,汝醒君.2010.发达国家不同发展阶段碳排放与经济增长的英国分析.生态经济,
　　（4）:52-55.

陈诗一.2010a.中国的绿色革命:基于环境全要素生产率视角的解释（1982—2008）.经济研究,
　　（11）:21-34.

陈诗一.2010b.节能减排与中国工业的双赢发展:2009—2049.经济研究,（3）:129-143.

陈锡康,曹居中,薛新伟,等.1992.中国城乡经济投入占用产出分析.北京:科学出版社:23-45.

陈锡康,王会娟.2010.投入占用产出技术的若干重要应用.管理学报,7（12）:1737-1740.

陈锡康,杨翠红.2002.农业复杂巨系统的特点与全国粮食产量预测研究.系统工程理论与实践,
　　（5）:108-110.

邓心安.2009.新型农业体系:基于生物经济的农业发展范式.农业现代化研究,（1）:14.

范柏乃,张维维,贺建军.2013.我国经济发展测度指标的研究评述.经济问题探索,（4）:135-140.

范金,沈洁,包振强,等.2001.生态经济投入占用产出的多目标优化模型及求解.系统工程理论
　　与实践,（5）:75-81.

方时姣.2010.绿色经济视野下的低碳经济发展新论.中国人口·资源与环境,（4）:8-11.

付允,马永欢,刘怡君,等.2008.低碳经济的发展模式研究.中国人口·资源与环境,（3）:14-19.

何传启.2002.第二次现代化理论与中国现代化.中国国情国力,（10）:50-52.

何晓群.2012.多元统计分析.北京:中国人民大学出版社:114-125.

黄丹蕾.2009.全球碳补偿交易市场老大看好中国.http://news.xinhuanet.com/fortune/2009-
　　06/19/ content_11569406.htm[2009-06-19].

黄桂然.2014.中部六省产业低碳化进程研究.武汉大学博士学位论文.

黄金川,方创琳.2002.城市化与生态环境交互耦合机制与规律性分析.地理研究,22（2）:211-220.

简新华,叶林.2009.论中国的两型社会建设.学术月刊,（3）:65-66.

金涌,王垚,胡山鹰,等.2008.低碳经济:理念·实践·创新.中国工程科学,（9）:12.

鞠美亭,盛连喜.2008.产业生态学.北京:高等教育出版社:131-135.

孔志鹏.2011.我国经济系统的物质流核算与循环结构研究.上海交通大学博士学位论文.

李宝瑜,李丽.2008.我国资源节约型社会进程指数设计.统计研究,（6）:21-22.

李桂香.2008.基于模糊综合评判的山东省资源节约型社会评价研究.山东师范大学学报,（2）:

58-59.

李国志, 李宗植.2010.中国二氧化碳排放的区域差异和影响因素研究.中国人口·资源与环境, (5): 22-27.

李岩, 郭秀珍.2007.资源节约型社会指标体系与评价体系研究.统计与决策, (19): 74-75.

李映红.2009.论消费范式及其生态学转向.云南社会科学, (4): 38.

"'两型'社会建设指标体系研究"课题组.2009. "两型"社会综合指标体系研究. 财经理论与实践, (3): 114-117.

林伯强, 蒋竺均.2009.中国二氧化碳的环境库兹涅茨曲线预测及影响因素分析.管理世界, (4): 27-36.

林伯强, 黄光晓. 2011.梯度发展模式下中国区域碳排放的演化趋势——基于空间分析的视角金融研究, (12): 35-46

林善炜, 周松峰.2006.环境友好型产业.北京: 中国环境科学出版社: 33-49.

刘传江. 1999. 世界城市化发展进程及其机制.世界经济, (12): 36-42.

刘传江. 2010a. 生态文明建设呼唤经济发展范式转型.和谐, (6): 55-59.

刘传江. 2010b. 低碳经济发展的制约因素与中国低碳化道路的选择.吉林大学社会科学学报, (3): 146-152.

刘传江. 2013. 发展生态文明亟需明晰十大认知. 世纪行, (10): 34-37.

刘传江, 侯伟丽.2006.环境经济学.武汉: 武汉大学出版社: 8-11.

刘传江, 黄桂然, 章铭.2013.我国中部六省碳排放量影响因素分解分析.技术经济, 32(1): 101-105.

刘传江, 王婧. 2011.生态文明的产业发展.北京: 中国财政经济出版社: 11-29.

刘起运. 2003. 投入占用产出模型中的存量与流量.经济理论与经济管理, (1): 19-22.

刘起运.2005.投入占用产出模型透析.经济理论与经济管理, (1): 11-16.

刘思华, 方时姣.2012.绿色发展与绿色崛起的两大引擎——论生态文明创新经济的两个基本形态.经济纵横, (7): 38-43.

刘晓洁, 沈镭.2006.资源节约型社会综合评价指标体系研究.自然资源学报, (3): 384.

刘新建. 1996. 人力资源动态投入占用产出分析模型探讨.数量经济技术经济研究, (3): 21-25.

刘秀丽, 陈锡康.2003.投入产出分析在我国九大流域水资源影子价格计算中的应用.管理评论, 15 (1): 49-53.

刘遵义, 陈锡康, 杨翠红. 2007.非竞争型投入占用产出模型及其应用——中美贸易顺差透视.中国社会科学, (5): 91-93.

马丹丹. 2012. 中国全要素生产率的测算及影响因素分析.浙江工商大学硕士学位论文.

乔臣. 2006. 经济现代化范式理论及其模型建构. 湖北经济学院学报, (3): 75.

秦耀辰, 牛树海. 2003. 生态占用法在区域可持续发展评价中的运用与改进.资源科学, (1): 1-8.

曲格平. 2007. 内外均衡, 一体循环——循环经济的经济学思考.天津: 天津人民出版社: 2.

申世军. 2006. 经济与社会发展新范式.中国学术论坛, (4): 72.

沈满洪, 何樟勇, 李建琴.2002.经济可持续发展的科技创新.北京: 中国环境科学出版社: 49-50.

沈满洪.2001.环境经济手段研究.北京: 中国环境科学出版社: 148.

沈满洪.2006.发展循环经济的战略思考——以浙江工业企业为例. 学习与实践, 2006, (11): 45-49.

沈满洪, 陈凯旋, 魏楚, 等. 2007.资源节约型社会的经济学分析.北京: 中国环境科学出版社: 268-274.

石风光，何雄浪.2010.全要素生产率、要素投入与中国地区经济差距的动态分布分析.南京社会
　　科学，（2）：24-29.

宋德勇，卢忠宝.2009.中国碳排放影响因素分解及其周期性波动研究.中国人口·资源与环境，
　　（3）：18-24.

宋晓华.2008-04-05.听英国专家细释"低碳经济".新华日报，第 A02 版.

孙文生.1997.中国城市水平与经济发展水平研究.河北农业大学学报，20（3）：98-102.

谭丹，黄贤金.2008.我国东、中、西部地区经济发展与碳排放的关联分析及比较.中国人口·资
　　源与环境，18（3）：54-57.

汤尚颖.2008.武汉城市圈"两型"社会体制机制建设初探.湖南社会科学，（5）：120-121.

涂正革，谌仁俊.2012.中国碳排放区域划分与减排路径——基于多指标面板数据的聚类分析.中
　　国地质大学学报（社会科学版），（6）：7-13.

王兵，王丽.2010.环境约束下中国区域工业技术效率与生产率及其影响因素实证研究性.南方经
　　济，（11）：3-19.

王兵，吴延瑞，颜鹏飞.2010.中国区域环境效率与环境全要素生产率增长.经济研究，（5）：95-109.

王锋，吴丽华，杨超.2010.中国经济发展中碳排放增长的驱动因素研究.经济研究，（2）：123-136.

王会娟，陈锡康.2009.扩展的非竞争型能源投入占用产出模型.系统科学与数学，29（11）：
　　1447-1456.

王军.2011.我国低碳产业发展的问题与对策研究.理论学刊，（2）：47.

王鹏.2009.对"两型社会"内涵的再思考.北方经济，（1）：5-6.

王前军.2008.国际环境合作问题分析.北京：中国环境科学出版社：23-27.

吴季松.2006.循环经济综论.北京：新华出版社：10.

吴敬琏.2009.内地经济模式转型面临体制障碍有开倒车现象. http：//finance.ifeng.com/hybd/
　　special/8thleader/20091206/1547464.shtml[2009-12-06].

吴娟.2008.长株潭城市群"两型"社会产业评价体系及政策研究.湖南师范大学博士学位论文.

谢朝武.2009.旅游业循环经济发展观、伦理观与产业范式.人文地理，（5）：19.

许俊杰，宋仁霞.2008.构建资源节约型社会的评价体系.统计研究，（3）：108.

许小雨.2011.长三角全要素生产率的测算及影响因素分析.南京大学硕士学位论文.

薛勇，郭菊娥，孟磊.2011.中国 CO_2 排放的影响因素分解与预测.中国人口·资源与环境，（5）：
　　106-112.

杨骞，刘华军．2012.中国二氧化碳排放的区域差异分解及影响因素——基于 1995—2009 年省
　　际面板数据的研究.数量经济技术经济研究，（5）：36-49.

杨艳琳，占明珍.2009.中部地区的资源与环境管理制度创新研究.学习与实践，（7）：19-20.

杨振.2011. 我国经济发展与能源消费脱钩潜力评价.甘肃科学学报，（3）：139-142.

叶庆红，江宁.2009."两型"社会建设统计评价指标体系研究.统计与决策，（17）：28-30.

尤艳馨.2007.我国国家生态补偿体系研究.河北工业大学博士学位论文.

岳超等.2010.1995-2007 年我国省区碳排放及碳强度的分析.北京大学学报（自然科学版），（4）：
　　510-516.

王美红，孙根年，康国栋.2008.中国工业发展的能源消耗、SO_2 排放及行业类型分析.统计与决
　　策，（20）：91-94.

曾翔旻，赵曼，聂佩进，等.2008."两型社会"综合评价指标体系建设和实证分析——基于武

汉市的实证研究.科技创业月刊, (5): 85-87.

赵涛, 周志刚.2010. 基于循环经济的五次产业分类研究.现代经济探讨, (1): 80-83.

张彬.2007. "三位一体"——20世纪90年代以来美国经济发展的新范式. 武汉大学学报 (哲学社会科学版), (6): 44.

张红霞, 陈锡康.2004.用于人力资本分析教育——经济投入占用产出模型.中国管理科学, 12 (5): 97-101.

张坤民.2008.低碳世界中的中国: 地位、挑战与战略.中国人口·资源与环境, (3): 4.

张录强.2012. 循环经济范式的形成与发展. http: //hi.baidu.com/zengfansheng/blog/item/ 0176e207d2f4dfcc7b89470.html[2012-04-20.].

张淑琴, 张东光.2007.山东省资源节约型社会评价指标体系及综合评价研究.科学与管理, (3): 53-54.

张先锋, 韩雪, 张庆彩. 2013.基于偏最小二乘模型的碳排放区域差异及影响因素的实证分析. 工业技术经济, (7): 100-109.

张亚斌, 艾洪山.2009.两型社会建设与新型产业体系的构建.湖南大学学报, (4): 138-139.

张珍花, 方勇, 侯青. 2011. 我国碳排放水平的区域差异及影响因素分析.经济问题探索, (11): 90-97.

章铭.2013.中部地区经济低碳化发展研究.武汉大学博士学位论文.

郑峰.2002.产业经济发展与人类社会文明——论生态文明的历史必然性.新东方, (5): 62-66.

中国科学院可持续发展战略研究组. 2009. 2009 中国可持续发展战略报告——探索中国特色的低碳道路. 北京: 科学出版社: 93-94.

钟茂初. 2006.可持续发展经济学.北京: 经济科学出版社: 10-19.

周栋良, 刘茂松.2009. 农村地区"两型社会"建设综合评价指标体系研究.无锡商业职业技术学院学报, (2): 1-4.

诸大建. 2000. 从可持续发展到循环型经济.世界环境, (3): 6-7.

庄贵阳. 2005. 中国经济低碳发展的途径与潜力分析.国际技术经济研究, (3): 10-12.

庄贵阳. 2007. 低碳经济: 气候变化背景下中国的发展之路.北京: 气象出版社: 7.

邹晓娟.2009.构建两型社会的思考与探究.江西行政学院学报, (1): 70-71.

Ansuategi A, Escapa M. 2002. Economic growth and greenhouse gas emissions. Ecological Economics, 40 (1): 23-37.

Ausubel J H, Sladovich H E. 1989. Technology and Environment. Washington: National Academy Press: 50-69.

Bernardini O, Galli R. 1993. Dematerialization: long-term trends in the intensity of use of materials and energy. Futures, 25 (4): 431-448.

Bruyn S M D, Opschoor J B. 1997. Developments in the throughput-income relationship: theoretical and empirical observations. Ecological Economics, 20 (3): 255-268.

Chao C W, Ma H W, Heiiungs R. 2013. The green economy mirage? Examining the environmental implications of low carbon growth plans in Taiwan.Journal of Industrial Ecology, 17 (6): 835-845.

Chen X. 1989. Input-output techniques in China. Economic Systems Research, 1 (1): 87-95.

Chen Z M, Chen G Q, Zhou J B, et al. 2010. Ecological input-output modeling for embodied resources and emissions in Chinese economy 2005.Communications in Nonlinear Science and

Numerical Simulation, 15 (7): 1942-1965.

ChungY H, Färe R. 1997. Productivity and undesirable outputs: a directional distance function approach. Journal of Environmental Management, 51 (3): 229-240.

Copeland B R, Taylor M S. 1994. North-south trade and the environment. Quarterly Journal of Economics, 109 (3): 755-787.

Daly H E, Farley J C. 2004. Ecological Economic: Principles and Applications. Washington: Island Press.

Ekins P. 1997. The Kuznets curve for the environment and economic growth: examining the evidence. Environment and Planning, (5): 805-830.

Färe R, Grosskopf S, Lovell C A K, et al. 1989. Multilateral productivity comparisons when some outputs are undesirable: a nonparametric approach. Review of Economics & Statistics, 71 (1): 90-98.

Färe R, Grosskopf S, Pasurka C A. 2007. Environmental production functions and environmental directional distance functions. Energy, 32 (7): 1055-1066.

Friedl B, Getzner M. 2003. Determinants of CO_2, emissions in a small open economy. Ecological Economics, 45 (1): 133-148.

Greening L A.2004.Effects of human behavior on aggregate carbon intensity of personal transportation: comparison of 10 OECD countries for the period 1970-1993. Energy Economics, 26 (1): 1-30.

Grossman G M, Krueger A B. 1992. Environmental impacts of a North American free trade agreement. Social Science Electronic Publishing, 8 (2): 223-250.

Grossman G M, Kruger A B.1995. Economic growth and the environment. Quarterly Journal of Economics, 110 (2): 353-377.

Hailu A, Veeman T S. 2001. Non-parametric productivity analysis with undesirable outputs: an application to the Canadian pulp and paper industry. American Journal of Agricultural Economics, 83 (3): 605-616.

Hardin G. 1991. Paramount positions in ecological economics//Costanza R. Ecological Economics: The Science and Management of Sustainability. New York: Columbia Press: 47-57.

Hardi P, Barg S. 1997.Measuring Sustainable Development: Review of Current Practice. Winnipeg: IISD.

He H M, Jim C Y. 2012. Coupling model of energy consumption with changes in environmental utility. Energy Policy, 43 (4): 235-243.

Jänicke M, Binder M, Mönch H. 1997. "Dirty industries": patterns of change in industrial countries. Environmental and Resource Economics, 9 (4): 467-491.

Kaufmann R K, Davidsdottir B, Garnham S, et al. 1998. The determinants of atmospheric SO_2, concentrations: reconsidering the environmental Kuznets curve. Ecological Economics, 25 (2): 209-220.

Khanna N, Plassmann F. 2004. The demand for environmental quality and the environmental Kuznets curve hypothesis. Ecological Economics, 51 (3): 225-236.

Labys W C, Waddell L M. 1989. Commodity lifecycles in US materials demand. Resources Policy, 15 (3): 238-252.

Lei M, Guo J, Chai J, et al. 2011. China's regional CO_2 emissions: characteristics, inter-regionaltransferand emission reductionpolicies. Energy Policy, (39): 6136-6144.

Liu C J, Feng Y. 2011. Low-carbon economy: the oretical study and development path choice in China. Energy Procedia, 5: 487-493.

Lopez R.1994. The environment as a factor of production: the effects of economic growth and trade liberalization. Journal of Environmental Economics and Management, 27 (2): 163-184.

Lu H, Liu G F. 2014. Spatial effects of carbon dioxide emissions from residential energy consumption: a county-level study using enhanced nocturnal lighting. Applied Energy, (131): 297-306.

Martínez-Zarzoso I, Bengochea-Morancho A.2004. Pooled mean group estimation of an environmental Kuznets curve for CO_2. Economics Letters, 82 (1): 121-126.

Nelson R R, Romer P M. 1996. Science, economic growth, and public policy. Challenge, 39 (1): 9-21.

Panayotou T. 1993. Empirical tests and policy analysis of environmental degradation at different stages of economic development. Ilo Working Papers: 4.

Pasche M. 2002. Technical progress, structural change, and the environmental Kuznets curve. Ecological Economics, (42): 381-389.

Roca J, Padilla E, Farré M, et al. 2001. Economic growth and atmospheric pollution in Spain: discussing the environmental Kuznets curve hypothesis. Ecological Economics, 39 (1): 85-99.

Shephard R. 1970. Theory of Cost and Production Functions. Princeton: Princeton University Press.

Stern D I, Common M S, Barbier E B. 1996. Economic growth and environmental degradation: the environmental Kuznets curve and sustainable development. World Development, 24 (7): 1151-1160.

Suri V, Chapman D. 1998. Economic growth, trade and energy: implications for the environmental Kuznets curve. Ecological Economics, 25 (2): 195-208.

Tapio P. 2005. Towards a theory of decoupling: degrees of decoupling in the EU and the case of road traffic in Finland between 1970 and 2001. Transp Policy, 12 (2): 137-151.

Taskin F, Zaim O. 2000. Searching for a Kuznets curve in environmental efficiency using kernel estimation. Economics Letters, 68 (2): 217-223.

Torras M, Boyce J K. 1998. Income, inequality, and pollution: a reassessment of the environmental Kuznets curve. Ecological Economics, 25 (2): 147-160.

Wackernage M, Onisto L, Bello P.1999. National natural capital accounting with the ecological footprint concept. Ecological Economics, (29): 111-113.

Wackernagel M, Yount J D. 1998. The ecological footprint: an indicator of progress toward regional sustainability. Environmental Monitoring and Assessment, 51 (1/2): 511-529.

Wiedmann T, Lenzen M, Turner K. 2007. Examining the global environmental impact of regional consumption activities-Part 2: review of input-output models for the assessment of environmental impacts embodied in trade. Ecological Economics, 61 (1): 15-26.

York R, Rosa E A, Dietz T. 2003. STIRPAT, IPAT and ImPACT: analytic tools for unpacking the driving forces of environmental impacts. Ecological Economics, 46 (3): 351-365.

后　记

　　自"中部地区低碳产业发展与'两型社会'研究"项目获得批准立项（项目批准号：11JJD790031）以来，课题组按照研究计划积极开展研究工作，以"两型社会"建设为背景。以中部地区的山西、河南、湖北、湖南、江西、安徽六省为对象，以产业低碳化发展为主线，先后历时四年完成研究计划，2016 年获得教育部颁发的结项证书（编号：16JJD157）。项目研究执行过程期间，我被组织安排赴外地政府部门挂职工作一年，虽然对研究进程和原计划的研究周期有所影响，但课题组的研究工作一直没有中断。作为项目负责人，我主持和参与了项目研究的全过程，并主要负责研究设计、理论研究和最终成果的统稿修改工作，课题组主要成员则按照各项工作重点分工而又相互配合与合作的原则，同时把一些环节的研究工作与部分博士生、硕士生的研究能力培养与学位论文选题相结合，如文献研究、数据采集、建模与统计分析等。基于上述工作，课题组的研究成果形成并发表了系列阶段性研究成果。以中部地区低碳产业发展与"两型社会"建设研究为主题进行相关研究，系列的中期研究成果包括低碳产业研究动态书评、动态产业与产业低碳化理论探讨、单个省份低碳产业发展的实证分析、多省份低碳产业发展比较研究及中部地区生态文明建设与产业低碳化发展道路等，以湖北省为案例区域研究并标注本项目资助的第一份中期成果《中国低碳经济发展研究——以湖北省低碳发展为例》（冯碧梅撰稿），已经由人民日报出版社 2012 年出版。随后的阶段性成果包括在核心期刊或 CSSCI 期刊发表的 17 篇项目研究论文：①刘传江、章铭，《低碳产业发展研究动态述评》，载《生态经济》，2012 年第 2 期；②刘传江、章铭、黄桂然，《山西省产业增长与碳排放脱钩关系研究》，载《技术经济》，2012 年第 12 期；③刘传江、黄桂然、张铭，《我国中部六省碳排放影响因素分解分析》，载《技术经济》，2013 年第 1 期；④刘传江、章铭，《低碳产业与产业低碳化》，载《湖北社会科学》，2013 年第 4 期；⑤吴晗晗、刘传江，《低碳经济背景下江西省工业发展与碳排放研究》，载《湖北社会科学》，2014 年第 9 期；⑥李春香，《长江中游城市群低碳发展的实践指向》，载《江汉论坛》，2012 年第 9 期；⑦刘传江、赵晓梦，《中国碳排放的区域空间比较和影响因素研究》，载《学习与实践》，2015 年第 6 期；⑧刘传江、胡威，《环境规制、经济增长与地区碳生产率》，载《财经问题研究》，2015 年第 10 期；⑨刘传江、吴晗晗，《中国产业生态化转型的 IOOE 模型分析——基于工业部门 2003～2012 年数据的实证》，载《中国人口·资源与环境》，2016 年第 2 期；⑩刘传江、胡威，《外商直接投资提升了中国的碳生产率吗？》，载《世界经济研究》，2016 年第 1 期；⑪李春香，《湖北工业碳排放省际比较及因素分解分析》，载《湖北社会科学》，2013 年第 12 期；⑫刘传江、赵晓梦，《新型城镇化背景下环境污染的博弈分析》，载《经济问题》，2014 年第 7 期；⑬章铭、刘传江，《基于低碳经济的产业分类模式研究》，载《广西社会科学》，2013 年第 1 期；⑭刘传江、刘洪辞，《生态文明时代的发展范式转型与低碳经济发展道路》，载《南京理工大学学报》（社会科学版），2012 年第 4 期；⑮刘传江，《生态经济学视野下的中国生态文明发展道路》，载《绿叶》，2015 年第 3 期；⑯黄国华、刘传江、李兴平，《长江经济带工业碳排放与驱动因素分析》，载《江西社会科学》，2016 年第 8 期；⑰刘传江、赵晓梦，《长江经济带全要素碳生产率的时空演化及提升潜力》，载《长江流域资源与环境》，2016 年第 11 期。

　　本书则是该项目的最终研究成果，较全面地涵盖了上述项目在研究设计及研究执行期间的主要内容，在通过教育部的结题程序后，列入"武汉大学经济发展研究中心学术丛书"，由科学出版社出版。如上所述，该项目研究成果的每一部分都是课题组成员集体分工合作的结果，绝大多数章节的内容经过课题组的先后三次编辑调整与修改，与初稿发生了很多的变化，已经很难准确标注某一章节的作者是哪一位课题组成员了。在此，只能根据分工或贡献大致地描述各章的主要作者：第 1 章，刘传江、邵红梅；第 2 章，吴晗晗、章铭；第 3 章，胡威、章铭；第 4 章，刘传江、吴晗晗；第 5 章，章铭、赵晓梦；第 6 章，黄桂然；第 7 章，黄桂然；第 8 章，赵晓梦。吴晗晗、胡威、赵晓梦帮助我承担了许多助编工作，武汉大学经济发展研究中心、武汉大学人口·资源·环境经济研究中心的同事为我们的研究提供了有力的支持和帮助，科学出版社经济管理法律分社编辑徐倩女士为此丛书和本书的出版编辑付出了辛勤而精致的工作，谨此一并致谢！书中的不足则由作为项目负责人和研究设计人的我负责，敬请学界同行及各位读者不吝批评指正。

刘传江
2017 年 7 月于武昌珞珈山